MICHAEL STÜRMER

WELT OHNE WELTORDNUNG

Wer wird die Erde erben?

MURMANN

Die Deutsche Bibliothek – CIP-Einheitsaufnahme
Ein Titelsatz für diese Publikation ist bei
der Deutschen Bibliothek erhältlich
ISBN 3-938017-61-9

1. Auflage August 2006

Register: Matthias Michel, Wiesbaden
Karten und Grafiken: Markus Kluger, K 147, Berlin
Umschlaggestaltung: Rothfos & Gabler, Hamburg
Herstellung und Gestaltung: Eberhard Delius, Berlin
Satz: Offizin Götz Gorissen, Berlin
Gesetzt aus der Minion
Druck und Bindung: GGP Media GmbH, Pößneck
Printed in Germany

Besuchen Sie uns im Internet: www.murmann-verlag.de

INHALT

TEIL III

Potenzen der Zukunft

SCHLUSS

EINLEITUNG

Der Anfang der Gegenwart und die Potenzen der Zukunft

»The time is out of joint:
Oh cursed spite,
That ever I was born
to set it right«

SHAKESPEARE, *Hamlet*

Europa in den frühen Jahren des 21. Jahrhunderts christlicher Zeitrechnung: Wir leben in den Bruchzonen der Weltpolitik, geostrategisch zwischen der eurasischen Landmasse und dem atlantischen System, geschichtlich zwischen den Gewissheiten des Kalten Krieges und den Ungewissheiten einer Welt ohne Weltordnung. Wo begann das alles und wann? Was hat diese Brüche befördert und treibt sie weiter? Und welche neuen Kräfte in welchen neuen Konstellationen mischen sich in das neue globale Ringen, nahezu regellos, um strategische Rohstoffe, Seewege, Atomwaffen, aber auch wirtschaftliches Wachstum, Macht und Märkte?

Große historische Potenzen sind am Werk, nicht mehr allein die Religionen in ihrem Widerspruch und die Kultur in ihren prägenden Kräften, wie dies Jacob Burckhardt noch vor gut einem Jahrhundert deutete. Ob sie die Welt in Ordnung bringen oder in Unordnung versetzen oder, sehr viel wahrscheinlicher, beides ineinander verweben, ist noch nicht ausgemacht. Ungleichzeitigkeit, Ungleichgewicht, Unregierbarkeit werden mehr und mehr Signatur der Epoche, und keine Weltordnung hat mehr die Macht, wie vordem die bipolar-nukleare, die Kräfte einzubinden und zu disziplinieren.

Ungleichgewichte, große Asymmetrien, arbeiten zwischen der elektrifizierten, klimakontrollierten, auf hohen Energieeinsatz programmierten Welt des globalisierten Nordens und den verlorenen Welten des Südens, was man modern *the digital divide* nennt und ebenso gut die

Trennung zwischen Hoffnung und Verzweiflung, Reich und Arm nennen könnte. Dazwischen aber liegen Länder und Landstriche, die halb der einen, halb der anderen Sphäre zugehören. Innerhalb der Zone der globalisierten, miteinander konkurrierenden Staaten aber herrscht noch einmal das große Ungleichgewicht zwischen der 5-Dollar-pro-Tag-Welt und der 15-Dollar-pro-Stunde-Welt. Zu den großen Asymmetrien gehört weiter die Verfügung über Rohstoffe, von denen für die *Oiloholics* der reichen Länder keiner wichtiger ist als Erdöl und Erdgas. Man muss unter den Ungleichgewichten obenan auch die Vergreisung der industriellen Milieus des Nordens nennen, eingeschlossen China, und dagegen die Bevölkerungsexplosion in den meisten anderen Teilen der Welt. Völkerwanderungen, Krisen und Kriege werden die Landkarten umzeichnen, nicht nur die politischen, sondern auch die physischen, diktiert von Klimawandel an den nördlichen und südlichen Rändern der gemäßigten Klimazone. Die Natur selbst verändert sich, nicht mehr in geologischen, sondern in historischen Zeiträumen.

Noch hält die große Asymmetrie zwischen den Nuklearbesitzern und den Habenichtsen, wie sie 1968 im Atomwaffensperrvertrag festgelegt wurde – mit Israel, Indien und Pakistan lange Zeit im straffreien Abseits und mittlerweile im Besitz eigener Potenziale. Doch jetzt streben andere Mächte, heimlich oder offen, nach nuklearer Vetomacht und sehen in der Nuklearwaffe den großen Gleichmacher. Das Kartell der fünf Atommächte mit permanentem Sitz im UN-Sicherheitsrat ist auf Termin gestellt, doch wenn dieses Kernelement der vergangenen, aus dem Kalten Krieg überkommenen Weltordnung endet, so geschieht das nach jetzigem Erkenntnisstand »not with a whimper but with a bang«. Letzteren so lange wie möglich hinauszuschieben, ist Teil der gegenwärtigen globalen Agenda.

Der apokalyptische Terrorismus, der seit bald drei Jahrzehnten immer aufs Neue angreift, mal hier, mal da, niemals jedoch die Welt mehr erschütterte als am 11. September, ist Inbegriff der Asymmetrie. Die Waffe des Schwächeren trifft den Stärkeren und löst höllisches Chaos aus in den industriellen Demokratien. Sie sind umso verwundbarer, je enger vernetzt und je komplexer sie sind.

Übermächtige Asymmetrien bauen sich auf und sprechen dem Anspruch des modernen Homo Faber Hohn, zu jedem Problem gebe es auch die passende Lösung.Wir leben in einer Postmoderne, die vor drei Jahrzehnten begann und den Kalten Krieg, lange bevor er in den frühen 1990er Jahren im strategischen Konsens der Protagonisten abgeschlossen wurde, schon überlagert hatte. Seitdem verweigert sie sich einfachen Begriffen und schickt die Politik auf die Suche nach neuer Ordnung. Diese indes will sich bisher hinter den Resten der alten nicht einfinden.

Wie geht es weiter? Kein neues Gleichgewicht der großen Mächte enthält die Antwort, noch weniger die globale Hegemonie einer einzigen Macht. Die Vereinigten Staaten sind aus imperialer Hybris längst in *imperial overstretch* geglitten. Statt europäischer Schadenfreude sollten Heulen, Zähneklappern und kalte Entschlossenheit die Antwort sein. Das Europa der Europäischen Union ist für den Ernstfall nicht gerüstet. Ohne Mitte, ohne Grenzen, ohne strategische Solidarität, sei es im Militärischen, sei es in der Energie, lernt es, dass *soft power* keine Sicherheit garantiert. China ist auf dem Weg, wieder Reich der Mitte zu werden. Indien ist der zweite große Konkurrent um die Macht in Asien. Japan ohne den Schutzschirm der USA wäre unberechenbar für sich und alle Nachbarn. Anwärter auf regionale Vormacht fehlen nicht. Russland hat ein Imperium verloren und noch keine neue Rolle gefunden.

Wer wird die Erde erben?

Unübersehbar ist die Tatsache, dass keine Epoche geschichtlicher Vergangenheit zur Wiederholung ansteht. Es wird nicht Schach gespielt wie zu Zeiten des Kalten Krieges zwischen den USA und den Sowjets, beide auf ihre je verschiedene Weise überzeugt, dass Fortschritt und Zukunft ihnen gehörten und dass deshalb direkte militärische Konfrontation unter allen Umständen zu vermeiden war – bei Strafe des Untergangs.

Die Welt des Kalten Krieges war in ihrer Grundorganisation, wie der französische Meisterdenker Raymond Aron pointierte, global, nuklear und bipolar, »nicht Krieg, nicht Frieden«. Scheinbar überdauerte sie noch bis zu jener regnerischen Novembernacht des Jahres 1989, als die Berliner Mauer aufhörte, Inbegriff der Teilung Deutschlands und der Welt zu sein.

Aber der Eindruck täuscht. In Wahrheit war jene Nacht, da den Grenzsoldaten an der Mauer von Berlin der Mut sank, nicht mehr als der *point of no return* – aber auch nicht weniger. Die Sowjetunion hat damals, nach allen Grausamkeiten nach innen und allem Ausgreifen nach außen, der Welt anno 1989 und danach das letzte Furioso erspart und stattdessen einen fast bürokratisch geregelten weltgeschichtlichen Bankrott hingelegt.

Jener lange atomare Frieden, der das halbe Jahrhundert nach dem Zweiten Weltkrieg überwölbt hatte, reichte noch so weit, dass die großen Antagonisten bei den Aufräumungsarbeiten mit äußerster Vorsicht zuwege gingen – anfangs jedenfalls. Das aber garantiert nicht, dass auch in Zukunft eine *pax atomica* die Welt vor ihrer Zerstörung bewahrt. Zu zahlreich sind nun die Faktoren, zu neu die Einsätze im Großen Spiel, zu unerfahren die Spieler.

Der Fall der Berliner Mauer am 9. November 1989, in der Mitte Europas Inbegriff des Kalten Krieges, und der Angriff am 11. September 2001 auf World Trade Center und Pentagon waren Ergebnisse lange zuvor angestoßener Ereignisketten und Entwicklungen. Der Vulkanausbruch ist nicht seine eigene Ursache, sondern Ergebnis tektonischer Verschiebungen in unsichtbaren Tiefen.

Das alles zwingt zu der Frage, seit wann die Geschichte schwanger ging mit ihrem eigenen Gegenteil. Damit verbunden geht der Blick unweigerlich in die Zukunft und will wissen, wie die Welt sich nach den Erschütterungen der vergangenen drei Jahrzehnte neu zusammensetzen wird – und ob überhaupt. Die großen Bewegungskräfte – wer wird sich von ihnen tragen lassen, wer wird sich ihnen entgegenstellen?

In der Krise unserer Zeit geht es darum, die langen Wellen der Geschichte zu erkennen, woher sie kommen und was sie mit sich tragen und wohin. Wie Jacob Burckhardt, der weise Schweizer Historiker des 19. Jahrhunderts, am Anfang der »Weltgeschichtlichen Betrachtungen« sagte: »Der Geist muss die Erinnerung an sein Durchleben der verschiedenen Erdenzeiten in seinen Besitz verwandeln. Was einst Jubel und Jammer war, muss nun Erkenntnis werden, wie eigentlich auch im Leben des Einzelnen. Damit erhält auch der Satz *Historia vitae magistra* einen höheren und zugleich bescheideneren Sinn. Wir wollen durch Erfahrung nicht sowohl klug (für ein andermal) als weise (für immer) werden.«

TEIL I

DER KALTE KRIEG – NIEDERGANG UND ENDE

Eine Zeit der Illusionen

»Das lernt sich in diesem Gewerbe recht,
dass man so klug sein mag wie die Klugen dieser Welt,
und doch von einer Minute in die andere geht,
wie ein Kind ins Dunkle«

OTTO VON BISMARCK
über die Planbarkeit von Politik, 1864

Die Notwendigkeit zu entscheiden reicht, ob in der Politik oder im persönlichen Leben, im Allgemeinen weiter als die Fähigkeit zu erkennen. Die *blue ribbon*-Kommission, die der US-Senat einsetzte, um die Ereignisse von Nine-Eleven zu rekonstruieren und dadurch klüger zu werden für ein andermal, endete mit mehr als 800 sorgsam recherchierten Druckseiten und dem unerbittlichen Satz über die halben Erfolge der Sicherheitsbehörden und Geheimdienste: »They failed to connect the dots.« Auf den Radarschirmen der nationalen Sicherheit war es nicht gelungen, die isolierten Signale der islamistischen Verschwörer zum Bild einer großen Bedrohung zusammenzufügen und dem Angriff zuvorzukommen. Hatte es denn nicht im Februar 1993 schon den ersten Angriff islamistischer Terroristen auf das Wahrzeichen des Finanzdistrikts von New York gegeben, damals eine halbe Tonne konventioneller Sprengstoff im Kofferraum eines im Keller geparkten Kleinlastwagens verborgen? Hatte es nicht die Entführung von Linienmaschinen gegeben, wie im Dezember 1995 en route von Algier nach Paris, um eine Landmarke von hoher symbolischer Bedeutung zu zerstören, Eiffelturm oder Dôme des Invalides, und ein Blutbad anzurichten? War die arabische Welt nicht voll von Jugendprotest, Hass der Islamisten auf die eigenen Regime und den Westen, der sie stützte, wenngleich schlechten Gewissens? Das große Al-fresco-Gemälde war da. Was noch fehlte, waren Ort, Tag und Stunde.

Was aber die Mauer von Berlin angeht, so war das Ende des Eisernen Vorhangs bei scharfsinniger Analyse zu ahnen, ja vorherzusagen – und ist auch in Umrissen, lange bevor das Ereignis eintrat, erfasst worden. Auch hier nicht nach Tag und Stunde mit allen Einzelheiten und Szenarien. Das wäre zu jedem Zeitpunkt schon in der Theorie, noch mehr in der Praxis menschenunmöglich gewesen. Der Zufall, nach Clausewitz, bleibt immer der strategisch unberechenbare Faktor. Sichtbar aber war lange vor ihrem Untergang die imperiale Überdehnung der Sowjetunion von Afghanistan bis an den Plattensee in Ungarn und bis an die Elbe. Ihr dramatisch wachsender Bedarf an Reform von oben brachte Gorbatschow 1985 an die Spitze. Vonnöten war die Umlenkung knapper werdender Ressourcen aus der Rüstung in den Lebensstandard der Massen und, als Voraussetzung, Abrüstung und Entspannung. Ohne Umbau und Abbau des Imperiums, ohne Industriegüter aus der Bundesrepublik Deutschland und weitreichende Vereinbarungen mit den Vereinigten Staaten zu konventioneller und nuklearer Rüstungskontrolle war die Sowjetunion nicht mehr zu retten. Dass sie auch ohne alles westliche Zutun möglicherweise ihrem Untergang zutrieb, ahnten die neuen Leute aus den Thinktanks von Moskau und Nowosibirsk, viele darunter jung und fasziniert von Europa und den USA, die Gorbatschow alsbald in seine Beraterkreise holte.

War aber der Westen ahnungslos, ist man im Bonner Bundeskanzleramt von den Ereignissen überrascht worden? Die Punkte auf dem Radarschirm wurden nicht verbunden – wahrscheinlich lag sogar Weisheit im Abwarten. Denn jedes Treiben und Antreiben aus Bonner Richtung hätte Blockaden erzeugt und die Dinge in eine andere, unbekannte und gefährliche Richtung gelenkt. Doch noch bevor Bundeskanzler Kohl im Oktober 1988 nach Moskau reiste, lagen in Bonn Analysen vor, die auf die Frage nach der Zukunft der DDR kalt feststellten, eine solche Zukunft gebe es nicht. Tatsächlich haben Kohl und Gorbatschow damals im Moskauer Kreml nicht bevorstehende Krisenszenarios erörtert, noch weniger über das nahe Ende der DDR gesprochen – wohl aber verhielten sie sich so, als zähle die ganze DDR nicht mehr im großen Wandel der Ost-West-Verhältnisse. Und wenn man denn, damals im Herbst 1988, ein Jahr vor dem großen Umbruch, im deutschen Kanzleramt aus Analysen Politik, aus

Ahnungen eine Strategie gemacht hätte, was hätte es bewirkt? Manchmal ist es klüger, nichts zu tun, als in Aktionismus zu verfallen, der alles nur komplizierter gemacht hätte und von London und Paris bis Rom und Tel Aviv die Alarmsirenen hätte heulen lassen. Unreife Früchte abzuschlagen ist nicht staatsklug und nicht lebensklug. Das große Entwicklungsbild der internationalen Politik vorgreifend zu erfassen, ist eine Sache. Den Kairos zu verstehen, den richtigen Zeitpunkt der Tat, eine ganz andere.

Nach dem Fall der Mauer ist der Ost-West-Konflikt Stück für Stück abgetragen worden, schiedlich-friedlich, zuerst die Akte Deutschland durch die Verhandlungen im sogenannten Zwei-plus-Vier-Format, dann in ganz Europa durch die Charta für Europa, jenes wundervolle Stück politischer Prosa, das die Löwen neben den Lämmern grasen ließ. Weiter ging es mit den vertraglichen Hilfen, welche Amerika der Sowjetunion in Gestalt gewaltiger Summen und praktischer Technikhilfe boten, die ihr helfen sollten, das militärisch-atomare Erbe abzubauen. Endlich erfand man die NATO-Partnership for Peace, die Zwischenräume schaffen wollte, Sicherheit für die dem Sowjet-Dunstkreis entfliehenden Staaten des östlichen Mitteleuropa und zugleich doch dem Kreml Lösungen anbot, die ihm erlaubten, sein Gesicht zu wahren – Mitsprache ohne Mitentscheidung. Alles war klug ausgedacht – bis dann, weniger als ein Jahrzehnt nach dem Abzug der Roten Armee, die NATO nach Osten erweitert wurde, ob den Russen das gefiel oder nicht.

The End of History – so überschrieb Francis Fukuyama, zuvor Mitarbeiter der RAND-Corporation in Santa Monica/Kalifornien und dann unter Außenminister George Shultz Mitarbeiter im Planungsstab des State Department, einen Aufsatz von geringer Genauigkeit und großer Wirkung. Ort und Zeit waren richtig gewählt, das August-Heft 1989 der Zeitschrift *The National Interest*. Fukuyama, ein junger Japano-Amerikaner der zweiten Generation, bezog sich auf den deutschen Philosophen G.W. F. Hegel, der in Preußens Vernunftstaat die Antwort auf die Wirrnisse der vorhergehenden Umbrüche erkannt hatte.

Es gehört zum Geheimnis solcher Epochenstichworte, dass sie hinreichend unklar sein müssen, damit jedermann seine eigenen Vorstellungen und Wunschideen hineinlegen kann. So, und so allein, gewinnen sie Verbreitung und eine Geltung, als wären sie vom Berge Sinai herabgetragen worden wie die Tafeln mit den Zehn Geboten. So jedenfalls widerfuhr es dem Essay, der den Sieg Amerikas im Kalten Krieg verkündete, verbunden mit dem Triumph von Marktwirtschaft und Demokratie als Maßstab aller vergangenen und künftigen Geschichte, und der zudem dem amerikanischen Imperium den Rückzug aus der Überdehnung in Asien und Europa in Aussicht stellte. Die Welt wurde auf Autopilot gestellt, Amerika wurde zum Maß aller Dinge. Kleinere Konflikte sollten sich bereinigen lassen durch die Gemeinschaft der Weltmächte und mit Hilfe von ein paar Millionen Dollar, notfalls durch eine kleine chirurgische Intervention von *Special Forces*. Als Präsident Bush senior nach dem ersten Irakkrieg von 1990/91 die Neue Weltordnung postulierte, die sich auf Freihandel, Demokratie und Völkerrecht stützen sollte, packte die Sehnsucht nach dem Ende der Geschichte auch den deutschen Außenminister Hans-Dietrich Genscher. Er schwärmte von den »interlocking institutions«, von einem ineinander greifenden diplomatischen Verhandlungs- und Versicherungssystem, weltumspannend von Vancouver bis Wladiwostok.

Seltsam, wie wenig man in europäischen Hauptstädten die Detonationen der Bomben und das Mündungsfeuer der Geschütze zur Kenntnis nahm. Kriege und Bürgerkriege bahnten sich ihren Weg im Kaukasus, ebenso kamen die jugoslawischen Erbfolgekriege in Gang, und 1990 begann der UN-geheiligte Krieg, den 1991 die USA gegen den Tyrannen von Bagdad führten, um das besetzte Kuwait und die Ölmärkte von irakischer Vormacht zu befreien. Kanzler Kohl prägte auf der Münchener »Wehrkunde«-Tagung im Februar 1994 das Wort, Deutschland sei von Freunden umzingelt – ein Bonmot, das dem Militär den Boden entzog. Zugleich konstatierte der Kanzler, deutsche Soldaten dürften nirgendwo eingesetzt werden, wo im Zweiten Weltkrieg die Wehrmacht gewesen war – was die Möglichkeiten für Friedensmissionen, die die EU sich auf dem Petersberg bei Bonn 1993 gerade erst zugeschrieben hatte, entscheidend einengen musste. Dass alsbald die Freien Demokraten, Teil der Bonner Regierungskoalition, gegen die Bundesregierung beim Bundesverfassungsgericht klagten, um Militäreinsätze zu verhindern, waren Narrenpossen.

Aber es gab auch Gegenströmungen zum *End of History*-Syndrom. Das Pentagon leitete eine eigene »Revolution in Military Affairs« ein und installierte die neuesten elektronischen Informations- und Steuerungstechnologien für das zweitälteste Gewerbe der Welt, Spionage. Mit mehr Feuerkraft als je zuvor wollte das Pentagon in zwei verschiedenen künftigen Kriegstheatern auf Sieg setzen. Das Military Committee (Generalstab) der NATO formulierte schon Ende 1991 strategische Richtlinien, in denen die neuen Konflikte um Öl, Ressourcen und Seewege angesprochen wurden – klar genug, um den Militärs ein Signal zu geben, unklar genug, die Politiker zu Hause nicht zu beunruhigen.

Am deutlichsten wurde Professor Samuel Huntington, der an der Harvard-Universität in einem Großprojekt über künftige Krisen und Kriege den Kulturteil übernommen hatte. In *Foreign Affairs* publizierte er 1993 den Aufsatz »The Clash of Civilizations« – auf Deutsch: Kampf der Kulturen – und entdeckte nicht nur die Religion als Potenz der Geschichte wieder, sondern auch die Identität schlechthin. Das Buch war für den technokratischen Zeitgeist des Westens Schock und Provokation – was Huntingtons nachfolgendem Bestseller hohe Auflagen und harsche Kritik eintrug.

War es erlaubt, von den »brennenden Grenzen« des Islam zu sprechen? War es nach der langen Indoktrination durch Behaviorismus und Social Engineering denkbar, quer zu den politischen Grenzen der Gegenwart alte und älteste Kultur- und Geschichtsgrenzen zu entdecken, quer durch die Ukraine zum Beispiel, zwischen Tschechen und Slowaken in Mitteleuropa oder dort, wo vor vielen Generationen Ostrom und Westrom sich getrennt, Venedig und die Osmanen einander bekämpft hatten, im zerfallenden Jugoslawien? Die Europäer waren so unwillig, von ihren Illusionen Abschied zu nehmen, dass sie der Zerschießung der kroatischen Küstenstadt Dubrovnik in Trümmer fassungslos zuschauten. Ebenso hilflos reagierten sie, als von 1992 bis 1995 Sarajevo, Hauptstadt Bosnien-Herzegowinas, von den umliegenden Bergen unter serbisches Feuer genommen wurde. Es bedurfte erst des amerikanischen Diktats auf dem

Flugfeld von Dayton, Ohio, um die Europäer aus ihren Illusionen zu wecken. Ähnliches wiederholte sich 1998/99, als im Kosovo gekämpft wurde. Wären nicht Hunderttausende von Flüchtlingen nach Norden geströmt, hätte man in Bonn und anderswo schwerlich beschlossen, gegen die neuen Barbaren etwas zu tun.

1990 hatte der Kalte Krieg geendet. Aber was seitdem begann, blieb ein Jahrzehnt lang unklar, verborgen hinter einem Vorhang aus Zweideutigkeit, Wunschdenken und selbst gewählter Schwäche. Der Ernstfall wurde erst zur Kenntnis genommen, als das Bild der friedlichen neuen Welt zusammen mit dem World Trade Center in New York und dreitausend lebenden Seelen verbrannte. Am 11. September 2001, 8 Uhr 45 Ortszeit, wurde unübersehbar, dass die Geschichte noch lange nicht zu Ende war. Wie Goethe 1792, als die Reichsarmee bei der Mühle von Valmy in der Champagne stecken blieb, den sachsen-weimarischen Offizieren im Lager ahnungsvoll gesagt hatte: »Von hier und heute nimmt eine neue Epoche der Weltgeschichte ihren Ausgang, und ihr könnt sagen, ihr seid dabei gewesen.«

Unter dem Diktat von Furcht und Vernunft: Abschreckung und Entspannung im Kalten Krieg

»Krieg unwahrscheinlich,
Frieden unmöglich«

RAYMOND ARON
über den Kalten Krieg, 1947

Voraussagen soll man meiden, riet Mark Twain, »besonders solche über die Zukunft«. Jacques Bainville, der französische Historiker, relativierte, man solle ruhig Voraussagen machen, aber niemals ein Datum angeben. Die Vergangenheit zu verstehen ist schwierig genug, wie die stets scheiternde Bemühung der Historiker zeigt, das letzte Wort zu haben über so gründlich erforschte Ereignisse wie den Untergang des Römischen Reiches, die Französische Revolution, den Ausbruch des Ersten Weltkriegs oder den Anfang des Kalten Krieges. Der Kalte Krieg ist vorbei, seine militärischen Arsenale verrosten oder werden verschrottet, künftige Konfrontationen und Kriege werden anderen Regeln folgen, und es wird wahrscheinlich niemals wieder ein weltweites System geben, das die äußerste Vernichtungskraft zur Bedingung eines langen Friedens macht.

Aber diese Pax Atomica war nicht das letzte Wort. Der ebenso brillante wie nach der NS-Zeit wegen seiner Verwicklungen umstrittene Staatsrechtslehrer Carl Schmitt hat in der Zeit der nuklearen Doppelkrise um Berlin und Kuba einen schmalen Essay zum Druck gegeben, betitelt »Theorie des Partisanen«. Darin beschreibt er den Typus des modernen Terroristen, der die unbewegliche Konfrontation der Blöcke nicht hinnimmt. Es geht um die Gefahren aus der Peripherie und die Logik der asymmetrischen Kriegführung. Schmitt hat damit Konfigurationen und

Konflikte vorweggenommen, die erst im folgenden Jahrzehnt langsam Gestalt finden sollten, heute aber im Zeichen des apokalyptischen Terrors die Wirklichkeit der Staaten zu bestimmen beginnen. Ein »neuer Totalitarismus«, wie der deutsche Außenminister Fischer wiederholt bemerkte, bedroht die zivilisierte Welt.

Je größer der Abstand vom globalen, nuklearen, bipolaren Konflikt, desto deutlicher wird, dass die Hauptkontrahenten in Moskau und Washington bei allen Gegensätzen, die zwischen ihnen standen, doch in zwei Überzeugungen einig waren – Raymond Aron hat viel über diese strategische Symmetrie geschrieben: Beide Mächte waren überzeugt, sie würden die Erde erben, Amerika durch Demokratie und freies Unternehmertum, die Sowjetunion durch die Kraft ihrer Dogmen unter der Kontrolle der Geheimpolizei. Zugleich hatten sie in den Krisen um Berlin (1958–1961) und Kuba (1962) gelernt, den Status quo zu respektieren, Veränderungen eher tangential als frontal zu erstreben und jede direkte Konfrontation zu meiden – nie wieder wollten sie zittern, weil, wie 1961 am Checkpoint Charlie, Panzer gegen Panzer standen oder Zerstörer gegen Unterseeboote ausliefen, wie 1962 vor Kuba.

Die amerikanische Strategie der *massive retaliation* (massive Vergeltung) war, seitdem die Sowjetunion mit Raketen und nuklearen Gefechtsköpfen gleichgezogen hatte, obsolet geworden, untauglich und unglaubwürdig. Die Welt hatte das Fürchten gelernt. Was dringend gebraucht wurde, um die Pax Americana trotzdem zu sichern, war ein neues Gleichgewicht der Strategie. Deterrence und Détente, Abschreckung und Entspannung, so zogen die NATO-Mächte 1967 im »Harmel-Bericht«, benannt nach dem belgischen Außenminister, die Lehre aus der Doppelkrise um Berlin und Kuba. Es galt, der amerikanischen »erweiterten Abschreckung« wieder Glaubwürdigkeit zu verleihen, das Reibeisen der Berlin- und Deutschlandfrage aus einem militärischen in ein politisches Problem zu transformieren und den Verbündeten Amerikas die Gewissheit zu vermitteln, dass sie nicht auf dem Altar der kommenden Rüstungskontrolle zwischen den Weltmächten geopfert würden. Frankreich hatte sich längst mit seiner atomaren *force de frappe* einen strategischen Vorbehalt gegen amerikanische Alleingänge und einen kleinen Platz am Tisch der Rüstungskontrolle gesichert. Die Briten hatten, durch Stationierung schwerer US-Bomber auf der Insel und nuklearer Unterseeboote in schottischen Häfen, der alten *special relationship* die nukleare Dimension hinzugefügt. Kanada war ohnehin Teil des nordamerikanischen Luftverteidigungssystems NORAD. Die übrigen NATO-Verbündeten, die meisten dem Eisernen Vorhang und der Roten Armee eng benachbart, brauchten indes eine verlässliche Schutzmacht und wollten darauf vertrauen können, dass die Abschreckung weiterhin funktionierte. Am dramatischsten stand es um die Deutschen, vor allem im Blick auf die drei westlichen Sektoren von Berlin. Konventionell war West-Berlin nicht zu verteidigen, die Bundesrepublik Deutschland nicht zu halten, alles Weitere nur noch, wie Truman in seinen Memoiren schrieb, ein Rückzugsgefecht auf den Stränden des Atlantischen Ozeans. Der Harmel-Bericht bestätigte die Abschreckung, aber er fügte zur Beruhigung der Europäer, der Russen und auch der Amerikaner das Element der Entspannung hinzu.

Dieser Prozess, Kind von Furcht und Vernunft, war längst in Gang. Gemeinsam stellten die Weltmächte, beginnend 1963 mit dem heißen Draht zwischen den Lagezentren beider Seiten und dem Verzicht auf Nuklearversuche in der Erdatmosphäre, die Schachfiguren auf. Zuerst ging es darum, alle nuklearen Mitbewerber ruhig zu stellen und möglichst zu entmutigen. Mit dem Nuklearwaffensperrvertrag von 1968 (Nonproliferationsvertrag) etablierten die Supermächte ihr Kartell der Nuklearherrschaft. Die seit Hiroshima und Nagasaki in den Arsenalen wartende Drohung der Apokalypse war es, die den Weltmächten den langen nuklearen Frieden aufzwang.

So lagen die Dinge bis 1989/90. Heute sind davon nur noch Trümmer und Restbestände zu erkennen. Langsam drängten Dramen auf den Spielplan, die aus den Kulissen des Hauptgeschehens kamen. Sie spielten nach ganz anderen, ältesten und neuesten Textbüchern und stellten mehr und mehr die Statik des Kalten Krieges in Frage: Alte Kräfte wie Religion und Kultur, der asymmetrische Krieg der Terroristen und Partisanen, nationale Mythen und ethnische Machtträume, aber auch so neue Kräfte wie Weltraumverteidigung und die unsichtbare Welt der Mikroprozessoren.

Der nukleare bipolare Weltkonflikt löste sich an den Rändern auf. Störungen, lange Zeit nur im Augenwinkel wahrgenommen, drängten aus älteren Schichten der Kultur und der Erinnerung hervor oder entzündeten sich an neuen Technologien. Oder sie rückten, wie im Weiteren Mittleren Osten, von der Peripherie unversehens ins Zentrum.

Wie aber konnte es geschehen, dass das bipolare Weltsystem am Ende der achtziger Jahre buchstäblich über Nacht, nämlich zwischen dem 9. und dem 10. November 1989, außer Geltung kam, die großmächtige Sowjetunion sich mit einem Seufzer verabschiedete statt mit einem Knall und es unversehens den Vereinigten Staaten von Amerika überlassen blieb, als Weltmacht aller Klassen die Weltbühne zu besetzen – bis die Welt lernte, dass neue Akteure nicht aus Moskau und auch nicht aus Washington die Stichworte erhielten, sondern aus Höhlen am Hindukusch, aus Moscheen in Zentralasien, aus Mittelschichtsquartieren in Hamburg, Leeds und Madrid?

Wie konnte es kommen, dass Geheimdienste, Thinktanks und Regierungen von einem Umbruch überrascht wurden, dessen Vorbeben doch, spätestens seit den frühen 1980er Jahren, sich überall ankündigten, im Iran des Ayatollah Khomeini, im Afghanistan der sowjetischen Niederlagen, im Nahen Osten der israelischen Siege, in Chinas Ausbruch aus dem mörderischen Mao-Wahn? Wie im 19. Jahrhundert die Eisenbahnen die alte Geografie neu zeichneten, die USA wie Russland zusammenbanden, Krieg und Frieden revolutionierten, so waren seit den frühen achtziger Jahren Computer und Mikrochips die Kräfte, welche Technologien und Zivilisation veränderten.

Biotechnologie und Nanotechnologie sind längst dabei, neue Fenster in die Zukunft zu öffnen, und niemand kann sagen, wann und mit welchen Folgen sie neue Machtwährungen schaffen, zivile und militärische. Eines allerdings ist deutlich: Die Machtzentren verschieben sich, die Peripherien lösen sich auf. Ein Student an einem PC in Manila kann, halb spielerisch, weltweit die Nervensysteme der Moderne verwirren, wie es 2000 geschah. Die Übergänge von Cyberspace zu Cybercrime zu Cyberwar sind seitdem fließend, die Grenzen zwischen Frieden und Krieg undefinierbar. Ein Verschwörer irgendwo in Europa oder Asien kann durch seine Todesboten, wie einst der legendäre Alte vom Berge, die arabischen Könige das Fürchten lehren und Attentäter in die Zentren der industriellen Welt senden, die dort die Kathedralen der Moderne zerschmettern. Die Techniken der Globalisierung machen es möglich. Globalisierung aber kennt kein Mitleid, und sie hat, wie die Natur, den Horror Vacui. Längst zeichnet sich ab, dass die am meisten bedrohten Staaten im Mittleren Osten, aber auch Europa und die Vereinigten Staaten einen langen Kampf führen müssen, um Sicherheit zurückzugewinnen, ohne die Reichtumsmaschine der globalen Vernetzung zum Stillstand zu bringen. Dass dieser Kampf zu gewinnen ist, bleibt vorerst nichts als eine Hoffnung.

Der Kalte Krieg war, nachdem das Kräftemessen am Rande des Weltuntergangs über Berlin 1961 und Kuba 1962 die Möglichkeit der »wechselseitig gesicherten Vernichtung« (mutual assured destruction) wie im Laborversuch bewiesen hatte, ein Weltsystem der Stabilität, getreu dem Wort von Dr. Samuel Johnson aus dem 18. Jahrhundert: »Nothing sharpens the mind as wonderfully as the thought of being hanged in a fortnight.«

Schwanger mit Revolutionen

In den Chroniken der Vergangenheit bleiben manche Jahre nahezu ohne dauerhaften Eintrag, andere dagegen haben sich dem kollektiven Gedächtnis tief eingegraben. Zu letzteren gehört das Jahr 1979. Selbstverständlich muss man großzügig sein in der Chronologie und nach rückwärts noch ein paar Jahre dazugeben, ebenso wie in Richtung Gegenwart, um die revolutionäre Schwangerschaft zu begreifen, die sich damals in der Weltpolitik ankündigte. Warum aber 1979?

Seit Mitte der siebziger Jahre beobachteten westliche Geheimdienste, insbesondere Amerikas tausendäugige National Security Agency – so geheim, dass ihr Akronym NSA auch mit »No Such Agency« übersetzt wird –, dass die Sowjetunion neue Mittelstreckensysteme aufstellte – methodisch, mechanisch, System für System, die meisten in den westlichen Militärbezirken des Imperiums. Es sah aus, als suchten die Sowjets in der Mitte des Ost-West-Konflikts, ungeachtet aller Abrüstungsverhandlungen, Helsinki-Erklärungen und so genannten Vertrauens- und Sicherheitsbildenden Maßnahmen (Confidence and Security Building Measures), das Schachbrett schief zu stellen. Tatsächlich leitete damals der Kreml unter Breschnew die, wie sich zeigen sollte, letzte große Ost-West-Konfrontation ein. Als INF-Krise ging sie in die Geschichte ein. Es ging um *Intermediary Nuclear Forces*, im Französischen deutlicher beschrieben als *Crise des Euromissiles.* 1979 antwortete der NATO-Rat der Regierungschefs den Sowjets mit dem viel zitierten Doppelbeschluss: Würden die Sowjets ihre in Aufstellung begriffenen Mittelstreckenraketen zurückziehen, so würde der Westen, würde Amerika auf Aufstellung der amerikanischen *Pershing II* genannten Gegenmodelle und *Cruise Missiles* (Luft atmende, tief fliegende Flügelbomben) verzichten.

Im selben Jahr ließ die französische Regierung unter Präsident Giscard d'Estaing den Ayatollah Khomeini, Hassprediger gegen den Schah, in den brodelnden Iran zurückkehren und löste, unwissentlich zwar, nicht nur die iranische Revolution aus, sondern auch einen religiösen Feuersturm, der bis heute nicht aufgehört hat. Die Kremlherrscher suchten derweilen im benachbarten Afghanistan das wankende kommunistische Regime zu stützen und schickten eine Streitmacht von Hubschraubern und Panzern, ohne zu ahnen, dass sie ihr eigenes Imperium zerstören würden.

Die nukleare Gleichgewichtsarchitektur wankte. Am 26. 5. 1972 hatten die nuklearen Weltmächte, aufbauend auf dem Atomwaffensperrvertrag, der den Kreis der Nuklearbesitzer gegen die Vielzahl der nuklearen Habenichts abgrenzte – Israel, Indien und Pakistan hielten sich fern –, zwei Verträge von weltweiter Bedeutung nach jahrelangen Verhandlungen unterzeichnet, SALT I und den ABM-Vertrag. SALT I stand für *Strategic Arms Limitation Treaty* und reduzierte zwar nicht die Zahl der in Dienst gestellten Fernraketen mit nuklearem Gefechtskopf, setzte aber künftigem Wachstum eine Grenze. Das konnte nur ein Anfang sein auf einem langen Weg, der über Vertrauensbildung und Verifikation irgendwann zu einem rationalisierten System von Abschreckung und Entspannung führen sollte.

Ungleich wichtiger war denn auch der zweite Vertrag dieser Jahre, genannt *Antiballistic Missile Treaty*, der ABM-Vertrag. Er machte 1973 aus der Not eine Tugend. Beide Weltmächte waren zuvor an der Technologie der Raketenabwehr gescheitert. So kamen sie zu dem Schluss, den Verzicht auf solche Abwehr zur Grundlage eines Vertrags zu machen, mit dem beide Seiten einander technologisch im Status quo fesseln, aber auch strategisch binden wollten. Denn es war klar: Würde der einen Seite verlässliche Raketenabwehr gelingen, der anderen aber nicht, dann kippte das weltpolitische Schachbrett, und der unverwundbare Spieler konnte dem verwundbaren die Bedingungen diktieren. Der ABM-Vertrag ließ, was ohnehin nicht zu kontrollieren war, Forschung im Laborstadium zu, doch nicht praktische Erprobung im Weltraum. Beide Seiten gestanden einander sogar zu, ein System, wenn sie es denn hatten, tatsächlich aufzustellen. Die Russen bauten in der Folge ihr System um Moskau auf, wussten aber, dass es im Ernstfall kaum nützen würde. Die Amerikaner verzichteten von vornherein darauf, das Gleiche zum Schutz ihrer verbunkerten Raketensilos und Kommandozentren in North Dakota zu tun. Aus der Not geboren, bedeutete der ABM-Vertrag strategisch den Abwehrverzicht, philosophisch aber eine politisch-moralische Zumutung höchsten Grades. Denn beide Weltmächte stellten die eigene Bevölkerung – die der Klienten, Satelliten und Verbündeten ohnehin – der anderen Seite als Geiseln ihres Wohlverhaltens zur Verfügung. Kein Wunder, dass Präsident Reagan, als er im Januar des Jahres 1981 mit Philosophie und Architektur des ABM-Vertrags bekannt gemacht wurde, mit dem Satz reagierte, nur ein Verrückter oder ein Verräter habe derlei unterzeichnen können. Die Idee der *Strategic Defence Initiative* (SDI), die Reagan im März 1983 verkündete und mit gewaltigen Forschungsgeldern ausstattete, eine Schutzkuppel über den kontinentalen USA, ist damals entstanden: technologische Revolte gegen die ABM-Philosophie.

Im martialischen Ballett der Weltmächte aber wurde nicht nur der Waffentanz reguliert und begrenzt. Es gelang auch, im Zentrum des Gegensatzes zu einem Modus Vivendi zu kommen, im geteilten Deutschland. Namentlich gelang es, den zuvor in zwei Weltkrisen umstrittenen Status der Vier-Mächte-Stadt Berlin vertraglich zu regeln. Auch hier gab es gemeinsame, übergreifende Interessen zwischen der Sowjetunion und den drei westlichen Mächten. Nicht nur, dass sie keinen Appetit hatten, die Konfrontation der Stalin'schen Blockade 1948/49 und der Chruschtschow'schen Verdrängungspolitik 1958/62 zu wiederholen. Sie wollten auch deutlich machen, dass sie in Berlin das Sagen hatten – nicht die Bonner Regierung und schon gar nicht die in Berlin-Pankow. Damit hielten sie weiterhin, wie seit 1945, den Schlüssel der deutschen Frage in Händen.

So kam es 1971 zum Berlin-Abkommen, das rechtlich abenteuerlich war, weil nicht einmal über den Vertragsgegenstand Einigkeit bestand: ganz Berlin oder nur die drei Westsektoren? Stattdessen sprach der Vertrag ausweichend vom »relevanten Gebiet«. Entscheidend war, dass der Berlin-Konflikt ruhig gestellt wurde, dass die engen wirtschaftlichen und nicht so engen politischen Beziehungen der Bundesrepublik zu den Westsektoren der Inselstadt bestätigt wurden und der im Dezember 1972 unterzeichnete Vertrag über die Grundlagen der Beziehungen zwischen der Bundesrepublik Deutschland und der DDR (Grundlagenvertrag) nichts mehr ändern konnte an dem, was in den kalten Höhen der Weltpolitik entschieden worden war. Charakteristisch war, dass bei den Berlin-Verhandlungen die Alliierten am Haupttisch Platz nahmen, während die beiden deutschen Delegationen an getrennten Katzentischen sitzen mussten. Eine kleine Erinnerung daran, wer den Zweiten Weltkrieg gewonnen und wer ihn verloren hatte.

Was in der Deutschland-Frage geglückt war, Ruhigstellung des Konflikts, sollte auch für das weitere Europa gelten. Die Herrscher im Kreml suchten einen Weg, ihr imperiales Vorfeld über Jalta 1945, das Potsdamer Abkommen und seine Implikationen hinaus vertraglich zu sichern. Sie warteten mit dem Vorschlag auf, eine Konferenz für Sicherheit und Zusammenarbeit in Europa einzuberufen (KSZE). Die Amerikaner – und selbstredend auch die Kanadier – sollten jedoch nicht dabei sein. Es war ein durchsichtiger Versuch, jene Trennung zwischen Amerika und den Europäern in Verhandlungsformat zu bringen, die bis dahin stets misslungen war. So geschah es auch diesmal. Die Europäer – im Westen laut, im Osten leise – waren sich einig, nicht ohne die USA der Sowjetunion gegenüberzutreten, wo es um künftige Gleichgewichtslagen in Europa ging.

So endete die Konferenz im neutralen Helsinki anders, als die Russen es sich gedacht hatten. Der Westen schlug vor, über drei *Körbe* zu verhandeln: Am wichtigsten war die Respektierung der bestehenden Grenzen. Mit Rücksicht auf die Bundesrepublik Deutschland verzichtete man auf volle Anerkennung und ließ demokratisch legitimierte Veränderungen offen. Dafür aber verlangte der Westen die Anerkennung von Menschen- und Bürgerrechten nicht nach Sowjetpraxis, sondern nach westlichem Verständnis: eine Art Wiederbelebung der *Declaration on Liberated Europe*, die Stalin in Jalta 1945 kalt lächelnd unterzeichnet hatte, um sie niemals ernst zu nehmen. Der dritte *Korb* enthielt den Zucker wirtschaftlicher Zusammenarbeit – auch an Umweltschutz wurde schon gedacht.

Langfristig hat die Helsinki-Schlussakte als Ferment der Veränderung im Osten gewirkt, da sie Wort für Wort in allen Zeitungen veröffentlicht werden musste. Sie wurde zur Berufungsgrundlage der Dissidenten von Prag bis Warschau und von Berlin bis Moskau.

Parallel zu diesem »Helsinki-Prozess« begannen die Verhandlungen über konventionelle Abrüstung in Europa (Mutual Balanced Forces Reductions). Die Russen begingen gleich zu Anfang einen strategischen Fehler. Im amerikanischen Senat hatte der einflussreiche demokratische Senator Mike Mansfield eine Resolution eingebracht, um die in Europa stationierten US-Truppen scharf zu reduzieren. In Bonn, Paris und rundum herrschte Angst, dies würde der Anfang vom Ende der amerikanischen Garantien für Europas Sicherheit sein – deren Glaubwürdigkeit weniger auf Artikel 5 des Nordatlantikvertrags beruhte, der die Beistandspflicht postuliert, als vielmehr auf der Präsenz amerikanischer Soldaten und ihrer Angehörigen zwischen Ramstein und Fulda Gap, zwischen Rhein-Main Airbase und dem riesigen Reforger-Flughafen nördlich Nürnberg (Reforger = Reenforcement of Forces in Germany).

Die Sowjetidee der symmetrisch angelegten konventionellen Abrüstung ging in dieselbe Richtung wie die ursprüngliche Strategie der KSZE. Das Ziel war die Abkoppelung Europas von Amerika. Aber in einer seltsamen Ironie der Geschichte bewirkte auch sie das Gegenteil: Die Amerikaner blieben, und in Wien wurde verhandelt, viele Jahre lang und ohne jedes Ergebnis. Die Sowjets wollten die Reduzierungen beginnen lassen, indem sie von oben zählten und von den stationierten Streitkräften ausgingen. Da die Zahlen des Warschauer Pakts weit über denen der NATO lagen, war das Ergebnis absehbar. Zugleich stellte sich die Frage, wer und was denn überhaupt gezählt werden sollte, wie denn ein Panzer zu definieren sei, eine Kanone, ein Soldat. Darüber gab es angesichts der unüberschaubaren Arsenale des Warschauer Pakts und seiner fließenden Grenzen zwischen Militär, Geheimdiensttruppen, Grenztruppen, bewaffneten Milizen in mehr als zehn Jahren niemals Einigkeit, so wenig wie über die militärischen Verdünnungsräume – und die Europäer hatten nichts dagegen. Denn amerikanische Truppenabzüge, wie Mansfield sie verlangte, verboten sich, solange die Verhandlungen andauerten. Tatsächlich hat erst Gorbatschow nach fünfzehn Jahren Vergeblichkeit die Blockade aufgelöst, indem er zustimmte, es solle ausschließlich über den Raum zwischen Atlantik und Ural verhandelt werden, der Eiserne Vorhang solle als Symmetrieachse dienen und danach jede Seite gleiche Obergrenzen an Kriegsmaterial und Personal einhalten. Flugzeuge, da ohnehin kaum kontrollierbar, blieben ausgeschlossen. Auf diese Weise entstand in der Spätzeit der Sowjets der Vertrag über Konventionelle Streitkräfte in Europa (KSE), den allerdings, noch bevor er ratifiziert werden konnte, die Umbrüche der Jahre 1989/90 überholten.

War die Sowjetunion der siebziger Jahre revolutionäre Kraft oder ermüdetes Imperium? Die Antwort lautet, dass sie beides war. Im Zentrum des Weltkonflikts auf den Status quo bedacht, eher auf langsame Überwältigung, Unterminierung und Abkoppelung Westeuropas setzend als auf das letzte Gefecht. Im Nahen Osten sich auf Klienten verlassend, die mit Waffenhilfe und Militärberatern an Moskau gebunden wurden – Ägypten war an die Amerikaner verloren, aber in Syrien erwarben die Sowjets Stützpunkte, Libyen wurde unterstützt, der Irak des Saddam Hussein mit Waffen voll gepfropft, in Afghanistan eine kommunistische Regierung im Sattel gehalten. In der übrigen Welt, von Vietnam bis Äthiopien und von Mosambik bis Angola – dort wurden kubanische Hilfstruppen stationiert –, setzten die Sowjets Agenten, Berater, in Moskau geschulte Stipendiaten und Waffen ein, um unterhalb der Schwelle des offenen militärischen Konflikts mit den USA das Imperium weltweit auszudehnen. Die Petrodollars, die seit der ersten Ölkrise 1973/74 reichlich flossen, erlaubten die Finanzierung von Stellvertreterkriegen, die niemals anders denn als Freiheitskampf gegen die Imperialisten firmierten.

Widersprüche im Weltkonflikt: Die Helsinki-Schlussakte 1975 schien friedliche Koexistenz anzukündigen und Tauwetter im Kalten Krieg. Zugleich aber setzten beide Seiten neue Spielfiguren aufs strategische Schachbrett. Das Pentagon plante die Stationierung von Neutronenwaffen in Europa – Strahlungswaffen zwischen konventionell und nuklear. Doch nach einiger Bedenkzeit ließ Präsident Jimmy Carter die Planungen abbrechen. Anders die sowjetischen Raketenkommandeure, die nahezu gleichzeitig einen neuen Mittelstreckentyp, NATO-Code SS-20, mit 5000 Kilometer Reichweite und drei unabhängig voneinander steuerbaren Gefechtsköpfen ins Spiel brachten. Sie taten das wohl weniger, um Westeuropa zu zerschmettern, als vielmehr um die Europäer einzuschüchtern und das amerikanische Nuklearrisiko vom europäischen abzukoppeln. Es war im Westen bekannt, dass die neuen Sowjetsysteme ganz Europa, Japan und den Mittleren Osten bedrohen konnten, nicht aber Amerika. Auf der Bonner Hardthöhe, wo damals das Verteidigungsministerium saß, wurde der Führungsstab unruhig, und Minister Georg Leber alarmierte Bundeskanzler Helmut Schmidt. Der aber, hochrespektierter strategischer Denker, nutzte die *Alastair Buchanan Lecture* des Londoner IISS (International Institute for Strategic Studies), um vor der strategischen Abkoppelung Europas von den Amerikanern zu warnen, psychologisch und strategisch. Das war Ende November 1977. Es begann, als zwei Jahre später der NATO-Rat sich den so genannten Doppelbeschluss abrang – Gegenstationierung amerikanischer Systeme, sofern die Sowjets nicht vorher die ihren zurückzogen –, die letzte große Ost-West-Krise. Keiner wusste, dass es die letzte sein würde.

Das Weltsystem des Kalten Krieges war global, nuklear, bipolar. Es sah aus wie eine Zitadelle der Stabilität, geteilt zwischen dem sowjetischen Landimperium und der amerikanischen Seeallianz, dauerhaft bis zum Ende der Zeiten. Allerdings gab es auch noch nach Berlin und Kuba Momente größter Spannung. Ende Oktober 1973 kreisten im Jom-Kippur-Krieg israelische Divisionen am Suezkanal eine ganze ägyptische Armee, ohne Wasser und Nachschub, ein. Die Sowjets drohten mit Militärintervention, und die Amerikaner versetzten ihre Streitkräfte weltweit in Alarmzustand. Seitdem haben weder die Sowjetunion noch die Vereinigten Staaten darauf verzichtet, Rüstungskontrolle als Fortsetzung der Strategie mit anderen Mitteln zu betreiben, die Gewichte zu verschieben, neue militärische Figuren aufs Schachbrett zu stellen – die Amerikaner vorübergehend die Neutronenwaffe, die Sowjets auf Dauer die Mittelstreckenraketen –, die Regeln zu verändern und das Schachbrett nach Asien, Afrika und Lateinamerika auszuweiten. Deshalb nahm sich der Kalte Krieg stabiler aus, als er in Wirklichkeit war. Doch in den Grenzzonen, und auch in der Mitte, begannen seit Mitte der 1970er Jahre Erschütterungen, die zehn Jahre später nicht nur das Ost-West-Verhältnis zum Einsturz brachten, sondern auch künftiges Chaos in sich bargen.

Das Labor der Weltgeschichte

»Die gefahrenträchtigste Region der Welt befindet sich zwischen dem Nahen Osten (oder der syrischen Grenze) und der Grenze zur Sowjetunion«, schrieb Raymond Aron 1979. Er ließ sich damals auf einige Voraussagen ein wie die, dass der israelisch-palästinensische Konflikt bis zum Ende des Jahrhunderts keine Lösung finden und Libanon weder Unabhängigkeit noch eine Regierung bekommen werde, die die ethnisch-religiösen Fraktionen gerecht repräsentiert. Dem Überleben der Golfstaaten, vor allem dem saudischen Königreich der tausend Prinzen, räumte Aron kaum eine Chance ein. Er befand sich damit in Übereinstimmung mit allen westlichen Geheimdiensten. Den Irak des Saddam Hussein sah er reif für eine Revolution. Das Regime Khomeinis – antimodernistisch, religiös, fundamentalistisch – werde sich gegen die Sowjets stellen wie gegen die Amerikaner, die beiden großen Teufel. Eines Tages zwar könne die Armee putschen, »niemand aber kann sagen, wann«. Im Blick auf das durch die Rote Armee besetzte, aber nicht beherrschte Afghanistan sah Aron wie in den zentralasiatischen Staaten der Sowjetunion eine lange Phase der Unterdrückung voraus – aber auch das Scheitern der Sowjets. »In meiner Unfähigkeit, Handel und Wandel in einem regional nicht beizulegenden und durch Beteiligung der Großmächte am Schicksal ihrer beiderseitigen Klienten noch verschärften Konflikt vorauszusehen, wage ich, ein Fortbestehen dessen zu prognostizieren, was die Angloamerikaner ein *stalemate* nennen, also einen feindseligen Status quo.« Die Europäer kamen in dieser Analyse kaum vor, nicht als Einzelmächte, nicht als Europäische Gemeinschaft. Aron verwunderte sich ob ihrer Blindheit und kam dann zu einer überaus hellsichtigen Voraussage: »Die europäische Gleichgültigkeit gegenüber Lateinamerika lässt sich notfalls erklären, die gegenüber dem Mittleren Osten dagegen nicht. Wenn die Amerikaner eine schnelle Eingreiftruppe für die Golfstaaten aufstellen, tun sie es nicht für sich allein. Sie bemühen sich, eine Region zu schützen, aus der die Europäer wiederum fossile Brennstoffe beziehen. Die Europäer, mit Ausnahme Frankreichs und vielleicht Englands, weigern sich, an einer Strategie teilzunehmen, welche die gemeinsame Strategie des Westens sein könnte. Heißt dies, dass es am Ende zu einem Bruch innerhalb der Atlantischen Allianz kommen könnte? Niemand kann es ausschließen, doch halte ich es für wenig wahrscheinlich.«

Nicht mehr die zentralen Fronten des Kalten Krieges würden Ort der Entscheidung sein, so lässt sich Aron entziffern, sondern der Mittlere Osten – jene Weltregion, die das Pentagon, wie einst die Briten aus Kairo ihren Machtbereich als *Middle East* definierten, seit 1991 als Greater Middle East beschreibt. Es geht heute um die strategische Einheit der großen Öl-Ellipse vom Kaspischen Meer bis zum Roten Meer und von den Pyramiden bis zum Hindukusch: Das ist die Region, die notfalls durch Flugzeugträgergruppen im Indischen Ozean und im Mittelmeer unter Fernkontrolle zu halten wäre. Dort entschied sich das Schicksal der Sowjetunion seit 1979, und dort kann sich künftig entscheiden, ob der Westen noch über strategische Handlungsfähigkeit verfügt oder ob er zerfällt. Seit 1979 jedenfalls öffnete sich im Mittleren Osten das Fenster auf die Zukunft.

Denn es geschah zwischen Kabul, Teheran, Beirut und Jerusalem, dass die Religion wieder zu einer geschichtlichen Potenz aufstieg, die Sowjetunion die Grenzen ihrer Macht erfuhr. Die Amerikaner begannen, den Kalten Krieg zu gewinnen, während die Explosion der Ölpreise die europäischen Wohlfahrtsstaaten in eine existenzielle Krise trieb und Regierungen stürzte, bis dann die lange Baisse der Ölpreise ihnen seit Mitte der 1980er Jahre eine Erholungspause, Optimismus und Wachstum bescherte. Der Greater Middle East wurde damals zum Labor der Weltgeschichte und wird nach menschlichem Ermessen diese Aufgabe noch lange erfüllen – mehr, als dies Europa, Amerika und dem Rest der Welt lieb sein kann.

Die Ingredienzen des Labors wurden nach dem Jom-Kippur-Krieg neu angemischt: Binnen weniger Tage war der Staat Israel im Oktober 1973 in eine Existenzkrise geraten. Die Ägypter griffen von Süden, die

Syrer von Norden an. Um die Amerikaner zur sofortigen Hilfe zu zwingen, montierten die Israelis auf einem Militärflugplatz bei Tel Aviv auf bereitstehenden Jagdbombern Objekte, die für amerikanische – und sowjetische – Beobachtungssatelliten aussahen wie nukleare Gefechtsköpfe.

Die Israelis waren nicht nur strategisch unvorbereitet – der Militärgeheimdienst hatte, da die Ägypter keine Siegeschance hatten, einen Angriff ausgeschlossen. Zudem waren sie auch im Morgengrauen des Versöhnungsfestes, des höchsten Feiertags im Lande, überrascht worden.

Als die Entscheidung im Sinai auf des Messers Schneide stand, ergriff General Ariel (Arik) Sharon an der Spitze eines Panzerkorps die Initiative, umging die Gegner und kesselte sie gegen die Ordres des Hauptquartiers in Beerscheba ein. Während die Sowjets mit Angriff drohten, wenn die Israelis nicht sofort stoppten, feierten seine Truppen den siegreichen General mit dem Ruf: »Arik Melech Israel« – Arik, König von Israel.

Die Amerikaner hatten zur selben Zeit ihre Truppen weltweit in höchste Alarmstufe versetzt, aus NATO-Depots wurden in größter Eile Ersatzteile und Munition nach Tel Aviv geflogen. Nach zehn Tagen waren die Israelis wieder Herr der Lage. Aber die Verluste waren groß. Sie hatten sich nur um Haaresbreite behauptet, und die Welt lernte, dass ein Krieg minderer Mächte an der Peripherie den Kalten Krieg im Zentrum der Konfrontation über Nacht hochreißen konnte zum heißen Konflikt, möglicherweise bis in die nukleare Dimension.

Ob die Israelis zu jenem Zeitpunkt wirklich schon über geeignete nukleare Waffen verfügten und ob deren Einsatz politisch sinnvoll gewesen wäre – das sind offene Fragen. Bis heute gehört Israel nicht zu den Unterzeichnern des Nonproliferationsvertrags, ist mithin auch nicht verpflichtet, die Karten auf den Tisch zu legen. Stattdessen wird die Linie der *constructive ambiguity* aufrechterhalten, halb Ja und halb Nein, die es den Israelis ermöglicht, im Nuklearen jene strategische Tiefe zu gewinnen, die ihnen die Geografie verweigert und die es den Amerikanern erlaubt, über Israels Nuklearpolitik hinwegzusehen. Seit dem Jom-Kippur-Krieg jedenfalls haben die Amerikaner an Israel immer das Beste an konventioneller Flug- und Zieltechnik geliefert, was von ihren Produktionsbändern kam, um die nukleare Option so weit wie möglich hinauszuschieben. Für die militärischen Gleichungen im Mittleren Osten – und weit darüber hinaus – sollte dieser technische Vorsprung, den die Israelis noch einmal durch geheimes technisches Doping verstärkten, bald von entscheidender Bedeutung sein.

Im November 1977, vier Jahre und einen Monat nach dem Jom-Kippur-Krieg, erhielten die Israelis überraschenden Besuch aus Ägypten. Nassers Nachfolger im Amt des Staatspräsidenten, Anwar as-Sadat, ein früherer General, schwebte in seiner Regierungsmaschine aus Kairo ein und hielt in der Knesset in Jerusalem eine Rede, bewegt und bewegend, die dem jüdischen Staat Frieden anbot. In Israel war es Menachem Begin, der früher im Untergrund gekämpft hatte, als Likud-Hardliner galt, und das Angebot annahm. Beide Seiten, Kairo und Jerusalem, wollten die Hinterlassenschaft des Jom-Kippur-Krieges vom Oktober 1973 aufräumen und in eine stabile politische Gleichung überführen. Dieser Krieg hatte zwar nicht die Landkarte des Nahen Ostens verändert, wohl aber den Ruf der Unverwundbarkeit zerstört, den die Israelis hatten.

Den Friedensvertrag unterzeichneten Israel und Ägypten 1979. Auf beiden Seiten hatten die Amerikaner die Hand im Spiel. Ägypten wollte nicht nur seit langem die übergroße Präsenz der Sowjetberater loswerden, die sich im Pharaonenland als Herr im Haus aufführten, sondern auch Anschluss an die USA finden. Israel brauchte den Frieden mit der arabischen Vormacht sehr viel mehr als das strategische Vorland der gebirgigen, unwirtlichen Sinai-Halbinsel.

Die Israelis hatten in der Zeit ihrer langen Besetzung seit dem Sechstagekrieg von 1967 viel investiert, Öl und Gas erbohrt, es gab einige Siedlungen, dazu hatten sie von Taba im Norden, unweit des Flughafens Eilat am Roten Meer, bis Sharm El Sheikh im Süden Hotels entwickelt. Militärisch hatten sie vorgeschobene Radarstellungen aufgebaut, die tief nach Ägypten schauten. Auch hatten sie die strategischen Pässe durch den Sinai systematisch gegen Panzerdurchbrüche befestigt, wie sie 1973 gedroht hatten. Nichts von alledem indessen wog die Vorteile auf, die Frieden mit Ägypten bedeutete: Die Gefahr des Zweifrontenkriegs war wesentlich verringert, die arabische Verweigerungsfront, die Israel das Existenzrecht bestritt, war zerbrochen, und die Palästinensische Befreiungsfront (PLO) des Jassir Arafat kam unter Druck von beiden Seiten, der ägyptischen und der israelischen. Was entstand, konnte nicht mehr sein als ein kalter Frieden. Die Israelis tauschten Land für Sicherheit: Für die gesamte Sinai-Halbinsel wurde vertraglich vereinbart, dass die Ägypter nur geringe Truppenzahlen unterhalten durften. Für Ägypten, das reich an Menschen ist und arm an Öl, bedeutete der Friedensvertrag, dass ihr Land auf der Liste der amerikanischen Klienten ganz nach oben rückte, zusammen mit dem kleinen Königreich Jordanien – seitdem informell Teil der israelischen Sicherheitszone –, und dass die sowjetische Unterstützung entbehrlich wurde und Ägypten seine Sonder- und Führungsrolle in der arabischen Staatenwelt hervorheben konnte. Die USA und zehn weitere Staaten stationierten auf dem Sinai 2000 Mann und viel Technik, um den Frieden zu bewahren und Israels und Ägyptens Truppen auf Abstand zu halten.

Den Vertrag von 1979 hatten Sadat und Begin auf dem Landsitz des amerikanischen Präsidenten in Camp David ausgehandelt, gefördert und getrieben durch Präsident Jimmy Carter, und unterzeichneten ihn dann in Washington auf dem Rasen vor dem Weißen Haus. Die Frage, was mit Gaza und dem Küstenstreifen bis zur ägyptischen Grenze geschehen sollte, wurde künftigen Generationen überlassen: Gaza hatte zum britischen Mandat über Palästina gehört, war 1948 von Ägypten besetzt und gehörte im Waffenstillstand 1949 weiterhin dazu. 1967 indessen eroberten die Israelis Gaza zusammen mit der jordanischen Westbank und dem syrischen Golan. 1979 wären die Israelis Gaza gern losgeworden, aber Sadat lehnte ab. Ein Nebenabkommen sah vor, dass irgendwann über Autonomie zu verhandeln war – was immer das bedeuten würde. Beide Seiten wünschten Gaza weg von der Landkarte, ein Höllenloch aus Hitze, Armut, permanenter Bevölkerungsexplosion und dem Dauerkonflikt zwischen 8000 Siedlern und mehr als hundertmal so vielen Palästinensern. Anfangs hatten die Israelis noch geglaubt, mit Gaza einen Verhandlungschip in der Hand zu haben. Ende 2005 zogen sie, die Rache der Wiegen fürchtend, einseitig ab.

Für die Vereinigten Staaten unter Carter, dem Demokraten aus Georgia, bedeutete der Vertrag einen Durchbruch auf dem nahöstlichen Schachbrett gegen die Sowjetunion, der der US-Präsident auch zum ersten Mal seit Vietnam erhebliche neue Rüstungsanstrengungen entgegensetzte. Allerdings kostete es großes diplomatisches Geschick, den Zorn der Saudis gegen Sadat und den ganzen Camp-David-Prozess abzufangen, also Ägypten zu gewinnen, ohne die Saudis zu verlieren. Diese schürten unterdessen den arabischen Zorn gegen Ägypten, kündigten die finanziellen Dauerhilfen ebenso wie die diplomatische Freundschaft und bliesen Öl ins Feuer des islamischen Protests gegen den Verräter Sadat. Im Übrigen war das Prinzenregime damit beschäftigt, die Petrodollars, die die Ölpreiskrise von 1973/74 auf die Konten in London, Luxemburg und New York gespült hatte, gewinnbringend anzulegen, und zwar in erstklassigen westlichen Werten. Das dämpfte den islamischen Zorn und fügte ihm eine gesunde Portion Realismus hinzu. Bei künftiger Nutzung der Ölwaffe stellte sich seitdem sofort die Frage, wie tief man sich ins eigene Fleisch schneiden wollte. Unter Führung der Saudis hat die OPEC seitdem meist mit Augenmaß gehandelt. Die Araber waren zu klug, sich selbst zur Geisel der Palästinenser zu machen, und die Palästinenser zu unbeliebt, als dass man ihretwegen ernsthafte Opfer gebracht hätte.

Die Europäer haben damals unter Führung des Elysée saure Miene zum Separatfrieden gemacht. In taktischer Übergescheitheit verlangten sie das Unmögliche. Sie forderten eine Gesamtlösung, die auch die Schaffung eines Palästinenserstaates in Gaza und Westjordanland einschließen sollte – als ob dieser Frieden das Problem lösen könnte, das er doch in Wahrheit als gelöst voraussetzt.

Verlierer des ägyptischen Friedens war die Sowjetunion, wenn auch Syrien und der Irak dem Kreml treu blieben. Beide waren auf Waffenlieferungen, Militärinstrukteure und Geheimdienstausbilder sowie Kredite in Hartwährung angewiesen. Syrien unter dem Militärdiktator Assad, gestützt auf die nationalistisch-sozialistische Baath-Partei, und Irak unter dem ob seiner Grausamkeit berüchtigten starken Mann von Bagdad, Saddam Hussein, blieben zwar Klienten des Kreml, der sich auch in Syrien

Militärstützpunkte sicherte. Aber es gab keinen Zweifel, dass mit dem Hinauswurf der Russen aus Ägypten und der Unterzeichnung des ägyptisch-israelischen Vertrags die Sowjets eine erste schwere Niederlage hatten einstecken müssen. Das aber war nur der Anfang.

Sadat hatte beim Angriff vom Oktober 1973 nicht auf Sieg gesetzt. Er wollte eine Verhandlungsposition unter Gleichen mit Israel erzwingen. Es gelang ihm nicht ohne praktische Hilfe und militärische Garantien der Amerikaner. Wie prekär allerdings der Camp-David-Prozess war, zeigte sich bald. Während einer Militärparade in Kairo erschoss ein junger Offizier den auf der Ehrentribüne sitzenden Präsidenten Sadat. Mehr als ein kalter Friede war seitdem für den Nachfolger, den Luftwaffengeneral Mubarak, nicht zu erreichen. Mubarak bekämpfte zwar die Muslim-Brüder mit allen Mitteln der Diktatur, gleichzeitig aber durfte er die Stimmung der arabischen Straße und der ägyptischen Intellektuellen nicht ignorieren. Doch die tragende politisch-strategische Gleichung hat bis heute gehalten. Das war von größter Bedeutung, da der Mittlere Osten sich immer mehr zum großen Krisenherd der Welt entwickelte.

Kein Ereignis hatte und hat dafür größere Bedeutung als die Rückkehr des rachedurstigen Ayatollah Khomeini aus Neauphle-le-Château bei Paris ins brodelnde Teheran. Was die französische Regierung jener Tage bewog, den Hasser des Schahs samt Begleitung auf den Iran loszulassen, blieb ihr Geheimnis. Jede Regierung verbietet denen, die Exil bei ihr bekommen, politische Agitation. Nicht so in Frankreich.

Der Ayatollah scheute sich nicht, für seinen antiwestlichen Angriff bescheidene westliche Technik zu nutzen. Da ihm der Zugang zu den Massenmedien des Iran versperrt war, besprach er kleine elektronische Kassetten mit seinen Fluchpredigten gegen den Schah, gegen dessen Revolution von oben, gegen seine Geheimpolizei, gegen sein Bündnis mit Amerika. Khomeini appellierte an den Neid, hetzte gegen das Luxusleben des Hofes. Seine Anhänger kopierten die Bänder und verteilten sie an die des Lesens unkundigen iranischen Massen. Im Basar und unter den Studenten brodelte die Unruhe. Auf diese Weise verwandelte sich der Iran, ohne dass westliche oder östliche Diplomaten die Vorbeben gespürt hatten, aus dem Modernisierungslabor des Schahs in den religiösen Brandherd der Mullahs.

Der weißen Revolution des Schahs aus den sechziger und siebziger Jahren folgte die schwarze der schiitischen Geistlichen, der landlosen Massen und der städtischen Mittelschichten. Weder die Armee noch die Geheimpolizei des Schahs hielten dem stand. Nachdem einige Führer verhaftet und hingerichtet worden waren, liefen sie in ganzen Formationen zu den neuen Herren über. Die Luftwaffe, die amerikanischste aller Teilstreitkräfte, leistete keinen Widerstand. Binnen kürzester Frist wurden, um einem militärischen Putsch vorzubeugen, Revolutionsgarden zusammengetrommelt mit nahezu unbegrenzten Vollmachten für Verhaftung, bis hin zum Recht zu Hinrichtungen auf der Stelle. Es gab Massenverhaftungen, kollektive Erschießungen, Schauprozesse. Einem der Studentenführer von damals, der später Oberbürgermeister von Teheran und 2005 Staatspräsident wurde, wird nachgesagt, er sei durch die Gefängnisse gestreift wie ein Dämon und habe mit eigener Hand Häftlinge gequält und erschossen.

Die Revolution überholte sich permanent selbst und fraß dabei gelegentlich, wie es Revolutionen zu eigen ist, ihre eigenen Kinder. Wer unter den Besitzenden es sich leisten konnte, floh mit der gesamten Familie aus dem Land, das sich in den Taumel fanatischer religiöser Erneuerung gestürzt hatte. Der Schah, schwer krank, floh ins Exil, zuerst nach Ägypten, dann, um die besten Ärzte zu finden, in die Vereinigten Staaten.

Die Revolution trieb sich selbst voran, niemals schärfer und folgenreicher als mit dem Sturm aufgeheizter Studenten und Agitatoren auf die amerikanische Botschaft in Teheran am 4. November 1979. Die Tatsache, dass die US-Administration unter Carter weder den Schah noch die iranischen Staatsguthaben den neuen Herren in Teheran ausliefern wollte, war den Mullahs an der Macht Grund genug, die Meute loszulassen. Diplomatische Gepflogenheiten, internationales Recht, Schutz der Botschaften und ihres Personals? Den radikaleren Teilen des neuen Regimes ging es darum, alle Brücken zu den USA abzubrechen, die bis dato der große Verbündete des Iran gewesen waren und Öltechnologie sowie hoch entwickelte Waffensysteme geliefert hatten, mit denen der Schah Irans seinen Anspruch untermauerte, Vormacht der Golfregion zu sein. Die amerikanischen Diplomaten wurden in der Botschaft gefangen gesetzt, das Archiv, fahrlässigerweise nicht beizeiten verbrannt, wurde geplündert. Die Weltmacht Amerika wurde vorgeführt und gedemütigt.

Aber auch die Russen erlebten unangenehme Überraschungen. Das Nullsummenspiel, das sie erwartet hatten – Amerikaner raus, Russen rein –, war mit Khomeini und seinen Eiferern wider Materialismus und Weltlichkeit nicht zu machen. Die Männer der Internationalen Abteilung des ZK der KPdSU in Moskau befahlen sogleich der Tudeh-Partei, sich auf die Seite der iranischen Revolution zu schlagen. Damit sollte sie ihre Kader schützen, die Untergrundorganisation aus Schahs Zeiten retten und eigene Leute in Einflusspositionen bringen. Khomeini ließ sich nicht beeindrucken. Er sah Spionage zugunsten der Russen am Werk – wohl nicht zu Unrecht. Die Tudeh-Partei wurde wie alle anderen politischen Faktoren zerschlagen. Die islamische Revolution jagte ihre Gegner außer Landes oder richtete sie hin und vollzog die radikale Umverteilung von Besitz und Vermögen. Fortan wohnten die Mullah-Söhne in den Luxusappartements in Teherans nördlichen Vororten und stellten in importierten Limousinen neuen Reichtum zur Schau.

Das alles war nicht denkbar ohne den Brennstoff der Spiritualität: Rückkehr der Seelen und der Lebensformen, bis hin zum Dresscode für Männer und Frauen, zu strengster Einfachheit, über die die Gesinnungspolizei Tag und Nacht wachte. Wehe den Liebespaaren, die ohne Trauschein ertappt wurden, oder den Frauen, die von jugendlichen Rowdys mit Maschinenpistole angehalten wurden, wenn sie Nagellack und Lippenstift trugen. Die neuen Herren machten sich nicht einmal die Mühe, die Schreie der Gefolterten hinter geschlossenen Fenstern zu halten. Todeskult durchzog das Land und feierte nicht nur die Blutzeugen der Bewegung, sondern bedrohte jeden, der abweichender Gesinnung verdächtig war oder Verbindung mit dem gestürzten Schah gehabt hatte. Die Predigt in den Moscheen forderte strenge Sittlichkeit und Kinderreichtum als Allah wohlgefälliges Werk – was binnen Jahresfrist zu einer Geburtenexplosion führte, die mittlerweile, weil es an Beschäftigung fehlt, ihren Urhebern tief unheimlich geworden ist.

Die Amerikaner sahen ihre Führungsposition am Golf in Trümmern und waren nicht bereit, das hinzunehmen. Bis heute ist das Verhältnis schwer belastet von der Botschaftsbesetzung, dem missglückten Rettungsversuch, der amerikanischen Waffenhilfe für die Gegner des Iran. Auch die Israelis, die viel technische Hilfe geleistet hatten, einschließlich Ausbildung des gefürchteten Geheimdienstes SAVAK, verloren einen wichtigen Verbündeten des, wie man im Verteidigungsministerium in Tel Aviv sagt, »zweiten Ringes«. Hinter dem ersten Ring der Feinde gab es den der Feinde der Feinde.

Auf dem südlichen Ufer des Persischen Golfs wirkte die schiitische Revolution in Teheran ansteckend. Es begannen bald die ersten großen Terroranschläge islamischer Fanatiker gegen das saudische Königshaus der tausend Prinzen – heute spricht man eher von 7000 Royals, von denen aber nur 200 zur engeren Machtelite zählen. Die Macht des Hauses Saud beruht auf der Herrschaft über das Öl im Sand der westlichen Wüste. Aber die Legitimität ist gegründet auf die Rolle als Hüter der heiligen Stätten von Mekka und Medina. Der Protest wurde auch nicht im Namen westlicher Demokratie oder eines säkularen Bildes von Mensch und Gesellschaft vorgetragen, sondern aus der Strenge wahabitischer Glaubenslehren und der Frustration einer politisch einflusslosen Bourgeoisie. Jede oppositionelle Energie, die sich nicht durch die Moschee und den Koran rechtfertigen kann, gerät unter die Augen der Geheimpolizei. Im November 1979 hielten etwa 200 schwer bewaffnete Fanatiker die Große Moschee in Mekka mitsamt dem zentralen Heiligtum des Islam, der Kaaba, zwei Wochen lang besetzt, und die Regierung in Riad traute ihren eigenen Truppen nicht zu, damit fertig zu werden – schon gar nicht im Stillen. Sie musste von Paris Unterstützung in Gestalt eines Bataillons französischer Fallschirmjäger erbitten. Einer, der damals entkam, war ein junger Mann aus schwerreicher, ursprünglich jemenitischer Unternehmerfamilie. Er machte zwanzig Jahre später von sich reden. Im eigenen Land fand Osama bin Laden nur in den Moscheen einen Ort der Entfaltung. Er machte sich bald auf nach Afghanistan und beschloss , das Regime der Prinzen im Namen Allahs herauszufordern.

Im Kreml erwachten alte imperiale Instinkte. Musste nicht, was Amerika verlor, dem Kreml zugute kommen? War nicht die Zeit gekommen, das Große Spiel gegen das britische Empire wieder aufzunehmen, *The Great Game*, diesmal aber gegen die Vormacht der kapitalistischen Welt? Genau hundert Jahre zuvor hatten sich die Agenten und Soldaten der britischen Krone und des Zaren Kämpfe um Afghanistan, Zentralasien, die Seidenstraße und die Zugänge Indiens geliefert, die am Ende mit einem Patt ausgegangen waren. Wie brüchig ihre Südflanke war, hatten die Russen nach 1917 gelernt, als sie sich unter dem roten Stern an eine mühsame, blutige und niemals abgeschlossene Rückeroberung machen mussten. Vom Kaukasus bis zum Hindukusch galt dem Kreml eine Grenze nur dann als sicher, wenn auf beiden Seiten russische Soldaten standen.

Die Sowjetherrscher wähnten sich zur Zeit der iranischen Revolution auf der Höhe ihrer Macht. Alles schien nach Wunsch zu gehen. Europa und Japan zitterten vor den neuen Mittelstreckenraketen. Die Russen brauchten die Bäume nur zu schütteln, und die Petrodollars purzelten ihnen in den Schoß. In Teheran waren die Amerikaner entmachtet. Das östlich benachbarte Pakistan war seit seiner Entstehung ein brüchiger Staat, von China gegen Indien unterstützt und von Amerika mit Entwicklungs- und Waffenhilfe bedacht – aber durch Indien im Kaschmir-Konflikt in Schach gehalten und niemals ein Gegengewicht, das die Sowjetunion ernst zu nehmen hatte.

Im Dezember 1979 rasselten Panzer-, Artillerie- und Lastwagenkolonnen der Roten Armee über den Amur Darja auf dem Weg nach Kabul, Hauptstadt Afghanistans. Wie immer wurde die Invasion nach innen mit dem unwiderstehlichen Beistandsruf eines brüderlich-kommunistischen Regimes begründet, diesmal der afghanischen Kommunisten in Kabul. Hätten die Sowjetgeneräle ihre Geschichtslektionen absolviert, so wären sie gewarnt gewesen. Sie besetzten die Städte im Handstreich mit Fallschirmtruppen, Hubschraubern und Panzern. Die afghanische Armee löste sich zu großen Teilen auf, nur wenige Einheiten kollaborierten mit den neuen Herren. Die hatten die Macht in den Städten, jedenfalls bei Tage. In den unwegsamen Schluchten der Gebirge brach unterdessen ein gnadenloser Guerillakrieg aus, wie er im Jahrhundert zuvor den Briten das Leben zur Hölle gemacht hatte. Die Stämme Afghanistans holten die von den Briten erbeuteten Karabiner mit dem gekrönten VR – für *Victoria Regina* – aus den Verstecken und wehrten sich nach alter Art. Bald aber lernten sie, mit ganz anderen Waffen umzugehen.

Dass die Olympischen Spiele, die für das Jahr 1980 in Moskau geplant waren, vom Westen abgesagt wurden, konnten die alten Männer im Kreml verschmerzen. Dass amerikanische Instrukteure über den pakistanischen Armeegeheimdienst ISI die aufständischen afghanischen Mudschaheddin mit Waffen belieferten, war sehr viel ernster. War die erste Phase des Krieges noch von einem brutalen Gleichgewicht bestimmt gewesen – das Land den Afghanen, die Städte den Russen –, so kam die Wende, als die Amerikaner via CIA mit der schlichten Anweisung *fire and forget* mehrere hundert *Stinger*-Raketen an die Adresse der Partisanen auf den Weg brachten. Die russischen Armeehubschrauber, die bis dahin ungestraft die Partisanen in den Bergschluchten aus der Luft bekämpft hatten, wurden nun selbst zum Ziel. Die russischen Verluste stiegen steil an, die Partisanen wurden kühner. In der Sowjetunion formierte sich Widerstand. Mütter trauerten öffentlich um ihre toten Söhne. Das alte Russland, das über Menschenleben mit einem Achselzucken hinweggegangen war, hatte sich verändert. Als jeder zehnte der eingesetzten Soldaten gefallen war, und noch sehr viel mehr verstümmelt und seelisch schwer geschädigt nach Hause kamen, sprach der neue Generalsekretär Michail Gorbatschow von der »blutenden Wunde« Russlands. Rückzüge wurden denkbar und bald unausweichlich. *Imperial overstretch* holte die Sowjetunion ein.

Von gleicher, wenn nicht noch größerer Bedeutung war der Krieg, den ein Jahr nach der iranischen Revolution der Gewaltherrscher des Irak, Saddam Hussein, gegen den Iran vom Zaun brach. Zur Zeit des Schahs gab es keine Antwort auf die Frage, wer der Stärkere war, der Iran mit mehr als 60 Millionen Menschen, reichlich Öl und amerikanischen Waffen oder der Irak mit kaum zwanzig Millionen, abgestützt auf die Sowjetunion und die nahezu unbegrenzten Ölvorräte im südlichen Sand wie um Mossul und Kirkuk im Norden. Jetzt, da der Iran seine militärische Elite vernichtet oder aus dem Lande gejagt hatte und abgeschnitten war von amerikanischen Militärverstärkungen, schien die Zeit gekommen, die Landkarte des Öls, der Pipelines und des Zugangs zum Persischen Golf durch Krieg dauerhaft zu korrigieren.

Was folgte, war beiderseitig eine militärische Katastrophe. Die Vorstöße der irakischen Panzer liefen sich fest am erbitterten Widerstand der regulären Militärs, die für jede Niederlage mit dem Leben bezahlten, und der neu geschaffenen iranischen Revolutionsgarden. Die Verheißung des Himmelreichs für die Jungen in Uniform, wenn sie im Kampf fielen, wurde zur Wunderwaffe des Ayatollah. Die Iraner schickten zur Minenräumung Kinderbataillone ins Gefecht und priesen sie als kleine Märtyrer. Es gab auf beiden Seiten keinen strategischen Plan außer dem des Hammerschlags. Jahrelang lieferte man sich Grabenkämpfe. Eine neue Dimension nahöstlicher Kriegführung wurde eröffnet, als Saddam Hussein Mittelstreckenraketen mit konventionellen und chemischen Gefechtsköpfen auf Teheran niedergehen ließ. Seitdem hatte die Welt Grund, ihm alles zuzutrauen. Die Israelis, unbehindert durch jordanische Luftabwehr und ohne auf Gegenwehr seitens der Irakis zu stoßen, griffen damals mit einer Staffel Jagdbomber Osirak an, den irakischen Reaktor nach französischem Baumuster, und schlugen dem Irak die nukleare Option auf lange Zeit aus der Hand. Der Entrüstungsschrei der arabischen Welt war laut. Nicht so laut ertönte die Erleichterung, dass der rundum gefürchtete Diktator Saddam Hussein gedemütigt und nuklear entwaffnet worden war. In den Vereinten Nationen wurde Israel einmal mehr verurteilt. Keine zehn Jahre später sollte man der israelischen Luftwaffe für den Trümmerhaufen dankbar sein, den sie im Irak hinterlassen hatte.

Die Iraner zogen ihre eigenen Konsequenzen aus den Chemiewaffen, die auf Teheran niedergingen, und aus der irakischen Atomrüstung. Sie konnten nicht sicher sein, dass Israel sie jedes Mal vor dem islamischen Nachbarn rettete. Noch vor Kriegsende begannen sie insgeheim mit jener nuklearen Entwicklungsarbeit, die mittlerweile nicht nur die gesamte Nachbarschaft in Angst und Unruhe versetzt, sondern zum Weltproblem geworden ist und möglicherweise den Anfang vom Ende des Nonproliferationsvertrags bedeutet.

Die Amerikaner, schwer traumatisiert durch die wüsten Szenen während der iranischen Revolution, unterstützten unterdessen den starken Mann des Irak mit Satelliten-Zielerkennung. Sie handelten nach der Devise: »He is a bastard, but he is our bastard«. Waffen und Ersatzteile erhielt Saddam aus der Sowjetunion, die den Irak schon in den Jahren zuvor aufgerüstet hatte. Was die Zahl der Panzer und der Bewaffneten anging, stieg der Irak dank Moskau zur viertstärksten Streitmacht der Welt auf – jedenfalls auf dem Papier.

Für die weltpolitischen Folgen noch wichtiger war das Eingreifen der Saudis. Als Sunniten der strengen wahabitischen Richtung waren sie ohnehin mit den Schiiten auf der Nordseite des Persischen Golfs in jahrhundertealter Feindschaft befangen. Ohne einen einzigen Schuss abzufeuern, verließen sie sich auf Wirtschaftskriegführung, genau genommen auf die Ölwaffe, diesmal aber nicht in Richtung Preisinflation gegen den Westen, sondern durch planvolle Baisse gegen den Iran.

Für die Saudis war der Krieg, den zwei ihrer ältesten Feinde gegeneinander führten, kein namenloses Unglück. Sie wahrten mit den Waffen, die sie hatten, ihre Interessen. Für die industrielle Welt des Westens erwies sich der Krieg als Segen, als der Ölpreis stürzte; für die Sowjetunion, aus demselben Grund, als Fluch. Die Geldströme, mit denen die Internationale Abteilung des ZK der KPdSU Freunde und Partisanen weltweit kaufte und mit allem Notwendigen versorgte, ebbten ab und versiegten schließlich ganz.

Technologie als Tor der Welt

Im Herbst 1976 ereignete sich das lange Sterben des Mao Tse-tung. Sein Tod befreite mehr als eine Milliarde Chinesen von seinen totalitären Wahnideen. Nicht mehr Marx, sondern Konfuzius war nun der große Lehrer. Die Geschichte kehrte zurück und eröffnete zugleich das Tor zur Welt und zur Zukunft. Den Reformern aus der zweiten Reihe der kommunistischen Partei Chinas, die meisten jahrelang verfemt und mit Schaufel und Hacke buchstäblich in die Wüste geschickt, eröffnete sich die Chance, die materiellen und moralischen Kräfte des gewaltigen Landes zu entfesseln. Seitdem befindet sich China wieder im Aufstieg und sucht seinen angestammten Platz als Reich der Mitte: Vormacht des pazifischen Beckens und Nuklearmacht mit Sitz im UN-Sicherheitsrat.

In den späten 1970er Jahren traten die Chinesen auf den Weltmärkten noch bescheiden auf, mit Holzspielzeug und billigem Tand. Dann investierten Auslandschinesen via Hongkong und Taiwan und entdeckten die Attraktivität niedriger Löhne bei hoher Qualität. Seitdem wächst China zum industriellen Konkurrenten heran, investiert weltweit in Öl, Pipelines und Raffinerien und baut Städte, die den Himmel streifen. Russland, in den 1950er Jahren Schutzpatron, in den 1960er Jahren Machtkonkurrent an Amur und Ussuri, ist für China nicht mehr Leitbild und nicht einmal mehr Bedrohung. Das ist allein der Koloss im Osten, sind die Vereinigten Staaten von Amerika mit ihren weltweit operierenden Flotten, ihren Verbündeten und ihrer wirtschaftlichen und finanziellen Macht. Dass die kommunistischen Führer Chinas eines Tages den Weg der Demokratie gehen, liegt nicht in ihrer Tradition. Ihr ausgeprägter Machtinstinkt – und die chinesische Geschichte – lehren sie, dass Einheit Stärke ist, Entzweiung aber der Weg in Bürgerkrieg und Niedergang.

Den ersten Akt der Globalisierung hatte Japan bestimmt, das wie das westliche Europa nach dem Zweiten Weltkrieg Teil der Pax Americana wurde. Die Rüstungsmaschine des kaiserlichen Japan wurde umgestellt auf Friedensproduktion, die großen Industriekonglomerate investierten in weltweit absetzbare Produkte. Das legendäre Ministerium für internationalen Handel und Industrie (MITI) gab wie ein Friedens-Generalstab die Marschordre. Wegen ewiger Energieknappheit musste das Land sich an Nuklearkraft halten: Die Energie- und Rohstoffnöte der 1930er Jahre blieben Japans Führungsschicht eine Lehre. Sie bestimmte auch, sich auf industrielle Veredelung leicht transportierbarer Massengüter wie Textilien, Fotoapparate, Elektronik und Automobile zu konzentrieren. Später folgten Werkzeugmaschinen und schweres Straßenbaugerät für Asiens Märkte, noch später Massenelektronik aller Art. Im Schatten der amerikanischen Weltmacht, die in Japan ihre Legionen stationierte, mehr als Unterpfand denn als Überwachung, erlebte das Land der aufgehenden Sonne sein eigenes Wirtschaftswunder. Bald durchpflügten Containerschiffe aus Fernost den Pazifik en route nach Amerika und den Indischen Ozean auf dem Weg nach Europa. Ganze Industriezweige verließen ihre alten Standorte und wanderten ab nach Japan. Die amerikanische Handelsbilanz zeigte erstmals dauerhaft rote Zahlen.

In den 1970er Jahren setzten sich die »Tigerstaaten« Südostasiens auf Japans Fährte: Südkorea, Hongkong, Taiwan, Singapur, Malaysia. Sie kopierten das japanische Modell und hatten den Vorteil, dass ihnen keine Kriegsschuldvorwürfe entgegenschallten, mit denen Japan in der gesamten Runde der ehemals besetzten und ausgeplünderten Inseln und Halbinseln am Rande des Pazifiks niemals fertig werden kann. Lange bevor sich die Globalisierung der Märkte, der Zinsen, der Investitionen und der Löhne in den Bilanzen der europäischen Indiustrienationen wiederfand, war sie in Fernost schon Realität. Nichts aber hat sie so vorangetrieben und beschleunigt wie die Revolution der Informationstechnologie vom Telefon und vom Fernschreiber bis zum weltenverbindenden Computer.

Bis 1981 beherrschten die Labors der IBM über viele technische Generationen den Markt für Großcomputer. Dann veränderte der Personal Computer, das Gerät auf dem Schreibtisch, die Welt der Wirtschaft, des

Transports und der Strategie. *Round the clock banking* wurde Usus der Finanzwelt, von Tokio am Morgen bis New York am Abend, während über Japan schon wieder die Sonne aufgeht. Informationstechnologie verband die Welt – den Westen allerdings sehr viel enger als den Osten, von der Dritten Welt nicht zu reden. Informationen umrundeten in *real time* die Welt, zuerst zivile und dann militärische. Im Westen kamen Ängste auf, die Computer könnten den Menschen die Arbeit stehlen. In Moskau begriffen die Thinktanks, dass ohne moderne Informationstechnologie die Sowjetunion nicht mehr mithalten konnte – nicht technisch und wirtschaftlich, nicht militärisch und strategisch.

In den meisten militärisch nutzbaren Technologien, namentlich bei Lasern, neuen Werkstoffen, Raumfahrttechnik und Raketen, waren die Sowjets auf der Höhe der Zeit und hatten meist einfachere, robustere Lösungen zu bieten. Dass Russland nicht von der Stelle kam, hatte seine Gründe in Anlage und Funktionsweise der Sowjetmacht und war ohne revolutionären Bruch kaum zu ändern. Wo selbst der Gebrauch einer einfachen Kopiermaschine nur hochrangigen Kadern zugänglich war, aus ewiger Furcht vor Spionage und Konterrevolution, dem Erbe von Zaren und Kommissaren, war die Idee allgemeiner Kommunikation via Computer, unkontrolliert und unkontrollierbar, ein Horror.

Den Preis zahlten nicht nur Wirtschaft und Gesellschaft, sondern auch das Militär. Anfang der 1980er Jahre ahnten sowjetische Thinktanks, viele davon bald im Umkreis Gorbatschows arbeitend, dass das große Rennen gegen den Westen technisch verloren war. Die Sowjetideologie wurde Opfer der Informationstechnologie, welche die westlichen Industriegesellschaften mit immer kleineren und leistungsfähigeren Computern beherrschten, die Sowjets aber nicht. Die DDR-deutsche Firma Robotron investierte Unsummen in wohnzimmergroße Geräte, die kaum die Leistung der damals in westlichen Labors entwickelten ersten Generation billiger Mobiltelefone brachten. Weder Importe noch Eigenproduktion konnten das Grundproblem der Sowjetgesellschaft beheben, dass sie die besten Geister blockierte. Dass sich die Sowjetunion Flugleit- und Steuerungssysteme aus dem Westen kaufte, mochte noch mit Reengineering erklärbar sein. Dass die sowjetische Militärmaschinerie nicht mehr Schritt halten konnte, war schicksalhafte Erfahrung.

Diese Erkenntnis kam aus dem Mittleren Osten, und sie kam im Juli des Jahres 1982. Damals hatte die israelische Armee, aus Galiläa nach Norden mit Panzerkolonnen über gewundene Bergstraßen vordringend, weit über den wasserreichen Fluss Litani hinaus die südlichen Vororte der libanesischen Hauptstadt Beirut erreicht – fast ohne Widerstand zu finden. Im Gegenteil, im Süden des vom Bürgerkrieg zerrissenen Landes begrüßten die schiitischen Geistlichen die Truppen unter dem Davidstern als Befreier – aber nicht lange. Ziel der israelischen Invasion war es, die Palästinenser der Fatah-Organisation, die nach ihrer blutigen Vertreibung aus dem Königreich Jordanien im »Schwarzen September« 1970 nunmehr unter syrischer Abdeckung den Libanon zu übernehmen drohten, aus dem Lande zu werfen – je weiter desto besser – und als politisch-militärische Kraft zu vernichten. Am Ende war es Tunis, wo Arafat und die Seinen für mehr als zehn Jahre eine immer schwieriger werdende Duldung finden sollten.

Verteidigungsminister Ariel Sharon hatte, weitgehend ohne Wissen und Billigung des Ministerpräsidenten Begin, den Marschbefehl bis nach Beirut ausgeweitet. Die Aktion erfuhr einen fatalen moralischen Schlag, als unter den Augen israelischer Soldaten christliche Milizen in den Palästinenserlagern von Sabra und Schatila wüteten. In Tel Aviv gab es Massendemonstrationen, Sharon blieb nur der Rücktritt. Die Truppen mussten sich zurückziehen und blieben erst am Litani stehen. Im fernen Washington kostete der Krieg den Außenminister, den früheren Oberbefehlshaber der NATO Alexander M. Haig, das Amt. Präsident Reagan zwang den Minister, der den Israelis mehr als nur moralische Unterstützung gewährt hatte, zum Rücktritt.

Die Massaker von Sabra und Schatila führten auf den TV-Bildschirmen der Welt zur moralischen Katastrophe. Doch unter dem wolkenlos blauen Himmel über der Hochebene von Baalbek, wo bis heute die Reste spätrömischer Tempel in die Höhe ragen, gewannen an einem Julimorgen israelische Piloten die Luftschlacht. Auf kampfwertgesteigerten amerikanischen Jagdmaschinen des Typs F-16 schossen sie ohne eigene Verluste mehr als siebzig syrische MIGs ab. Sie nutzten verbesserte amerikanische Luft-Luft-Raketen des Typs *Sidewinder* und verfügten über eine elektronische Abwehr, welche die Syrer nicht überwinden konnten.

In Moskau herrschte blankes Entsetzen. Die Stäbe dort rechneten, was über der Bekaa-Hochebene geschehen war, auf das europäische Kriegstheater um und sahen statt ihrer zum Absprung bereiten Panzerarmeen nur noch qualmenden Schrott. Wie selbstverständlich nahmen die russischen Offiziere an, dass die Amerikaner, wie die Sowjets, ihren Verbündeten nur zweit- und drittklassiges Kriegsmaterial lieferten. Wenn also israelische Piloten über Technologien verfügten, die die Syrer zu Tontauben machten, wie musste dann erst die US-Air Force ausgerüstet sein? Tatsächlich war es NATO-Standard, Jagdmaschinen so auszurüsten und Piloten so auszubilden, dass sie im rollenden Einsatz bei Tag und Nacht Kampfeinsätze fliegen konnten. Auch verfügten die westlichen Maschinen meist über redundante Systeme, die sie weniger störanfällig machten. Die Russen setzten auf schnellen Verbrauch von Piloten und Maschinen, der Westen wollte und konnte das nicht und ersetzte durch Klasse, was an Masse fehlte.

Das war aber nur die eine Hälfte der Wahrheit. Die andere bestand darin, dass die Amerikaner den Israelis spätestens seit dem Jom-Kippur-Krieg 1973 stets das Beste lieferten, was ihre Arsenale hergaben. Sie wollten die Kommandeure in den Bunkern nördlich Tel Aviv von nuklearen Einsätzen so lange wie irgend möglich abhalten. Dazu kam, dass die israelischen Ingenieure die Flugzeuge selbst wie die Raketen, die sie unter ihren Tragflächen trugen, noch einmal im Kampfwert gesteigert hatten, ohne ihre amerikanischen Lieferanten zu fragen oder auch nur zu informieren.

Die historische Ironie: Die Russen hatten verloren und überschätzten, was der Westen konnte; die Israelis hatten gewonnen und unterschätzten, was sie erreicht hatten. Sie hatten das Kräfteverhältnis gründlich verschoben. Die Sowjetunion sollte sich von diesem Schlag nie wieder erholen. Die Restlaufzeit hatte begonnen.

Wenn aber über der Bekaa-Hochebene moderne Waffen Wunder bewirken konnten, wie musste es die Sowjetführer beeindrucken, als Präsident Ronald Reagan am 23. März 1983 die strategische Vision verkündete: »to render nuclear weapons impotent and obsolete«. Reagan war politisch ein Konservativer, aber strategisch wollte er ein Revolutionär sein. Er hielt es für unerträglich, dass der Friede zwischen den Weltmächten und damit die Zukunft der amerikanischen Republik von der Verlässlichkeit der MAD-Strategie der wechselseitigen gesicherten Vernichtung (Mutual Assured Destruction) abhängen sollte. Den *Antiballistic Missile*-Vertrag (ABM, Vertrag zur Begrenzung von Raketenabwehrsystemen) von 1972, das Kernstück dieser Strategie, hielt er für die Idee eines Wahnsinnigen. Reagan wollte nicht mehr vertragliche Rüstungskontrolle. Er wollte Sicherheit aus eigener Kraft, nach eigenen Regeln und Gesetzen. Beraten von dem greisen Physiker Edward Teller, der zu den Vätern der Atombombe gehörte, verkündete Reagan die *Strategic Defence Initiative* (SDI) und stattete sie mit einem Jahresbudget in Höhe von 30 Milliarden US-Dollar aus. Das Konzept war lange Zeit kaum mehr als eine technokratische Vision, verbunden mit einem dicken Auftragsheft an zivile und militärische Forschungslabors. Sie sollten von neuen Werkstoffen bis zu tödlichen Laserstrahlen, von angriffsresistenten Satelliten bis zu Weltraumsensoren die technischen und wissenschaftlichen Grundlagen schaffen, um eine Abwehrkuppel über den kontinentalen USA zu setzen. Ob auch die Verbündeten in Europa Schutz finden würden in diesem Gehäuse aus Elektronik und Abwehrwaffen, war eine offene Frage. In Europa blühten Hohn und Spott der Friedensbewegung über die Fantasien aus *Star Wars*. Doch zugleich regte sich der Appetit der Industrie, bei der Reise ins technische Wunderland der Zukunft dabei zu sein. Tatsächlich blieb die Antwort stets offen, was denn, wenn Amerika einseitig geschützt war, Europa aber nicht, aus der »erweiterten Abschreckung« werden sollte. Würden die Europäer nicht umso mehr Geiseln der Sowjets werden? Würde Amerika der Versuchung des Isolationismus widerstehen? Würde überhaupt, Frage aller Fragen, die Sache funktionieren, und das nicht nur gegen interkontinentale Superraketen, die über den äußeren Weltraum ihren Weg nehmen mussten, sondern auch gegen U-Boot-gestützte Mittelstreckenraketen und *Cruise Missiles*, die, elektronisch gelenkt, die Erdoberfläche abreiten konnten? Fragen über Fragen, Ungewissheiten über Ungewissheiten.

SDI bedeutete, wenn das Megaprojekt denn machbar war, nichts Geringeres als die einseitige Kündigung des Sicherheitskonzepts, das seit Berlin- und Kuba-Krise galt und in zahlreichen Verträgen, einer auf dem anderen aufbauend, zwischen den Supermächten verhandelt und beschlossen worden war. SDI sollte die Russen mit ihren Atomwaffen vor den – elektronischen – Mauern der USA halten. Es war eine Revolution des bipolar-nuklearen Systems. Verwirklicht wurde sie nicht, und Reagan hat auch nicht, wie später der Vorwurf lautete, die Sowjetunion totgerüstet. Das hatten die Sowjets längst selbst besorgt. An der elektronischen Revolution waren sie gescheitert, weil die Unfreiheit des Regimes es so bestimmte.

Mitten in der Krise um die *Intermediary Nuclear Forces*, als Aufstellung oder Nichtaufstellung der amerikanischen Systeme als Lebensfrage des Atlantischen Bündnisses galt, erklärte sich der amerikanische Präsident zum Feind der Nuklearwaffen. Etwas Besseres konnte den Friedensbewegungen in Europa, namentlich in Deutschland, nicht passieren – hätten sie es denn bemerkt. Sie taten es aber nicht. Denn ein amerikanischer Präsident, so die selbstverständliche Vermutung, konnte nur auf Böses sinnen. In den NATO-Stäben wie in den nationalen Ministerien für Verteidigung dagegen, die damals die Stationierung der amerikanischen Pershing II und Cruise-Missiles in Deutschland, Italien und den Niederlanden zu planen und durchzustehen hatten, herrschte größte Unruhe.

Die Militärs in Moskau allerdings, durch Spionage, durch offene technische Informationen aus dem Westen und, zuletzt und vor allem, durch ihr jüngstes Debakel über der Bekaa-Hochebene gewarnt, nahmen SDI ernst. Während alle Lautsprecher der Propaganda Reagan attackierten, der Russland unbeeindruckt *the Empire of Evil* nannte, ließen sie es nicht bei Missfallensbekundungen bewenden, sondern zielten auf beides: Amerika am Verhandlungstisch der Rüstungskontrolle festzuhalten und zugleich durch vermehrte Forschung doch noch den verlorenen Vorsprung der Amerikaner aufzuholen.

Aber dabei blieb es nicht. Die Spitze des Politbüros, KGB und Militärs führten eine ernste Debatte, wie die Sowjetunion von oben aus der Erstarrung zu befreien sei, ohne dass das Reich der Zaren und der Kommissare in seine Bestandteile zerfiel. Eine Revolution von oben sollte dem Niedergang des Imperiums zuvorkommen. So leistungsfähig zu sein wie Amerika, ohne den Anfechtungen der pluralistischen Demokratie zu verfallen, war der Traum solcher sowjetischen Erneuerer wie Alexander Jakowlew, der in Moskau eben Chef des Instituts für Weltwirtschaft geworden war und als wichtigster Architekt der Perestroika in die Geschichte einging. Allerdings wurden auch die Probleme frühzeitig erkannt. Wie könne sich denn, so fragten die jungen Theoretiker der Erneuerung in jenen Jahren der Vorbeben, eine Diktatur von oben mit der offenen Informationsgesellschaft vertragen?

Auf der militärischen Seite war es namentlich Sowjetmarschall Ogarkow, Generalstabschef des Warschauer Pakts und auch im Westen als Mann von hervorragendem Intellekt geachtet, der in geheimen Militärzeitschriften mehrere aufeinander aufbauende Analysen veröffentlichte und seine Forderung nach systemischer Erneuerung mit militärischen Notwendigkeiten und dem Überleben des Sowjetreiches begründete. Nach dem Tode Leonid Breschnews, dem Präsidenten der bleiernen Jahre, kam mit Juri Andropow ein Mann aus dem KGB ans Ruder, der über die erforderlichen Informationen verfügte und wenig Illusionen über den Zustand des Landes hatte.

Auch Andropow wurden damals Denkschriften zur Erneuerung des Reiches zugeschrieben. Doch galt er als krank und damit nur als Mann des Übergangs. Als anlässlich des Begräbnisses von Breschnew 1983 Bundeskanzler Helmut Kohl, frisch im Amt, zu einem kurzen Gespräch in den Kreml gebeten wurde, fragte er zum Entsetzen seiner Begleitung – Peter Boenisch, damals Pressesprecher, hat es berichtet – den Kremlherrscher, dem der schlechte Gesundheitszustand ins Gesicht geschrieben stand, unverblümt nach seinem möglichen Nachfolger. Die Antwort lautete unbefangen und realistisch, der Nachfolger werde ein Jüngerer sein, ein gerade ins Politbüro gewählter Agrarfachmann aus Saratow. Sein Name: Michail Gorbatschow.

Vorbeben in Europa

Die Wünsche zur Jahreswende 1979/1980 klangen wie üblich: Frohes neues Jahr, Bonne Année, Happy New Year. Aber in die alte Hoffnung der Menschen, das nächste Jahr werde alles besser richten, mischte sich die Angst vor Krieg und Inflation, vor Zusammenbrüchen der Innenpolitik und Katastrophen der Außenpolitik. Selten waren die Antworten auf die Zukunftsfrage, die das Allensbacher Institut für Demoskopie den Bürgern der Bundesrepublik Jahr um Jahr stellte, so von Pessimismus durchtränkt wie am Ende des Jahres 1979. Im Mittleren Osten hatte es die iranische Revolution gebracht und dazu den explosiven Anstieg der Ölpreise. In Europa den Doppelbeschluss der NATO-Mächte, die der sowjetischen Raketenrüstung, wenn sie nicht binnen vier Jahren abgebaut würde, noch gar nicht verfügbare amerikanische Waffen entgegensetzen wollte.

Kundige wussten, wie fragwürdig und ungewiss der Begriff des nuklearen Gleichgewichts war. Raketenabwehr war theoretisch und praktisch unmöglich, Sicherheit und Sicherheitsgefühl waren letzten Endes allein durch Abschreckung zu bewirken. Aber war auf alle diese Argumente noch Verlass? Die Sowjets stellten eine hochgerüstete Einschüchterungsarmee ins Feld, zweiundzwanzig absprungbereite Elitedivisionen allein in der DDR, disloziert in Angriffsformation entlang geheimen, bis zum Ende der DDR vom Westen niemals entdeckten Aufmarschstraßen. Psychologie und Propaganda standen gegen Strategie und politisches Vertrauen. Hielt das westliche Deutschland dem Druck stand? Wenn aber die Bundesrepublik in die Knie ging, wie es die sich schnell formierende und von Osten unterstützte Friedensbewegung herbeisehnte und herbeizudemonstrieren suchte – was würde dann aus Europa werden? Henry Kissinger sah die *Self-Finlandization* Europas – ein schiefer Begriff für Finnlands Selbstbehauptung – Gestalt annehmen. Raymond Aron stellte im Blick auf die Deutschen resigniert fest, man könne ein Volk nicht gegen seinen Willen retten.

Die deutsche Frage war wieder da, die Frage, wem Deutschland gehört und wohin die Deutschen gehören. Deutschland rückte, nach den Berlin-Krisen von 1948/49 und 1958–61, zum dritten Mal in den Brennpunkt der Weltpolitik. In Berlin, davon waren die *Germanisti*, die Deutschlandexperten in Moskau, überzeugt, lag der Schlüssel zu Deutschland, in Deutschland der Schlüssel zu Europa.

Im Oktober 1980 wurde in Deutschland gewählt. Zwar errang Bundeskanzler Helmut Schmidt, der im Stil des Deichgrafen Krisenmanagement betrieb, für die ihn tragende Koalition aus Sozialdemokraten und Freien Demokraten noch einmal die Mehrheit. Aber ihr war anzusehen, dass sie an zwei Schicksalsfragen scheitern würde, an der Umsetzung der NATO-Strategie und an der Ausweitung der Staatsschulden. Manche in der Partei des Kanzlers sehnten sich nach radikaler Opposition und hätten ihn am liebsten stürzen sehen. Es wurde einsam um ihn. Von Willy Brandt, der seinen Sturz 1974 nicht verwand, bis zu den jungen Aktivisten, die von einer anderen Republik träumten, geschah alles, um mit Schmidt auch den NATO-Doppelbeschluss zu kippen.

In dieser krisenschwangeren Lage aber kamen alt-neue Machtwährungen ins Spiel. Nicht mehr Raketen und Panzerdivisionen gaben den Ausschlag, sondern Ideen und Menschenrechte. Der Eiserne Vorhang wurde langsam transzendiert. Die Spiritualität kehrte nach Polen, ihrer alten Heimat, zurück. Das Kardinalskollegium im Vatikan wählte den Erzbischof von Krakau, Karol Wojtyła, zum Papst. Er galt als halsstarrig gegenüber den Kommunisten und als streng in der katholischen Kirchenlehre. Mit Ausnahme der Polen-Fachleute im Moskauer KGB-Hauptquartier – ihr Blick fiel auf das Denkmal Felix Dserschinskis, der aus Polen kam und die sowjetische Geheimpolizei Tscheka gründete – ahnten wenige, was die Wahl im Vatikan bedeutete.

Es waren die ältesten Potenzen der Geschichte, die nun die neuesten wurden. Religion, Glaube, Identität formten sich als Gegenkraft zur verdorrten Herrschafts-Ideologie der Kommunisten. Weder in den soziologischen Denkkategorien des Westens war dafür viel Platz noch in der kalten Mechanik der kommunistischen Parteidiktaturen. Es war, als käme

Papst Johannes Paul II. von einem anderen Planeten, glaubensstark und unwillig, mit dem kommunistischen Regime in Warschau oder dem übergeordneten in Moskau Kompromisse zu schließen. Der neue Papst glaubte an seine Sache und an die Mission Polens, der Märtyrernation. Dass ihm ein mächtiger Weggefährte, ja Verbündeter erstehen würde in Gestalt Ronald Reagans, des Gouverneurs von Kalifornien, der am 20. Januar 1981 ins Weiße Haus einzog – das sah wohl auch der neue Papst nicht voraus, als er mit dem Ring des heiligen Petrus und der Tiara angetan wurde.

Johannes Paul II. ließ sich von den Triumphen der Sowjetmacht nicht einschüchtern. Den Kommunismus und sein ganzes Ideengebäude hielt er für hohl, ein schäbiges Furnier der Macht, das sich abzulösen begann. Der Pontifex der römischen Kirche war polnischer Patriot, und er zeigte es. Im Jahr nach seiner Wahl besuchte er seine unruhige Heimat. Der Historiker Bronisław Geremek, der damals die Solidarność-Bewegung beriet und später Außenminister wurde, hat von einem Wunder gesprochen, das vielen Polen eine neue Würde und Selbstvertrauen gegeben habe, die eine bürgerliche Gesellschaft brauche.

Nach 1945 hatte die polnische Kirche nicht nur um ihren eigenen Platz gekämpft, sondern allgemein für die Idee der Freiheit – und so für das Entstehen der Zivilgesellschaft. War Johannes Paul II., vom Westen aus gesehen, nicht ein kirchlicher Traditionalist? Man kann indes nicht beides haben, einen Mann für alle Jahreszeiten und einen Kämpfer, der daranging, das kommunistische Regime mit der Waffe des Wortes und des Glaubens aus den Angeln zu heben. Die Polen im Untergrund haben das damals gespürt ebenso wie die Massen, die den Segen des Papstes suchten. Konservativ war der neue Papst im Blick auf das Patrimonium der Kirche und in seiner Skepsis gegenüber der Säkularisierung, die in ihrer Konsumform vom Westen, in ihrer Terrorform von Osten kam. Doch wirkte er damals in Polen, so hat Geremek das festgehalten, »um eine alte Sprache zu bemühen, extrem progressiv, wie er für Idee und Realität der Freiheit eines jeden Menschenkindes focht. Und wie er unerschütterlich dabei blieb, dass das kommunistische Regime damit nicht vereinbar ist. Als er 1979 nach Warschau kam, war seine zentrale Botschaft: ›Fürchtet euch nicht!‹«

Das Wort – Zitat der Verheißung aus dem Neuen Testament – hatte gewaltige Wirkung. Nach dem Papstbesuch war Polen nicht mehr das auf der europäischen Landkarte willkürlich hin und her geschobene, von den Großmächten geduckte, traurige Land von 1945. Es lag nicht mehr weit hinter dem Eisernen Vorhang. »Let Poland be Poland«, griff Ronald Reagan die Hoffnung auf. Die Menschen sangen die alte polnische Nationalhymne mit neuer Hoffnung: »Noch ist Polen nicht verloren«.

Geremek erklärt darüber hinaus den polnischen Widerspruch zum Erfolgsgeheimnis all dessen, was sich damals in Polen anbahnte und was bald auch in den Nachbarländern in Bewegung kam: »Es war die letzte proletarische Revolution in der Geschichte Europas. Und die erste Revolution für Freiheit und Würde eines jeden Menschen.«

Rücksichtnahme auf die Ängste der Westeuropäer und auf die konfliktgeladene Weltlage kam unterdessen den Aufrührern zwischen Oder und Bug nicht in den Sinn. Die Lage zwischen Ost und West war angespannt wegen der Raketenkrise. Zugleich war es wahrscheinlich diese Gefahr, welche die Kremlherren davon abhielt, mitten in der INF-Auseinandersetzung und der Invasion Afghanistans in Polen militärisch einzugreifen.

Auch war für sie der neue amerikanische Präsident Ronald Reagan schwer einzuschätzen, der das Rüstungsprogramm seines Vorgängers drastisch steigerte und nicht so klang, als gedächte er einfach zuzuschauen, wie sich der russische Bär die polnische Gans einverleibte. Mehr noch: Wie sicher konnten die Kommandeure des Warschauer Pakts sein, dass die polnische Armee, großenteils Wehrpflichtige, nicht auf der falschen Seite kämpfen würde? Zwar verfügten die Russen in Polen nur über zwei Divisionen, die im Wesentlichen die Verbindung zu den in Ostdeutschland stationierten Stoßarmeen zu sichern hatten. Doch stationierten sie seit 1981 an der Ost- wie an der Westgrenze Polens zum Absprung bereite Divisionen und Luftwaffeneinheiten, die in provisorischen Quartieren hausten wie im Manöver. War es Manöver, war es Vorbereitung zum Einmarsch? An der in der DDR »Friedensgrenze« genannten Oder-Neiße-Linie waren damals nicht nur sowjetische und ostdeutsche Panzer in Aufmarschformation massiert, sondern auch Feldflugplätze neu angelegt. Die Tankwagenzüge mit Kerosin und Panzertreibstoff, ungetarnt auf eigens gelegten Gleisen abgestellt, signalisierten, dass es ernst war. Angriff oder Einschüchterung? Der polnische Belagerungszustand bleibt bis heute umstritten. Vielleicht hat Jaruzelski den Russen das blutige Geschäft abgenommen. Vielleicht hat er aber auch Polen vor einer Invasion und die Welt vor einer bedrohlichen Lage bewahrt. Wie immer er handelte, er befand sich in einer tragischen Lage. Es entstand ein Schwebezustand, von außen stabilisiert durch die weitergehende Ost-West-Raketenkrise und dann den Übergang zu Gorbatschows Reformpolitik, im Innern stabilisiert durch beiderseitige Zurückhaltung und den Verzicht auf großes Drama und offene Konfrontation. Es waren die polnischen Kommunisten, die schließlich, von Moskau allein gelassen, wirtschaftlich und moralisch unter Druck gerieten und nachgeben mussten. Im August 1989 wurde Tadeusz Mazowiecki erster frei gewählter Ministerpräsident. Ein Jahr später wurde der Elektriker aus Danzig, Lech Wałęsa, Präsident.

Unterdessen hing die Lage Europas in Ost und West immer mehr von den Geschehnissen in Deutschland ab. Die Regierung Schmidt/Genscher war 1980 wiedergewählt worden. Die Freien Demokraten wollten dem unaufhaltsam wachsenden Sozialhaushalt die Wende verordnen. Die Sozialdemokraten wollten der steigenden Arbeitslosigkeit mit keynesianischer Ausgabenpolitik begegnen. Beide hatten die Interessen ihrer Klientel im Kopf. Außenpolitisch aber brach der Regierung die Mehrheit im Parlament weg, als die Sozialdemokraten mehr und mehr nach der rasch wachsenden Friedens- und Öko-Bewegung schielten. Massendemonstrationen in Bonn, Kriegshysterie im ganzen Land, auf der Linken mehr Angst vor dem amerikanischen Bündnis als vor der sowjetischen Bedrohung. War das westliche Deutschland dabei, den schützenden Bogen der NATO zum Einsturz zu bringen? Den Höhepunkt erreichte die Krise, als im September 1982 die Regierung Schmidt/Genscher wie von selbst zerbrach.

Die Szene betrat Helmut Kohl, in Karikaturen ob seiner Statur als »Schwarzer Riese« dargestellt, erfahrener ehemaliger Ministerpräsident des Landes Rheinland-Pfalz, aber hinsichtlich internationaler Beziehungen ein unbeschriebenes Blatt. Kohl ließ sich nicht auf theoretische Debatten ein, ob die Stationierung gemäß NATO-Beschluss vom Dezember 1979 etwas mit dem strategischen Gleichgewicht zu tun hatte. Er wusste, würde die Bundesrepublik einknicken, so war das westliche Bündnis auf Termin gestellt. Die Amerikaner würden die Schiffe besteigen, die Sowjetunion würde den Kalten Krieg für sich entscheiden. Kohl hatte, schon als Kanzler in spe, im Sommer 1982 Reagan im Weißen Haus aufgesucht und Vergewisserung gewonnen: Die Amerikaner würden stehen. So bekräftigte Kohl im Bundestag die NATO-Politik seines Vorgängers. Wenige Tage im Amt, beschwor er die deutsche Bündnistreue mit dem Satz: »Bündnisfähigkeit ist Kern deutscher Staatsräson.« Zugleich aber tat er alles, die Kriegsängste zu beruhigen. Mit der Sowjetunion wurde das begonnene Erdgas-Röhren-Geschäft weitergeführt, in dem Mannesmann für Rohre und AEG für Pumpen stark engagiert waren. Intensive amerikanische Bedenken blieben außer Acht. Mit der DDR wurden die Beziehungen geschäftsmäßig weitergeführt, ein Stand-by-Kredit wurde zugesichert. Er verriet Kundigen, wie miserabel es um die ostdeutsche Wirtschaft längst stand. Ein Besuch des Staatsratsvorsitzenden, im Hauptberuf SED-Generalsekretär, war in Aussicht gestellt, den dieser dringend suchte, um Ansehen zu gewinnen.

Kohl und seine Umgebung fürchteten damals den neuen Nationalneutralismus der Linken, der auf Austritt aus der NATO hinauslief. Das wäre das Ende jenes Deutschland gewesen, das Adenauer gegründet hatte. Doch die Linke – Teile der SPD, die Mehrheit der Grünen – war nicht fähig oder willens, die deutsche Einheit zu denken und mit dem Austritt aus dem Westen zu verbinden: Das hätte, zurückgehend auf Kurt Schumacher und die frühen Jahre des westdeutschen Staates, eine politikfähige Alternative sein können. Die Sozialdemokraten nach Helmut Schmidt waren stattdessen bereit, die Staatlichkeit der DDR anzuerkennen, die seit dem Grundlagenvertrag von 1972 zwar respektiert und als Teil der Wirklichkeit hingenommen wurde, aber eben nicht in völkerrechtlicher Form anerkannt war. Mit dem Satz »Die Freiheit ist der Kern der deutschen Frage« beruhigte Kohl die westlichen Verbündeten und ging zugleich gegenüber der östlichen Friedenspropaganda in die Offensive.

Deutschlandpolitik dieser Jahre war nicht Politik der Wiedervereinigung, sondern Management der Teilung. Weniger war aus innenpolitischen Gründen nicht möglich, mehr aus außenpolitischen Gründen nicht denkbar. Die Grenze durchlässiger zu machen – das klang harmlos und menschenfreundlich. Aber wem konnte verborgen sein, dass ohne die Mauer in Berlin und 1300 Kilometer scharf bewachten Stacheldraht der DDR die Menschen weglaufen würden, das künstliche Staatsgebilde zusammenstürzen musste – und das ganze Drama des Kalten Krieges sich entfalten konnte?

Als im Januar 1983 der französische Staatspräsident Mitterrand, ein Sozialist, nach Bonn kam, um anlässlich des 20. Jahrestages des Élysée-Vertrags, den noch Adenauer und de Gaulle unterzeichnet hatten, im Bundestag zu sprechen, geschah das Unerwartete. Der französische Staatspräsident, von dem die Sozialdemokraten Hilfe gegen NATO und Amerika erwarteten, tat das Gegenteil: Er beschwor die Deutschen, die *Euromissiles* zu stationieren. Mitterrand wusste, dass es andernfalls auch um Frankreichs Sicherheit geschehen wäre. Die Franzosen verfügten über eigene Atomwaffen, aber die reichten kaum für mehr, als »dem Angreifer einen Arm abzureißen«, wie de Gaulle es drastisch gesagt hatte, und Washington in die Aktion zu zwingen. Auch war die französische Grenze kaum mehr als die Länge eines Tagesabschnitts der Tour de France von den Aufmarschräumen der Roten Armee entfernt. Gleichwohl, die Franzosen glaubten nicht an einen sowjetischen Angriff, und sie glaubten auch nicht, dass Frankreich seine nukleare Drohung wahr machen würde. »Sie vertrauen auf den Bluff und gehen dann zur Tagesordnung über«, schrieb Aron in einem seiner letzten Artikel.

Ganz anders die Deutschen. Dafür gab es nicht nur geografische Gründe. Der Zugang zu eigenen Atomwaffen war den Deutschen vertraglich und politisch versperrt, die von Franz Josef Strauß und Jacques Chaban-Delmas, 1958 Verteidigungsminister in Bonn und Paris, damals geplante und vertraglich gesicherte Nuklearrüstung unter europäischen Vorzeichen war an General de Gaulle gescheitert – »le nucléaire se partage mal«, das Nukleare teilt sich schlecht –, der als Chef der Fünften Republik die nationale Abschreckung durchsetzte.

In Deutschland hatte auch die Doktrin der *flexible response* nie überzeugt. Die amerikanische Abschreckung war nur so lange akzeptabel, als sie Deutschland vor dem Krieg bewahrte – vor jedem Krieg. Die Deutschen, wenn sie über die Bedingungen ihrer Sicherheit nachdachten, sahen sich in einer Zwangslage. Wenn die Abschreckung versagte, war es um das Land und seine Menschen geschehen, *finis Germaniae*, und die Entscheidung würde nicht in deutschen Händen liegen.

Am wichtigsten war es deshalb, die fatale Debatte über die Raketen abzubrechen, die Themen zu wechseln, von Aufschwung zu sprechen und Investoren Mut zu machen. Damit gewann Kohl die Wahlen des März 1983. Seitdem lächelte ihm das Glück des Tüchtigen. Die anziehende Weltkonjunktur, der hohe Dollarkurs, die Leistungsfähigkeit der deutschen Industrie und das Sinken der Ölpreise gaben ihm Rückenwind. Als am 23. November 1983 die ersten Pershings im schwäbischen Mutlangen eintrafen, hatte sich die Stimmung in Deutschland gedreht. Bald folgte die Lage.

Kohl sah sich immer, nicht nur als *façon de parler*, als »Enkel Adenauers«. Das bedeutete in europäischen Dingen, stets mit Staatspräsident Mitterrand Abstimmung zu suchen, von Personalfragen bis zu den großen Gestaltungsfragen Europas. Beide sahen sich als Studenten der Geschichte, die deren Lehren umzusetzen hatten, vor allem die Versöhnung Deutschlands und Frankreichs mit den Mitteln der Wirtschaft, des Jugendaustauschs, der Kultur und der Symbole. Darin war noch immer die Grundkonzeption der Römischen Verträge von 1957 zu erkennen. Noch wichtiger aber war für Kohl – die Raketenkrise hatte ihn darin bestärkt – die Beziehung zu den Vereinigten Staaten, Garantiemacht des freien Europa. Auch darin war die geschichtliche Gründungssituation von 1949 unschwer zu erkennen.

Damals hatten Präsident Truman und sein Außenminister Dean

Acheson den Europäern im Nordatlantikpakt nuklearen Schutz angeboten und zugleich die Bedingung gestellt, dass die Europäer sich wirtschaftlich zusammenfanden und das besiegte *German Reich* in den Club aufnehmen. Truman wusste – so hat er es in seinen Memoiren geschrieben – dass ohne das Territorium zwischen Rhein und Elbe die Verteidigung des Westens nichts wäre als »a rearguard action on the shores of the Atlantic Ocean«, Rückzugsgefecht auf den Stränden des Atlantiks. So hat auch Kohl gedacht. Für ihn bedingten NATO und europäische Integration einander. So tat er alles, niemals zwischen Paris und Washington wählen zu müssen. Und Mitterrand war weise genug, die Deutschen solchen Zwängen niemals auszusetzen.

Für Bonn war Paris der unentbehrliche Partner beim Steuern der Brüsseler Gemeinschaften; London war in der NATO der verlässliche Verbündete. Während Frankreichs Truppenpräsenz kurz östlich hinter Baden-Baden aufhörte, fuhren die Briten ihre Patrouillen am Eisernen Vorhang in der nordddeutschen Variante. Die »Stille Allianz«, wie man das deutsch-britische Verhältnis jener Jahre im Gegensatz zu Pomp und Fähnchenschwenken Richtung Paris genannt hat, war der wichtigste Bestandteil auf der europäischen Seite der NATO.

Die Raketenkrise hat alle diese Verbindungen aufs Äußerste getestet, und ihr Ausgang in Deutschland und um Deutschland herum war alles andere als ausgemacht. Für Kohl im Kanzleramt aber waren NATO und Europäische Gemeinschaft beides, äußere Verfassung des Landes und Garantie seiner Staatsvernunft. Die nationale Einheit stehe »nicht auf der Tagesordnung«, verkündete Kohl damals in wohl bedachter Abwehr nationalkonservativer Stimmungen aus dem eigenen Lager und nationalneutralistischer Versuchungen seitens der Opposition.

Die Bundesrepublik unter Kohl lag noch einmal im Brennpunkt des Ost-West-Konflikts. Zugleich aber stieg das Land, getragen von seiner Wirtschaftskraft und seiner starken Währung, in die europäische Führungsrolle der zivilen Machtwährungen auf. Die Bundesbank setzte der D-Mark-Zone, die die Benelux-Länder, Frankreich und Österreich umfasste, Maßstäbe der Geldwertstabilität und des Vertrauens. Die Bonner

Regierung aber war bereit, ihr Prestige einzusetzen für die Vertiefung der europäischen Integration, und in Jacques Delors in Brüssel und François Mitterrand in Paris fand Kohl die Partner, die die Strategie verstanden und umsetzten. Kohl selbst machte sich zum Freund und Helfer der kleineren Staaten in der Gemeinschaft. Es gab kein Treffen des Europäischen Rats, dem nicht ausgedehnte Telefonate aus dem Bonner Bundeskanzleramt in alle Hauptstädte vorausgingen, um Interessen abzugleichen, Bündnisse zu stiften und Ausgleich vorzubereiten. Hinter Kohls pfälzischer Bonhomie verbarg sich deutsche Führung.

The House that Jacques built lautet der Titel eines Insider-Buches über Jacques Delors. Als allwissender und alltätiger Kommissionspräsident gefürchtet, geachtet und bis heute legendär, baute er die Brüsseler Maschinerie auf. Sein Haus war auch das Haus, das Kohl wollte.

Der deutsche Kanzler aber hatte noch eine zweite, ungeschriebene Agenda. Er hatte in der Raketenkrise gelernt, wie fragil die europäische Struktur war, wie gefährlich deutsche oder andere Alleingänge dem Ganzen werden konnten und wie notwendig es war, Versuchungen der nationalen Souveränität zu beschneiden. Auch darin Enkel Adenauers, wollte er, wie dieser mit dem Élysée-Vertrag 1963, nicht nur den Franzosen Sonderwege in Richtung Moskau verlegen, sondern auch den Deutschen, jetzt und auf alle Zeit. Er wollte die wirtschaftlichen Synergien nutzen, den Handelsstaat Deutschland samt allen darin verwobenen Interessen, von den Gewerkschaften bis zu den Industrieverbänden, unauflöslich mit seiner Idee der Pax Atlantica und der darin gesicherten Integration Europas verschmelzen. Aus alledem entstand die Einheitliche Europäische Akte, von Delors mit dem verpflichtenden Zielhorizont 1992 versehen.

In die Präambel der Römischen Verträge 1957 hatten die sechs Gründungsstaaten – Frankreich, Deutschland, Italien und die drei Benelux-Länder – die Vision einer »immer engeren Gemeinschaft« geschrieben. Hätte man sie damals gefragt, was das bedeutete, so hätten die Diplomaten klug ein anderes Thema angeschlagen, von der Überwindung des Krieges und anderen schönen Zielen gesprochen, wie es seitdem, wenn die EU in Krisen gerät, regelmäßig geschieht. In Wahrheit war die »immer engere Gemeinschaft« der frühen ein Jahre aufschiebender Formelkompromiss zwischen Paris, wo man so viel wie möglich vom Nationalstaat und nationaler Handlungsfähigkeit zu bewahren suchte, und Bonn, wo man den Nationalstaat so gut wie möglich überwinden wollte.

Die »immer engere Gemeinschaft«, mit anderen Worten, gab es, und es gab sie nicht. Sie ist heute ein Stück historische Vision. Die EG des Jacques Delors war nicht mehr Staatenbund, aber sie war auch nicht dabei, Bundesstaat zu werden. Die Wirklichkeit war längst über solche akademischen Fragen hinweggegangen. Nichts aber hat die Entwicklung der Europäischen Gemeinschaft zu einer »Europäischen Union« mehr vorangetrieben als der Fall der Mauer in Berlin am Abend des 9. November 1989.

Ein toter Vulkan bricht zusammen

Niedergang und Fall der Imperien, von Rom bis zum *British Empire*, haben von jeher die Menschen fasziniert, und dies schon deshalb, weil solche Dramen selten mit einem Seufzer ablaufen, sondern meistens mit einem Knall. Als der britische Historiker Paul Kennedy, der zuvor den Schlachtflottenbau des weiland Deutschen Reiches beschrieben hatte, im Jahr 1987 sein Buch *Aufstieg und Fall der großen Mächte* (Rise and Fall of the Great Powers) veröffentlichte, galt das erstaunliche Interesse jedoch nicht dem Bild abgelebter Epochen. Die Zeit war reif für die Frage nach dem Schicksal der amerikanischen Seeallianz und des sowjetischen Landimperiums. Kennedys Antwort: Beide waren überanstrengt, beide waren im Wettlauf in Richtung Niedergang. Allerdings ließ sich der Yale-Professor klugerweise weder auf ein festes Datum für das Ende ein, noch gab er an, wer zuerst den Boden erreichen würde.

In der Politik geht es wie in der Gartenkunst: Es ist nicht ratsam, unreife Früchte abzuschlagen. So verhielt es sich auch in den letzten Jahren des Sowjetimperiums mit dem Warten auf das Ende. Im Oktober 1988 hatte der deutsche Bundeskanzler Moskau besucht, in seinem Gefolge zwei Flugzeugladungen deutscher Großbankiers und Industrieller, Berater und Begleiter, die Russland retten sollten, wenn auch nicht uneigennützig. Der Kanzler und seine Begleiter wurden in Moskau willkommen geheißen, als ob sie tatsächlich die Sanierung des überanstrengten Reiches bewirken könnten. Wie marode Russland längst war, war damals wohl kaum einem der Protagonisten bewusst. Am Rande der langen Reden indes konnte man bemerken, dass selbst bei der Internationalen Abteilung des ZK der KPdSU, über Jahrzehnte die Kommandobrücke sowjetischer Außenpolitik, kaum noch Kaffee und ein kalorienschweres Essen zu haben waren. Was war in Moskau geschehen? Wohin trieb Russland? Wohin das Imperium?

Wenige Wochen später lief in Bonn die Fortsetzung mit dem Blick auf die Zukunft der DDR, die in Moskau wie ein unaufgeräumter Restposten des Kalten Krieges nur noch am Rande erwähnt worden war. Kanzleramtsminister Wolfgang Schäuble lud zu einem Abendessen mit offenem Ende und seltsamer Themenstellung ein. Es sollte um die Neuverhandlung der Wegzölle gehen, die man »Transitpauschale« nannte und die die DDR seit dem Grundlagenvertrag auf den Verkehr zwischen der Bundesrepublik und den Westsektoren von Berlin erhob, alles in allem jährlich eine hübsche halbe Milliarde D-Mark. Die DDR-Planer waren dringend auf sie angewiesen und forderten Erhöhung auf nahezu das Doppelte. Sollte man darauf eingehen, sollte man nicht?

Bald stellte sich heraus, dass es um die viel größere Frage ging, wie viel Zukunft der zweite deutsche Staat noch hatte. Die kurze Antwort lautete, dass er finanziell und moralisch am Ende war, und politisch weit entfernt von Moskau. Die lange Antwort aber ergab, dass die drei Stützen, welche das Ost-Berliner Regime hielten, nicht mehr trugen. Die Existenzgarantie durch die Sowjets, Grundvoraussetzung des Staates seit seiner Gründung und noch beim Mauerbau 1961 unentbehrlich, war durchgescheuert. Der informelle Sozialvertrag zwischen Regime und Bevölkerung – »Wir tun so, als ob wir arbeiten, und ihr tut so, als ob ihr uns bezahlt«, dazu stabile Benzinpreise, kleiner Komfort, Westfernsehen und in seltenen Fällen Westreisen – war wirtschaftlich kaum noch erfüllbar. Das Gebilde DDR war am Zusammenbrechen. Dazu war alle westliche Sympathie mit dem Sozialismus von den DDR-Regenten auf die Sowjet-Reformer unter Gorbatschow übergegangen. Je mehr Glaubwürdigkeit diese aber erwarben, desto mehr schwand auch das doppelte Trauma des Volksaufstands von 1953: die Erinnerung der Unteren, dass allein die sowjetischen Panzer damals das SED-Regime gerettet hatten, und die Erinnerung der Oberen, dass sie ohne diese Panzer verloren waren. Damals ging man im Bonner Kanzleramt auseinander mit der Erkenntnis, dass konkrete Vorbereitungen oder öffentliche Einlassungen zum Thema nicht zweckmäßig, ja hochgefährlich wären. Es galt, der Zeit für ihre Arbeit Zeit zu geben.

Das große Drama spielte nicht auf Bonner Bühne, auch nicht in

Washington, sondern in Moskau. Wann und warum der Niedergang des Sowjetsystems begann, wird ewig umstritten bleiben. War es der Ölpreis, der fiel und fiel und dem Imperium die Dollars für die Expansion entzog? War der Brand des Reaktors in Tschernobyl das Fanal der Unbeherrschbarkeit? War es die Niederlage im Krieg der Mikrochips? War es die Erfahrung, dass der Krieg in Afghanistan gegen afghanische Partisanen und amerikanische *Stinger*-Raketen nicht zu gewinnen war? Hatte der Protest der Mütter toter Soldaten den Kreml erschüttert? Hatte das Sowjetsystem, gebaut auf Schrecken und Schwerindustrie, seine natürliche Lebenserwartung schon zur Stalinzeit erreicht und hatten nur Weltkrieg und Kalter Krieg die Frist noch zweimal verlängert? War, in einem Wort, imperiale Ermüdung eingetreten?

Seit Andropow ahnte die jüngere Machtelite in Moskau, dass das Sowjetsystem einer Revolution von oben bedurfte, wenn es als Weltmacht überleben wollte. Es galt, das Sowjetsystem durch Modernisierung von oben zu retten, ohne es dabei zu zerstören. Dieses Wunder sollte Michail Gorbatschow bewirken, der Agrarexperte aus der südrussischen Region Stawropol.

Die Welt lernte alsbald zwei russische Wörter: *Glasnost* und *Perestroika* – was so viel bedeutete wie Transparenz und Restrukturierung. Bald kam auch *Demokratija* hinzu. Bringen sollten sie Patriotismus und Disziplin, dazu Technologie aus dem Westen. Auf Geheiß des Kreml wurde der Wodka-Konsum scharf beschnitten, im Kaukasus die Weinstöcke ausgerissen. Selbst Staatsbesuchern aus dem Westen wurde kaum noch eingeschenkt. Die Sowjetmenschen mussten ohne den bewährten Trost auskommen. Aber die Maßnahme brachte die müde Maschine nicht mehr in Schwung. Dem Homo sovieticus stand der Exitus bevor. Gorbatschow und seine Berater, namentlich Alexander Jakowlew, sowjeterfahren im Kreml und welterfahren als Botschafter in Kanada, wollten nicht nur die Massen gewinnen und mit dem Westen verhandeln. Sie wollten die Geschichte der Zaren und der Kommissare überwinden. Das ist ihnen auch gelungen – doch anders als geplant.

War Gorbatschow der große Veränderer, als der er dem Westen seitdem erscheint, oder der große Zerstörer, wie ihn die meisten Russen sehen? Er war beides, welthistorisches Individuum im Sinne Jacob Burckhardts, ohne das alles Folgende nicht zu denken wäre, und zugleich ein Getriebener, ein Medium, ein unwilliger Revolutionär. »Europa, unser gemeinsames Haus« war die Formel, die er dem Westen anbot, dabei auf die alten Taktiken des Auseinandermanövrierens von Europäern und Amerikanern verzichtend. In der ewigen eurasischen Doppelgesichtigkeit Russlands zwischen Moskau und Sankt Petersburg war er ein Westler. In London traf er auf Verständnis. Selbst Premierministerin Thatcher sagte von ihm: »I can do business with him.« In Bonn herrschte, nachdem der Bundeskanzler beim Arbeitsbegräbnis Präsident Tschernenkos im März 1985 mit dessen Nachfolger gesprochen hatte, der Eindruck, dass man es mit einem kompetenten Sowjetmenschen zu tun habe. Ronald Reagan ließ sich 1986 beim Raketengipfel in Reykjavík von Gorbatschows Argumenten zur Abrüstung so gefangen nehmen, dass sein Gefolge alle Mühe hatte, hinterher die Verhandlungspositionen wieder aufzubauen.

Hätte Gorbatschow das brüchige Sowjetgebäude in dem Zustand gelassen, in dem er es übernommen hatte, und zugesehen, wie sich sein Imperium mehr und mehr in Dostojewskis Land zurückverwandelte, hätte er noch viele Sommer auf der Krim in gelben Regierungsschlössern verbringen können. Aber der Generalsekretär war ein Sowjetpatriot, er ordnete alles dem Ziel der Modernisierung unter, beendete die Rüstungsabläufe und schloss den Archipel Gulag. Der außenpolitische Erfolg war enorm. Die Innenpolitik des Kreml dagegen trieb von einer Krise in die andere. Bald versagte die Steuerung.

Das Jahr 1987 brachte dem Westen die Gewissheit, dass Gorbatschow meinte, was er sagte. Beim Weltwirtschaftsforum in Davos trug der deutsche Außenminister Genscher eine Rede vor, die sein Planungsstab mit großem Bedacht aufgesetzt hatte. Er sagte, dass man den russischen Reformer beim Wort nehmen müsse, dass dies eine Jahrhundertchance böte und dass die Zeit gekommen sei für den Abbau der großen Konfrontation. Während man in Europa noch darüber debattierte, setzte Reagan seine Unterschrift unter ein Abkommen, das zehn Jahre Raketenkrise beendete: Beide Seiten würden ihre Mittelstreckensysteme zerstören und auf weitere Aufstellung verzichten. Zur selben Zeit brachte Gorbatschow auch die seit mehr als einem Jahrzehnt stagnierenden Verhandlungen über Mutual Balanced Force Reductions (MBFR) in Gang, indem er vorschlug, nicht mehr von oben zu zählen, sondern gleiche Obergrenzen zu vereinbaren: Ausgangspunkt je 20000 Hauptkampfpanzer für NATO und Warschauer Pakt, disloziert zwischen Ural und Atlantikküste, jenseits davon mochte jede Seite haben, was sie wollte, das Ganze überwacht durch Inspekteure mit freiem Zugang zu Kasernen und Manövern. Das war der Ansatz der Vertrauensbildung.

Es ging weiter. Anfang Dezember 1988 kündigte Gorbatschow in der Vollversammlung der Vereinten Nationen an, ohne vorhergehende Forderungen nach Gegenseitigkeit, auf einen Schlag eine halbe Million Kampftruppen, namentlich solche mit raumgreifender Angriffsfähigkeit, aus dem europäischen Kriegstheater zu nehmen und aufzulösen. Der Westen traute seinen Augen und Ohren nicht. Erstmals mischte sich in die Bewunderung für den russischen Reformer die Frage, wie lange der Mann im Kreml solche Kühnheit überleben könne.

Europa, unser gemeinsames Haus – was zuerst wie eine abgedroschene Propagandaformel klang, nahm mehr und mehr Gestalt an. In Polen stand noch alles auf des Messers Schneide, als Gorbatschow vor dem Europaparlament in Straßburg erkennen ließ, dass es mit der Breschnew-Doktrin vorbei war. Die Völker sollten ihren eigenen Weg wählen, sowjetische Panzer sollten dabei keinen Rat geben.

In Budapest tagten die Reformkommunisten seit Herbst 1988 unter Leitung des Außenministers Gyula Horn in kleinen Stäben und überlegten, wie aus der Krise des Sowjetimperiums Bewegungsfreiheit für Ungarn zu gewinnen war. Der Blick fiel auf das geteilte Deutschland und die vielen Hunderttausend Deutschen aus der DDR, die Sommer für Sommer bescheidene Campingferien am Plattensee verbrachten – unweit der Grenze zu Österreich, die für ungarische Bürger längst ihre Schrecken verloren hatte. Auch Ungarn hatte damals die Menschenrechtscharta des Europarats unterzeichnet und ließ es danach nicht mit Worten genug sein: Vor den Kameras der Welt zerschnitten beide Außenminister den Stacheldraht an der Grenze zu Österreich.

War das Wirklichkeit? War das eine Falle? Oder eine gefährliche Selbsttäuschung?

Solche Fragen bewegten im Sommer 1989 die Ostdeutschen, während die »Volkskammer«, das Pseudoparlament der DDR, den chinesischen Genossen gratulierte, dass sie in Peking auf dem Platz des Himmlischen Friedens mit den aufrührerischen Studenten kurzen Prozess gemacht hatten. Die SED-Führer zeigten damit, was sie von der Entwicklung in Moskau hielten. Sie verstanden sie als lebens- und machtbedrohlich – zu Recht, wie sich bald zeigte.

Seltsame Rituale waren abzuleisten. Der 40. Jahrestag der DDR war zu feiern. Aber der 7. Oktober 1989 war kein Datum, Panzer rollen zu lassen oder kleine Verschwörungen anzuzetteln gegen den Kremlherrn. Der flog ein, hatte nach den Bräuchen des Imperiums Honecker zu küssen, der ihn verachtete, und musste am Ende unbegleitet nach Schönefeld zurückfahren, dem Regierungsflughafen im Südosten Berlins. Gorbatschows Besuch war der Anfang vom Ende der SED-Herrschaft. Sein vieldeutiges Wort, auf Russisch in die TV-Kameras, »Wer zu spät kommt, den bestraft das Leben«, ließ sich leicht auf Honecker und sein erstarrtes Politbüro anwenden. Es signalisierte, dass die Panzer mit dem roten Stern, anders als 1953, diesmal nicht aus den Kasernen rollen würden. Damit war die doppelte Gewissheit zerbrochen, die die DDR zusammenhielt: die Angst der Unteren, es werde alles in Gewalt enden, und die Zuversicht der Oberen, dass die Sowjets sie an der Macht hielten.

Freiheit ist wie Sauerstoff: Nicht zu schmecken, nicht anzufassen und dennoch lebenswichtig. Reisefreiheit war das Codewort, das viel mehr bedeutete als Aufhebung des tödlichen Grenzregimes der DDR. Jeder wusste, ob in Ost oder West, dass die SED-Herrschaft verloren war, wenn die Mauer nicht mehr stand. Sie war 1961 gebaut worden, unter den Augen der Sowjets, um das Auslaufen der Gesellschaft zu verhindern. Die Mauer »durchlässig« zu machen, war das erklärte operative Ziel der Bonner Deutschlandpolitik unter Kanzler Kohl. Diese Politik gab vor, Management der Teilung zu sein, nicht weniger und nicht mehr. Aber die Akteure wussten, dass, je mehr Reisefreiheit die DDR im deutsch-deutschen Politikgeschäft zugestehen musste, desto dünner war der Faden, an dem die Existenz des Regimes hing. Wenn die Mauer fiel, das galt seit dem 13. August 1961, dann musste die DDR auch fallen. Wenn aber die DDR zusammenbrach – was folgte dann? Es fehlte die Fantasie, sich das vorzustellen – eingeschlossen die damit verbundenen weltpolitischen Gefahren. Denn seitdem der Eiserne Vorhang niedergegangen war vor fast einem halben Jahrhundert, war jede auch noch so kleine Veränderung eine Frage von Krieg oder Frieden.

Die Zeit war reif, die Lage war da. Nur so ist zu erklären, dass ein paar zögerliche, unklare Worte aus dem Politbüro am Abend des 9. November 1989 um 18.57 Uhr – die Antwort Günter Schabowskis auf die Frage eines italienischen Journalisten, jeder könne künftig reisen, und das gelte ab sofort – ein Erdbeben auslösten. Dieses Beben verschlang nicht nur die DDR, sondern auch das Sowjetimperium. Die Nachbeben dauern bis heute.

»Als die Mauer von Berlin fiel, da verschwanden ein Staat, ein Imperium, eine Epoche«, schrieb die kluge Amerikanerin Elizabeth Pond, und blickte weit zurück in die Vergangenheit. »Der Fall der Mauer bedeutete Erlösung von der gescheiterten Revolution 1848, von dem leichtfertigen Hineingleiten der Europäer in den Krieg 1914 und von Hitlers Aufstieg 1933. Er beschwor das Gespenst des nuklearen Weltenendes und erweiterte doch den paradoxen langen Frieden, den das Gleichgewicht des Schreckens dem zerstrittenen Europa geschenkt hatte. Erstmals seitdem die Dämonen der Romantik über die Deutschen gekommen waren, wurde ihre westliche Identität besiegelt, ihre Zweiteilung in links und rechts begann zu heilen. Der Fall der Mauer brachte sie zusammen, dieses Mal friedlich-schiedlich, und entmystifizierte ihre existenziellen Fragen zugunsten alltäglicher politischer Auseinandersetzungen. Zugleich aber wurden die Vereinigten Staaten ihre Fixierung auf den Supermacht-Zwilling los, mussten sich im Spiegel der Innenpolitik betrachten und sich selbst finden. Bedrohlich war, dass der Fall der Mauer die alte Pax Sovietica auflöste in viel ältere Blutfehden.« (Elizabeth Pond)

TEIL II

MÄCHTE OHNE GLEICHGEWICHT

Europa: Glück und Grenzen

»When fortune means to men most good
She looks upon them with a threatening eye«

WILLIAM SHAKESPEARE

Die Geschichte liebt die Wiederholungen nicht. Was mitunter so aussieht – die Rede von deutscher Wiedervereinigung klingt danach –, ist in Wahrheit etwas anderes, in der Regel Neubeginn unter Rückgriff auf ältere Elemente. Die Bedeutung des November 1989 liegt nicht in der Wiederherstellung einer früheren deutschen oder europäischen Daseinsordnung. Kein früheres Deutschland hat jemals so ausgesehen, weder auf der Karte noch in seiner inneren Verfassung, wie die Bundesrepublik des 3. Oktober 1990.

Ausgehend vom Fall der Berliner Mauer ereignete sich ein Epochenbruch in der Geschichte Europas. Er reicht weiter zurück als bis 1945, 1919 oder 1814/15, ja selbst als 1789. Das waren jeweils Revolutionen in den Staaten und im Verhältnis zwischen ihnen. Imperien zerbrachen, und Interessensphären wurden neu bestimmt. Aber alles, was geschah, spielte sich doch früher oder später wieder ab im etablierten Rahmen des Gleichgewichts der Mächte. 1989 aber war anders. »Zu den Umbrüchen jenes Jahres – den Revolutionen und dem Wechsel der Bündnisse – kam der tief greifende Wandel des europäischen Staatensystems.« (Robert Cooper)

Anfangs, so schien es den Staatskanzleien von Moskau bis Washington, ging es vorwiegend um Neuordnung der deutschen Dinge, Aufräumungsarbeiten aus Zeiten des Zweiten Weltkriegs und der Potsdamer Konferenz von 1945, des Kalten Krieges und der großen Verträge über Rüstungskontrolle zwischen Ost und West. Aber das hielt nicht lange an. Deutschland war, wieder einmal, zu groß für das Gleichgewicht und zu klein für die Führung. Etwas Drittes musste gefunden werden. Die Nachbarn standen vor einer Wahl, die sich die wenigsten gewünscht hatten: mehr Deutschland zu haben oder mehr Europa.

Der Fall der Mauer kam nicht aus heiterem Himmel. Jahrelang hatte es Vorzeichen und Vorbeben gegeben, zuletzt in immer dichterer Folge. Gleichwohl hatte man sich in Bonn und weitgehend auch in anderen Hauptstädten Denkverbote auferlegt, wie es denn, wenn die Dämme des Weltkonflikts brachen, weitergehen sollte in Europa und der Welt. Eine seltsame Lähmung herrschte, außer in den Studios des Fernsehens und den Redaktionen der Printmedien.

Dort entstand eine Fata Morgana, das Trugbild einer besseren DDR, sozusagen Sozialismus light, auf immer allerdings subventioniert vom westlichen Deutschland und irgendwo neutral schwebend zwischen den Resten des Ostblocks und dem Westen. Das war ein intellektueller Traum, nicht von dieser Welt. Denn mit der Mauer brach der Damm, der die Menschen – vor allem die jungen und aktiven – noch im Osten des geteilten Landes gehalten hatte. Besaßen sie nicht das Recht, sich als Bürger des westlichen Deutschland zu betrachten, ihren Pass zu holen vom nächsten West-Rathaus und ein neues Leben zu beginnen? So kam es, dass Tag für Tag an die dreitausend Deutsche aus dem Osten des Landes nach Westen fuhren, im wackligen Automobil der Marke Trabant oder mit der Bahn, während der Osten unaufhaltsam in weiteren Verfall geriet. Etwas musste geschehen – aber was?

Während alle noch in Jahren dachten, entschieden sich binnen drei Monaten nicht nur der Untergang der DDR und der Verhandlungsrahmen für den Weg zur staatlichen Einheit der Deutschen, sondern auch die Zugehörigkeit des künftigen Deutschland zum Nordatlantikpakt und zur Europäischen Gemeinschaft. Keine vierzehn Tage nach dem Fall der Mauer von Berlin erschien im Bonner Bundeskanzleramt ein Abgesandter des Moskauer Zentralkomitees, Internationale Abteilung, Nikolai Portugalow, und fragte den außenpolitischen Hauptberater des Bundeskanzlers, Horst Teltschik, nach den deutschen Plänen. Die Sowjetunion halte bekanntlich nichts von deutscher Einheit, sagte der Sowjetmensch. Doch fügte er tastend hinzu, dass, wenn die Deutschen es darauf anlegten, es in Moskau auch einen Plan B gebe. Darüber müsse man dann verhandeln.

Es wurde Zeit, den Sturzbach der Ereignisse in feste Ufer zu lenken. Das geschah mit einem Zehn-Punkte-Programm, das der Kanzler eine Woche später dem Bonner Bundestag in der Haushaltsdebatte vortrug. Kohl wollte Führung zeigen. Deshalb hatte er das Memorandum – »Plan« konnte man es kaum nennen – im kleinsten Kreis ausarbeiten lassen und auf Konsultationen verzichtet, nicht nur auf solche mit den Hauptverbündeten, sondern auch mit dem deutschen Außenminister. Die Sprache war bewusst undramatisch gewählt. Rechtspositionen von Potsdam über Helsinki bis Straßburg wurden dargestellt, ein Zeitraum von zehn Jahren für eine deutsche Föderation ins Auge gefasst. Von Einheit war nur mit großer Vorsicht die Rede. Die europäische und atlantische Einbettung des Ganzen erörterte man unter Hinweis auf die Präambel des deutschen Grundgesetzes. Im Understatement wurde die Revolution des europäischen Schachbretts angedeutet. »Jetzt wächst zusammen, was zusammengehört« – so brachte Willy Brandt, der damals dem Kanzler mehr zuneigte als der zögerlich-unwilligen eigenen Partei, die deutsche Entwicklung auf den Begriff.

In London und Paris herrschten, begreiflich, Skepsis und Angst vor einer neuen deutschen Revolution. Die Eiserne Lady Margaret Thatcher suchte Verbündete, um die Entwicklung aufzuhalten, aber vergeblich. Präsident Mitterrand, ungleich realistischer, sah die Gelegenheit gekommen, für Frankreichs Zustimmung einen Preis auszuhandeln. Während Kohl von Politischer Union sprach, die indessen in Bonn niemand so recht zu beschreiben wusste, war der Herr des Elysée konkret: Gegenüber Genscher ließ er die Möglichkeit einer Dreierallianz mit Moskau und London anklingen, wohl wissend, dass dafür die Kräfte in Moskau nicht reichten und die Amerikaner auf deutsche Einheit setzten. In Wahrheit wollte er französische Handlungsfähigkeit in der Währungspolitik zurückgewinnen. Das alte Projekt der Währungsunion, das die Wirtschaftsunion überwölben sollte, lag seit dem Werner-Plan von 1970 in Brüsseler Schubladen. Jetzt war die Zeit gekommen, den Widerspruch der Bundesbank zu überwinden. Ein Abgesandter Kohls, Ministerialrat Joachim Bitterlich, brachte am 2./3. Dezember 1989 aus Paris den Bericht, Mitterrand gehe es allein um Wirtschafts- und Währungsunion, die Politische Union habe für den Herrn des Élysée »eine Nebenrolle«. Beides, Wirtschafts- und Währungsunion, wolle er bis Ende 2002.

Es blieb nicht viel Zeit. Dieselben Kräfte, die das Sowjetimperium ins Wanken gebracht hatten, wirkten weiter, und niemand konnte sagen, wie lange in Moskau eine Führung am Werk wäre, die fähig war, Kompromisse nach innen durchzusetzen. Deshalb galt es, ein Konzept zu finden, das nicht nur die Trümmer des Zweiten Weltkriegs und des Kalten Krieges aufräumte, sondern auch Umrisse einer künftigen europäisch-atlantischen Ordnung entwarf. Eine große Friedenskonferenz wäre der Weg in endlose Verhandlungen gewesen, während die Zeit weglief. So entwarf der Stab des amerikanischen Außenministers James Baker einen doppelten Rahmen, der »Zwei plus Vier« genannt wurde. Die »Zwei« stand für die deutsch-deutsche Seite, die »Vier« für die Siegermächte von 1945 – die Ironie der Geschichte wollte es, dass Frankreich, das damals in Potsdam nicht dabei war, erst jetzt in den vollen Rang der Siegermacht aufrückte. Der deutsche Bundeskanzler und der amerikanische Präsident wollten vor allem, dass Deutschland als Ganzes dem Atlantischen Bündnis und der NATO angehören sollte – sehr zum Unwillen der Opposition, die mit Hilfe der Russen den Hebel der Einheit gegen die NATO zu stellen versuchte.

Im Sommer 1990 verordnete sich die NATO auf einem Londoner Gipfel in vier Punkten eine neue Strategie: Das Bündnis betonte seine politische Rolle und suchte Zusammenarbeit mit früheren Gegnern. Es gelobte, niemals als Erster Gewalt anzuwenden, bot den Mitgliedern des Warschauer Pakts Nichtangriffsverträge an und lud deren Regierungen ein, Missionen in Brüssel einzurichten. Vorwärtsverteidigung sollte enden. Mobile, übernationale Verbände sollten die Verteidigung übernehmen.

Es ging vor allem darum, den Männern in Moskau zu helfen, das Gesicht zu wahren. Der amerikanische Präsident George Bush und sein Sicherheitsberater Brent Scowcroft, hoch gebildeter Diplomat und ehemaliger General, konzentrierten sich auf intensive Gipfeldiplomatie. Es war eine bewundernswerte Leistung amerikanischer Diplomaten, dass die NATO Mitte Juli davon sprach, sie strecke »die brüderliche Hand« nach Osten aus. So, und nur so, konnte Gorbatschow in Moskau überleben und wenige Tage später in dem kleinen Badeort Mineralnyje Wody in den nördlichen Vorbergen des Kaukasus dem deutschen Kanzler bedeuten, das vereinte Deutschland solle selbst seine Bündnisse wählen. Jeder wusste: Das hieß NATO.

Das Zwei-plus-Vier-Abkommen der vier Siegermächte von 1945 mit den beiden Staaten in Deutschland war völkerrechtlich kein Friedensvertrag – das hätte Dutzende früherer Kriegsgegner und ihre Erben ins mühselige Verfahren gezogen und wäre eine unendliche Geschichte geworden. Ins Werk gesetzt wurde eine entschlossene und begrenzte Aufräumungsarbeit des Zweiten Weltkriegs, des Kalten Krieges und der ewigen deutschen Frage – nicht weniger, aber auch nicht mehr.

Für die Zukunft war zwar der Rahmen halbwegs festgelegt, Sicherheit im atlantischen System, aber nicht der Inhalt und schon gar nicht, welche Rolle die Europäer nach dem Kalten Krieg spielen wollten. Deutschland war, wie ganz Europa, eingemauert gewesen in feste Bündnisse und geschichtliche Perspektiven. Mit diesen Gewissheiten war es seit 1989/90 unübersehbar vorbei.

Wie Deutschland musste sich auch Europa neu erfinden. Schon vor dem Fall der Mauer hatte sich gezeigt, in Polen und Ungarn, dass die Erdbeben des Ostens auch den Westen erschütterten. Wenn aber die Sowjetunion nunmehr den Weg aller Imperien ging – der Gedanke war nicht mehr nur akademisch zu erörtern –, was kam dann auf Europäer und Nordamerikaner zu? Und was, wenn Titos Jugoslawien endgültig an sich selbst, am wechselseitigen Hass seiner Nationen und an der Sklerose des Kommunismus zerbrach?

»Nichts mehr ist, wie es vordem gewesen«, überschrieb damals Willy Brandt das Nachwort zu seinen Erinnerungen. Würden, wenn die Zwänge der Vergangenheit entfielen, die alten Nationalstaaten wieder ihr historisches Recht fordern, würden die innenpolitischen Koordinatensysteme ins Wanken geraten, die übernationalen Bindekräfte verkümmern? Oder würden die großen westlichen Staaten die Kraft haben, der NATO und der Europäischen Gemeinschaft verstärkte Bindekraft zu verleihen und die alten Gespenster zu bannen?

Die nationalen Egos reckten und streckten sich, wie befreit von langer Lähmung und Selbstlähmung. Das galt für die europäischen NATO-Staaten wie für die Vereinigten Staaten und Kanada. Es galt weniger für die Europäische Gemeinschaft, die – um wenigstens symbolisch die Richtung stärkerer Einheit anzudeuten – von den Staats- und Regierungschefs alsbald in Europäische Union umbenannt wurde.

Geschah das, um Ängste zu vertreiben vor dem Ende der bewährten Zweckgemeinschaft, die immer und von Anfang an Funktion des Atlantischen Bündnisses gewesen war? Nicht nur in der Massenpresse, sondern auch in den Staatskanzleien, einschließlich der in Bonn, grassierte Angst vor deutschem Übergewicht, vor neuen Nationalismen, vor einem Kampf um Führung und Verteilung, vor Streit und Zerfall. Da wehte in dunklen Worten Francis Fukuyamas leichtsinnige Verheißung vom »Ende der Geschichte« in der August-Nummer der Zeitschrift *The National Interest* mit den Westwinden über den Atlantik. Die Verwirrung wuchs.

Für die Politische Union fehlte es in Europa am politischen Willen, an Vorarbeiten und Konzepten. Für die Wirtschafts- und Währungsunion gab es detaillierte Vorarbeiten. Diese gefährliche Asymmetrie aufzuarbeiten wollte nicht gelingen. Eine Wirtschafts- und Währungsunion, deren Bestandteile nationalen Politiken und Interessen verpflichtet sind, hatte Logik und Physik gegen sich. Eine Politische Union, die diesen Namen verdiente, hätte verlangt, dass die Staaten einig wurden über den Charakter der EU und die Vertiefung weit über die gemeinsame Wirtschaftspolitik hinaus in die Kerndimensionen staatlichen Handelns, über Steuern und Wohlfahrt, über Wirtschaft und Umverteilung und das Gleichgewicht zwischen beiden. Staatliches Geben und Nehmen aber ist mit Wahlen und Erwerb legitimer staatlicher Handlungsmacht verbunden, und damit dem Berufsinteresse der handelnden Politiker. Auch aus diesem Grunde haben europäische Verträge über eine Gemeinsame Außen-

und Sicherheitspolitik (GASP) Europas strategische Solidarität, Analyse und Handlungsfähigkeit nur wenig befördert. Das begann schon Ende 1991, die Tinte war noch kaum trocken unter den langen Dokumenten, als die Europäer ratlos blieben beim Ausbruch der jugoslawischen Erbfolgekriege. Bonn überredete die Verbündeten, nicht ohne massiven Druck, Slowenien und Kroatien ungesäumt als neue Subjekte des Völkerrechts anzuerkennen, um die Serben an der Spitze Restjugoslawiens von weiteren militärischen Exkursionen abzuhalten. Aber die Partner wollten humanitäre Bedingungen eingehalten sehen, namentlich sollten Minderheiten vor Rache und Vertreibung bewahrt bleiben. Die Bundesregierung konnte es nicht abwarten, richtete diplomatische Vertretungen ein und gab damit, unwillentlich zwar, aber unmissverständlich, den Belgrader Militärs zu erkennen, dass sie die EG nicht ernst nehmen mussten.

Für das politische Europa nach dem Kalten Krieg galt, dass die Analysen auseinander driften mussten, wo die Interessen auseinander fielen. Wo aber die Analyse an Gegensätzen scheitert, gibt es keine gemeinsame Strategie. Was sich angesichts der Jugo-Erbfolge angekündigt hatte, setzte sich fort, seitdem die Bedrohung für Europa ernster wurde, sei es durch Flüchtlingsheere aus Ex-Jugoslawien und Afrika, sei es durch die Verbreitung von Raketen und Massenvernichtungswaffen im Weiteren Mittleren Osten.

Damals zog sich die Bundesregierung hinter die Behauptung zurück, das Grundgesetz verbiete jeden *out of area*-Einsatz deutscher Soldaten, bis das Bundesverfassungsgericht feststellte, es könne bei sorgfältiger Lektüre der Verfassung kein Hindernis dieser Art entdecken. Seinerzeit hatte bereits die kroatische Hafenstadt Dubrovnik, die alte Stadtrepublik Ragusa, von See wie von den darüber liegenden Bergen her monatelang unter serbischem Dauerbeschuss gelegen, NATO-Militärs hatten die Möglichkeiten der Westeuropäischen Union genutzt und Einsatzpläne für Flottenmanöver ausgearbeitet – die Politik war dazu nicht bereit. Dann geriet Sarajevo, die Hauptstadt Bosnien-Herzegowinas, für mehr als zwei Jahre unter das Feuer serbo-jugoslawischer Kanonen. Unvorstellbare Gräuel geschahen rundherum. Die osmanische Brücke von Mostar wurde zerschossen, der ganze Balkan drohte in Flammen und Rauch aufzugehen, Flüchtlingsheere wälzten sich nach Norden. Erst als die US-Administration alle Beteiligten auf den kargen Militärflugplatz von Dayton/Ohio einbestellte und der zuständige Staatssekretär Richard Holbrooke alle Beteiligten zu einem Abkommen nötigte, das militärische Präsenz und Kontrolle durch Amerikaner und Europäer einschloss, endete das Sengen und Brennen. Frieden war es allerdings nicht, was da entstand, eher ein Waffenstillstand, der die meisten Ergebnisse des Krieges bestätigte.

Das Ende des Kalten Krieges, statt wie erhofft die Welt sicherer zu machen, hatte sie im Gegenteil nur unberechenbarer gemacht.

Eine neue Art von Kriegen, zumeist unerklärten, flammte aus Bürgerkriegen hoch. Die Armeen der Weltmächte waren zu unbeweglich in Taktik und Strategie, zu schwer in der Ausrüstung, um die Konflikte zu ersticken. Für die alsbald *Friedensoperationen* genannten Beruhigungsmaßnahmen waren sie zu einseitig auf Gefecht und Entscheidung ausgerichtet, zu wenig auf Beruhigung und Erzwingung ziviler Ordnung.

Die Europäer wollten aus den frühen Desastern auf dem Balkan lernen und beschlossen im Gästehaus der Bundesregierung bei Bonn 1992 einen Interventions-Katalog, der als Petersberg-Aufgaben bekannt wurde und dessen Realisierung ohne Rückgriff auf NATO-Potenziale und die Amerikaner auskommen sollte. Das war im Prinzip klug und vorausschauend, doch blieb es bei Halbheiten, bedingt durch die Schwerkraft der militärischen Bürokratien, die Plünderung der Militärhaushalte seitens aller anderen Ressorts – die so genannte Friedensdividende wurde mehr als einmal verteilt – und die Abneigung der Politiker und des Publikums, den Ernst der neuen Lage zu begreifen und in militärische Investitionen umzusetzen. Am unteren Ende der »Petersberg-Aufgaben« ging es um Rettungsoperationen, dann aber die ganze Skala der Friedensoperationen hinauf bis zum oberen Ende, wo Friedenserzwingung stand – obwohl kaum ein Verteidigungsminister bereit war, im Parlament die unwillkommene Wahrheit auszusprechen, dass es sich dann um ernsten militärischen Einsatz handeln würde.

Wenn aber schon die Politische Union wenig bedeutete, wie sollte dann das militärische Zusammenwirken der Staaten etwas bringen, deren Handlungszwänge so umstritten waren wie ihre Operationsziele? Aus der Schwäche der Politischen Union führte ein gerader Weg in die Katastrophe in Bosnien-Herzegowina, die von 1992 bis 1995 währte, und in den Kosovo-Krieg der NATO vier Jahre später, der den Rückzug der Serben und einen Regimewechsel in Belgrad erzwingen sollte.

»Nicht alle Deutschen glauben an Gott, aber alle glauben an die Bundesbank«, hatte Jacques Delors, damals Präsident der Brüsseler Kommission, einst gemeint, als er noch vor dem Fall der Mauer, zusammen mit Präsident Mitterrand und Kanzler Kohl, die alte Idee der Währungsunion gemeinsam mit dem auf 1992 zielenden Konzept des einheitlichen Marktes wieder belebte. Und so war es. Die D-Mark war älter als die zweite deutsche Republik. Mit ihren gediegenen Geldscheinen war sie Inbegriff des Wirtschaftswunders der fünfziger Jahre und seitdem Mittel und Symbol der deutschen Wirtschaftsleistung geworden. Die Währung war für die Deutschen nicht nur Tauschmittel und Instrument der Wertbewahrung, sondern auch moralische Versicherung gegen die Dämonen der Vergangenheit. Gegen gewissenlose Regierungen, Geldschmelze, Massenarbeitslosigkeit und moralischen Absturz. Die Bundesbank hatte, gestützt auf Bundesbankgesetz und geschichtliche Katastrophenerfahrung, mehr Gewicht als alle Regierungen. Die Währung aus den Händen der Bundesbank zu übertragen an eine unerprobte neue Institution bedeutete ein politisch-psychologisches Wagnis. Dass als Sitz der künftigen Europäischen Zentralbank (EZB) Frankfurt ausgehandelt wurde, war ein schwacher Trost. Die Bundesbank selbst tat, was sie konnte, davon abzuraten, warnte in ihrem Abschiedsgutachten vor italienischer und belgischer Schuldenwirtschaft – und musste sich am Ende der Politik beugen. Immerhin entstand aus diesem Ringen der Stabilitäts- und Wachstumspakt der EU. Die so genannten Maastricht-Kriterien sollten Selbstverpflichtung der Staaten und Regierungen sein – nicht mehr als 60 Prozent des Bruttoinlandsprodukts Schulden, nicht mehr als drei Prozent des Bruttoinlandsprodukts öffentliches Defizit, nicht mehr als zwei Prozent Inflation. Den Bürgern der EU sollten diese Verpflichtungen das Vertrauen geben, dass nicht ruchlose Politiker, auf Wiederwahl bedacht, mit dem guten Geld, namentlich mit dem der Deutschen, ihre Späße trieben. Es blieb der Widerspruch, dass die Währung – von der Großbritannien, namentlich die *City of London*, sich Gewinn bringend fern hielt – unumkehrbar gemeinschaftlich sein sollte, die Politik aber weiterhin nationalen Interessen und parteipolitischem Wind und Wellenschlag gehorchen durfte.

»Eine immer engere Gemeinschaft« hatten die Väter der Römischen Verträge 1957 als Ziel der Europäischen Gemeinschaft in die Präambel geschrieben. Das klang verbindlich, war aber von delphischer Doppeldeutigkeit. Doch solange niemand auf abschließender Klärung bestand, war es nicht von Belang, dass Deutsche und Franzosen, so sehr sie auch den großen Wirtschaftsraum zu nutzen wussten, Gegensätzliches meinten, wenn es um die lange Perspektive ging. Den Deutschen der frühen Jahre war es wichtig, den Nationalstaat zu überwinden, den Franzosen, ihn zu bewahren. Die anderen Gründungsmitglieder befanden sich irgendwo im Mittelfeld solcher Dissonanzen. *Finalität* nennen die Eurokraten, was niemand zu beschreiben weiß, ein Irgendetwas im Irgendwann. Scharenweise verließen sich die Nichtmarxisten des Westens auf den marxistischen Lehrsatz, das Sein präge das Bewusstsein. Was die Politik nicht zu schaffen wusste, nämlich ein politisch handlungsfähiges Europa, sollte die Wirtschaft bewirken. Doch sie tat es nicht.

Im großen Wendejahr 1989 hatte die Europäische Gemeinschaft zwölf Mitglieder. Es wäre an der Zeit gewesen, der *Finalität* endlich und verbindlich Rahmen, Inhalt und Begriff zu geben. Dafür aber war es wie immer zu früh und wie immer zu spät. Auch fehlte es an Zeit, Kraft und Übereinstimmung. Sollten die nationalen Egos just in dem Moment sich selbst aufgeben, da die Weltgeschichte ihnen von Neuem Aktionsfreiheit und Selbstbewusstsein zuwarf?

Die Antwort der Maastrichter Verträge war doppeldeutig: Wirtschafts- und Währungsunion waren prall mit Inhalt gefüllt, viele Zehntausend Seiten mit Verordnungen, Brüsseler *acquis communautaire* genannt, hatten sich tief in die Nationalstaaten eingraviert. Aber die Politische Union, lieblos und abstrakt skizziert, hieß nur so. Dass die gemeinsame Außen- und Sicherheitspolitik ihr harter Kern sei, so wie die gemeinsame Währung für die Wirtschaftsunion, wurde zwar von den Regierungen behauptet – aber niemand glaubte es im Ernst.

Lieber trieb die Europäische Gemeinschaft noch die nächste Runde der Erweiterungen voran: die reichen Staaten Finnland, Schweden und Österreich wurden aufgenommen. Mit ihnen war das Geschäft noch ausgeglichen. Mit Norwegen, Island und dem Fürstentum Liechtenstein wurde der Vertrag über den Europäischen Wirtschaftsraum geschlossen, der seitdem eine Art Warteraum bildet, dem allerdings die Schweizer durch Volksabstimmung sich fern hielten, während die Regierung in Bern *autonomen Nachvollzug* praktiziert, eine Politik des Als-ob mit offenem Ende.

Die Vertiefung blieb aus. Sie hätte Klärungen und Kompromisse erfordert, zu denen die Mitgliedstaaten, bedrängt von Globalisierungszwängen, nicht bereit waren. Aber seit 1990 klopften die Mitteleuropäer, die aus der Kälte kamen, unüberhörbar und immer lauter an die Tür. Es war absehbar, dass man für sie nicht nur mehr Geld brauchte, als vorhanden war, sondern dass auch die alte Steuerungsmechanik, die vierzig Jahre zuvor einmal für sechs westeuropäische Staaten entworfen worden war, nicht mehr funktionieren konnte.

In Paris forderte Staatspräsident François Mitterrand, die Staaten östlich der EU sollten sich erst einmal untereinander zusammentun, und dann würde man weitersehen: Man fürchtete, die Staaten, jeder für sich, würden Einflusszonen bilden. In Bonn galt das nicht als realistisch. Als Antwort entstand das nach den Unions-Abgeordneten Schäuble und Lamers benannte Planungspapier über *Variable Geometrie* – ein Begriff der Autotechnik. Wenn schon der alte föderale Traum ausgeträumt war, sollten wenigstens praktische Lösungen gefunden werden, um die Gemeinschaft zu steuern. Eine Führungsgruppe sollte Richtung und Geschwindigkeit der weiteren Integration bestimmen, im Wesentlichen Deutschland und Frankreich, die anderen je nach Interessenlage sich anschließen. Das war kompliziert, aber vielleicht praktikabel. Geworden ist daraus nichts. Als ginge es darum, wenigstens im Dekorum die ausbleibende Vertiefung anzudeuten, nannte sich die Gemeinschaft fortan Europäische Union, gab sich eine blaue Fahne mit zwölf Sternen und adoptierte den Schlusschor von Beethovens Neunter Sinfonie als Hymne. So wenig aber schon die Grenzen Europas in der Geografie zu bestimmen sind, so wenig war festgelegt, was in Zukunft Brüssel gehören sollte und was den Nationalstaaten. Die sind noch lange nicht gesonnen, von der Bühne abzutreten, auf der sie viele Jahrhunderte lang die entscheidende Rolle gespielt hatten.

Am 1. Mai 2004 traten zehn Staaten auf einmal der Europäischen Union bei – die drei baltischen Staaten, Polen, Ungarn, Tschechien, die Slowakei, Slowenien, Malta und Zypern. Das geschah nach Brüsseler Prüfung langer, von den Bewerbern gelieferter Statistiken, nach Verhandlungen und Kompromissen. Zuletzt wurde auf griechischen Druck die 1974 geteilte, im nördlichen Drittel türkisch besetzte Republik Zypern einbezogen. Erweiterung und Vertiefung traten in unausweichlichen, dramatischen Widerspruch – nicht mangels Fleiß der Diplomaten, sondern mangels Einigkeit der Staats- und Regierungschefs und hinter ihnen der Nationen über Gestalt und Reichweite der EU. Um Klarheit zu schaffen, berief der Europäische Rat der Staats- und Regierungschefs einen Verfassungskonvent unter dem früheren französischen Staatspräsidenten Valéry Giscard d'Estaing ein. Der sollte, um die erweiterte und zu erweiternde EU handlungsfähig und für die Bürger überschaubar zu machen, in einem großen Dokument das geltende Vertragsrecht zusammenfassen und mit einem Katalog der Bürgerrechte krönen.

Das fertige Dokument zählte nicht weniger als 300 Seiten, war lang und dunkel, verlangte eingehendes Studium und überforderte jedes Parlament. Für die einfachen Entscheidungszwänge eines Referendums war es denkbar ungeeignet. Niemals wurde klar, ob es sich um eine Verfassung handelte (Teil 1 und 2), oder um (Teil 3) eine Zusammenfassung älteren Vertragsrechts.

Es kam, wie es kommen musste. Im Frühsommer 2005 lief sich der Ratifizierungsprozess am NON der Franzosen und am NEE der Niederländer fest. Seitdem herrscht in Brüssel und Umgebung statt schmerzhafter Selbstprüfung vorerst ratloses Kopfschütteln ob der undankbaren Stimmbürger, welche die Frucht der Mühen des Verfassungskonvents nicht zu würdigen wussten. Dass die Stimmbürger das Referendum nutzten, um dem nationalen Politik-Establishment ihr Misstrauen auszusprechen, liegt in der Natur von Referenden. Dass das nationale Malaise aus Stagnation, Verteilungskämpfen, Angst vor Entfremdung und Entgrenzung Europa ins Konto geschrieben wurde, war ungerecht, aber leider verständlich. Was gar nicht zur Entscheidung gestanden hatte, nämlich die Aufnahme der Türkei in die EU, vielleicht in zehn, fünfzehn Jahren, hatte in Frankreich wie in den Niederlanden wahrscheinlich den Ausschlag gegeben: Keine Erweiterungen mehr, lautete die Botschaft. Und, noch verwirrender: Europa ja, aber nicht dieses!

Jetzt mehren sich die Konferenzen und Publikationen zum Thema der europäischen Krise, und niemand weiß so recht, wie es weitergehen soll. Selbst Kommissare wie Günter Verheugen, die gestern noch jeden Zweifel am Segen immer neuer Erweiterungen als Euro-Defätismus geißelten, stellen nun öffentlich fest, was jeder weiß. Europa steckt in der Krise. Eine Neubegründung der europäischen Idee wird gesucht. Die europäischen Nationen wollen sich nicht verlieren in den kalten Räumen des *acquis communautaire* oder in den noch kälteren des Weltmarkts. Doch die Nationalstaaten, denen wenig mehr blieb als Steuern, Wohlfahrt und Regieren – die unheilige Dreiheit von Nehmen, Geben und Umverteilen –, bieten keine Zuflucht. Die Rückkehr in den Mutterschoß der Nationalstaaten, den die nationalen Politikbetriebe andeuten, ist längst leeres Versprechen.

Was bleibt, ist ein Gegensatz, den die Völker so wenig wie ihre Regierungen aufheben können und wollen: nationale Wohlfahrts- und Steuerpolitik im europäischen Gefüge, das Ganze getrieben und gejagt von den Zwängen der fortschreitenden Globalisierung. Ist es ein Wunder, dass die Menschen sich manchmal des albernen Slogans erinnern: »Stop the world, I want to get out«?

Die wirtschaftliche Logik der Integration und des größeren Rechts- und Wirtschaftsraums gilt unverändert, wie zur Zeit der Römischen Verträge, so noch mehr angesichts von Lust und Last der Globalisierung, die ein Ende nicht in Aussicht stellt. Dass die Nationalstaaten des alt gewordenen Europa mit den neuen, nahezu hoffnungslosen Bevölkerungsbilanzen nicht fertig werden – erst wollen die Leute keine Kinder, dann weigern sie sich zu sterben –, hat mit Europa nichts zu tun, vergrößert aber die Schmerzen, verschärft die Umverteilung und belastet die Stimmung. Würde man nicht in Wahlperioden rechnen, sondern in Generationen, dann würde deutlicher, dass die Malaise regiert, die Demokratie einer schweren Prüfung ausgesetzt ist und Europa sich selbst blockiert.

Stattdessen gilt es in der Tat, die europäische Idee neu zu begründen – angesichts der weltpolitischen Dramen, die in Ost und Süd in vollem Gange sind, und der weltwirtschaftlichen Zwänge, denen sich die Wirtschaftsmacht Europa nicht entziehen kann. Wo aber beginnen? Die europäischen National- und Sozialstaaten brauchen Führung, je für sich und alle zusammen. G-8-Communiqués im schottischen Gleneagles sagen lobenswerte Dinge in Richtung Unverbindlichkeit. Es ist in der Lissabon-Agenda der EU von 1999 eigentlich schon alles gesagt – aber die Taten lassen auf sich warten, die Umsteuerung aus wahlwirksamen Erhaltungssubventionen in puritanische Forschungsinvestitionen erfordert Abschied von Jahrzehnten der Klientelpolitik und zugleich politische Predigt mit Engelszungen, in einem Wort beides, Vision und Wirklichkeitssinn, knappe Güter allzumal. Klima und Energie sind große europäische Themen, vielleicht die größten. Denn alles bewegt sich in Funktion des Ölpreises, und der wird weitab von den – außer im Norden – öllosen Küsten Europas bestimmt. Eine gemeinsame europäische Energiepolitik gibt es jenseits der European Energy Agency und ihrer Vorratshaltung nicht: Die einen, wie die Deutschen, flüchten aus dem Atom, die anderen, wie die Franzosen, setzen darauf. »Weg vom Öl« ist ein frommer Wunsch, und sogar berechtigt: Jede ökologische Vernunft, jede Analyse der politischen Strukturen des Weiteren Mittleren Ostens rät dazu. Aber wie dahin gelangen ohne Krisen und Katastrophen? Die erneuerbaren Energien, Wind und Wasser, bieten noch lange keinen Ersatz, auf den die postindustrielle Hochenergiegesellschaft Leistung und Lebensstandard gründen kann.

Immer dringlicher aber wird, europäische Sicherheit und Verteidigung endlich auf feste Füße zu stellen. Das erfordert zuerst und vor allem ein wirklichkeitsnahes Bild der Bedrohungen, sei es durch Massenvernichtungswaffen, Terror und Chaosstaaten, sei es durch Angriff auf die kritische Infrastruktur für Öl, Gas, Pipelines und Seewege, der Elektrizitätsnetze, des Verkehrs, der Wasserversorgung, zuletzt und vor allem der Datenverarbeitung. Aus der Zeit des Kalten Krieges hat sich die Vorstellung erhalten, im Ernstfall würden die Amerikaner die Europäer vor den Folgen ihrer Versäumnisse retten. Das ist heute wahrscheinlich, weil die Gefahren diffus sind, Amerika überlastet und das Vertrauen gering, gefährliche Selbsttäuschung. Doch bleibt ohne die weltweite Abwehr- und Eingriffsfähigkeit der Amerikaner europäische Sicherheit ein Haus ohne Dach. Selbst auf dem Balkan – das heißt in Gefahrenlagen mittlerer Dimension – hängt die Beruhigungsfähigkeit der Europäer an der Bereitschaft der Amerikaner, notfalls die Tanks rollen und die F-16 fliegen zu lassen.

Die Irak-Krise seit 2002 hat zudem bewiesen, dass Europa gegen die USA nicht zusammenzuführen ist, sondern nur zu zerreißen. Die Folgerung: Europa hat nur eine Entwicklungschance, wenn die Amerikaner wieder den Charme von Bündnissen entdecken und die Europäer sich erinnern an die Pentagon-Weisheit der 1990er Jahre: »The world ist still a dangerous place.«

Russland: Imperialmacht ohne Imperium

»I cannot tell you the future of Russia.
It is a riddle inside an enigma shrouded in mystery.«

SIR WINSTON CHURCHILL,
Britischer Kriegs-Premier, im Sommer 1940 vor dem Unterhaus

Moskau, am nördlichen Flusshafen. Ein breiter Kanal verbindet die Hauptstadt mit der Wolga. Gegraben wurde die Wasserstraße unter Stalin in den Jahren 1933 bis 1937. Etwa eine halbe Million Menschen soll dort zu Tode geschunden worden sein. Heute liegt ein rostendes Atomunterseeboot am Kai, das einmal Museum werden soll. Daneben machen luxuriöse Kreuzfahrtschiffe fest. Ihre Passagiere sind Leute vom Schlage älterer amerikanischer Rotarier oder auch Teilnehmer der einen und anderen Konferenz, mit der das neue Russland sich der Welt verständlich machen will – und auch sich selbst.

Die große Eingangs- und Durchgangshalle zum Kai könnte von der Krim hierher versetzt worden sein. Weite, lichte Bogenarchitektur umgibt einen brutalen Turmsockel für die hoch hinaufragende Spitze. Mehr als 100 Meter hoch, trägt sie noch immer einen Stern samt Hammer und Sichel. Die Uhr auf halber Höhe steht indes seit vielen Jahren auf zwanzig Minuten nach fünf, und niemand macht sich die Mühe, sie wieder in Gang zu setzen. Das weit gestreckte Bauwerk ist unübersehbar einsturzgefährdet. Strauchwerk wuchert in den Ritzen. Überall ist Verfall, aber kein schöner. Die Hinterlassenschaft der Sowjetunion ist allenthalben von ähnlicher, pompös-schäbiger Art. Aber die Menschen haben sich daran gewöhnt, diese Hinterlassenschaften zu ignorieren, oder nehmen sie allenfalls als schweigende, doch eindringliche Mahnung hin, dass das Leben auch brutal und blutig sein kann. Jetzt herrscht die Ordnung Putins, der Oligarchen und des FSB, des Geheimdienstes, der einmal den gefürchteten Namen KGB trug, und vor Zeiten Tscheka – sie alle auf die vergleichsweise milde zaristische Ochrana zurückgehend. Die neue Ordnung rechtfertigt sich dadurch, dass sie Ordnung ist. Diese Formel wird gelten, solange es den Menschen besser geht. Sie sehen nicht mehr gehetzt und depressiv aus. Die langen Schlangen vor den Magazinen sind verschwunden. Der Rubel ist eine international gehandelte Währung. Bescheidener Wohlstand ist sichtbar und wird in modischer Kleidung zur Schau gestellt. Das neue Russland.

Wer die Halle zum nördlichen Flusshafen durchquert, erkennt an der hoch gewölbten Decke die Wappen und Wahrzeichen ehemaliger Sowjetrepubliken, große Mengen Hämmer, Sicheln, Ährengarben und leuchtend aufgehende Sonnen: Sowjetkunst der schlichten Art. Stalin hat die Dekoration damals wahrscheinlich gefallen, und wehe dem, der Zweifel äußerte. Alles ist kyrillisch beschriftet, nur drei der Republik-Wappen nicht. Sie stehen für Estland, Lettland und Litauen, die gemäß dem geheimen Zusatzabkommen zum Hitler-Stalin-Pakt vom 23. August 1939 dem sowjetischen Machtbereich zugeschlagen wurden. Hier ist die Geschichte stehen geblieben. Niemand kümmert sich darum aufzuräumen. Junge Paare in lässiger Kleidung flirten miteinander, Mütter schieben ihre Kinderwagen in der letzten Abendsonne. Ein paar Buden bieten Kuchen, Tee und Teddybären feil. Nur zweihundert Meter weiter braust der Verkehr auf der Leningrader Chaussee, deren Name die Rückbenennung der zweiten Stadt des Reiches in Sankt Petersburg unbeschadet überstand. Lastwagen, Busse, deutsche Premiumcars mit verdunkelten Scheiben sind in großer Zahl unterwegs, darinnen die neuen Russen. Russisches Kaleidoskop.

Die Russische Föderation heute, Land der elf Zeitzonen, reicht von den Trümmern dessen, was einst Königsberg war und heute Kaliningrad heißt, im Westen quer über die Landkarte Asiens bis Wladiwostok im Osten. Nach der Fläche ist die Föderation das größte Land der Erde. In ihm leben rund 150 Millionen Menschen, davon etwa 20 Millionen nichtrussischer Kultur. Dafür leben rund 25 Millionen Russen in der vom Kreml ominös als Nahes Ausland bezeichneten Nachbarschaft. Ein riesenhafter

Quasikontinent der Kontraste und Widersprüche. Und keiner größer als der zwischen dem europäischen Gesicht des Landes, seit Peter dem Großen gen Westen schauend, und dem asiatischen Gesicht, fasziniert von der Weite und den Schätzen, die Sibirien dem schenkt, der sie sich nimmt.

Die Auflösung der Sowjetunion Ende des Jahres 1991 nennt Wladimir Putin, seit dem Jahr 2000 Nachfolger Boris Jelzins als Kremlchef, die größte geopolitische Katastrophe des 20. Jahrhunderts. Seit Anfang der 1990er Jahre ging es nur noch darum zusammenzuhalten, was übrig geblieben war von der Sowjetunion. In deren Zeiten hatte Russland, wenn man es formal nimmt, gar nicht existiert, im Gegensatz zur papierenen Existenz der Ukraine beispielsweise, die sogar ein Außenministerium, oder jedenfalls das Gebäude dafür, ihr Eigen nannte.

Seit der Implosion des Imperiums muss Russland, müssen die Russen sich neu erfinden, genauer gesagt: vom Kreml neu erfunden werden. Materielle Grundlage sind, neben dem Verkauf militärischer Hardware an Staaten, die sich amerikanische Waffen nicht leisten können oder keine bekommen, in schnell steigendem Maß die Petrodollars aus Öl und Gas.

Im Arbeitszimmer Putins, einem kleinen Saal, ist die Geschichte auferstanden. Überlebensgroße Statuen Katharina der Großen, Peters des Großen, Nikolaus I. und Alexanders II. schauen ihrem Erben über die Schulter. Auf dem Kamin aus dem späten 18. Jahrhundert steht eine überdimensionierte Uhr in Malachit und Goldbronze, die schon den Zaren die Stunden gezählt hat. An die Sowjetära erinnert allein ein schwaches Porträt des Marschall Schukow, die Brust doppelseitig mit Orden gepflastert. Wüsste man nicht, dass Lenin und Stalin aus diesen Räumen mit Furcht und Schrecken regierten wie Dämonen, die heutigen Dekorationen gäben davon nichts preis. Selbst der Blick zum Himmel trifft auf orthodoxe Kreuze, Zarenadler und fünfzackige Sterne, alles stark vergoldet wie die Kathedralendächer nebenan, die nicht so aussehen, als wären sie je mit Hammer und Sichel verschönert gewesen.

Hier wird nicht die Rückkehr zu Lenins Schreckens- und Fortschrittsregime zelebriert, auch nicht zu dem unheimlichen Stalin, und die Anleihen bei der Zarenpracht sind äußerlich. Russland hat seine Geschichte verloren, umgebracht, verdrängt. Denn wer nicht der Schreckenszeiten gedenken will, der muss auch den Rest verdrängen und vergessen, und mit der Frage nach dem Woher auch die Frage nach dem Wohin. Nur eines ist deutlich: Russland wird sich nicht abfinden mit der Existenz als Rest des großen Sowjetimperiums, dem im Westen die alten Reichsteile Stück für Stück verloren gehen. Die kulturelle Demütigung schmerzt ebenso wie der Machtverlust. Im Süden werden die muslimischen Provinzen Partisanenland, im Osten wartet der chinesische Drache auf seine Stunde.

Nach dem Kommunismus als organisierendes Prinzip ein neuer Konsumismus? So kann das Land nicht zusammenhalten, schon wegen der krassen Ungleichheit bei der Verteilung der Glücksgüter. Was aber dann? Ein neuer Nationalismus, den der Westen via Öl finanziert, ist denkbar, zusammengehalten durch strikte Kontrolle von oben.

In Verwaltung und Gesetzgebung rührt sich Nationalismus. Am deutlichsten zeigt er sich in Maßnahmen gegen ausländische Banken, was dem Verzicht auf internationale Investitionen ziemlich nahe kommt, und in der Abwehr aller ausländischen Nichtregierungsorganisationen. Die alte Furcht vor Spionen ist leicht aktivierbar. Die Medien, zuerst die Fernsehkanäle, aber mehr und mehr auch die Zeitungen, werden auf Kremllinie gebracht. Personalpolitik, Geld und notfalls Druck der »Organe« sorgen dafür. Nur wissenschaftlich-langatmige Zeitschriften mit geringer Auflage dürfen ungestört weitermachen. Es gab vielleicht in den Jahren 2004 und 2005 Träume einer unblutigen Rosenrevolution wie in Georgien oder einer orangen Revolution wie in Kiew. Aber über den Zustand einer intellektuellen Versuchung sind sie nicht hinausgekommen, zumal der Kreml beizeiten die Kassen des aus dem Öl angesammelten Stabilitätsfonds öffnete und den kleinen Leuten Geld zusteckte. Den auseinander strebenden Provinzen wurden starke Halteseile übergeworfen. Neue Gouverneure aus dem Geheimdienst FSB übernahmen sie. Es begann ein prekäres Spiel des Gleichgewichts zwischen Zentralismus und Autonomie mit nahezu neunzig Gebietskörperschaften, das im fernen Sibirien immer schwieriger wird. Noch immer gilt das alt-russische Wort: Der Himmel ist weit, und der Zar ist fern.

»Russland gibt es gar nicht, es gibt nur das große Russische Reich«, sagte der Reformminister Graf Sergej Witte zu Beginn des 20. Jahrhunderts, und er meinte wohl, dass Russland nur durch die feste Hand von oben und durch Vorlagerung immer neuer Provinzen zusammenhalten könne. Schon damals stützte sich die Autokratie auf die orthodoxe Kirche und den Geheimdienst, später auf Parteiapparat und NKWD. Aber Russland gab es auch nach dem Ende der Zarenherrschaft nicht. Es gab allein die großmächtige Sowjetunion, die nominell in Teilrepubliken, autonome Gebiete und dergleichen gegliedert war, während in Wahrheit die Faust des Kreml regierte. Wer daran zweifelte, konnte im Straflager, dem Archipel Gulag, wie ihn Alexander Solschenizyn beschrieb, bereuen.

Russland hat drei Hauptgrenzen zur Außenwelt, die allesamt nicht nur gedachte und mehr oder weniger beachtete Linien in der Landschaft, sondern durch uralte Kulturkonflikte definiert sind: im Westen zur euroatlantischen Wohlstandszone, mit den Vereinigten Staaten als Garantie- und Gegenmacht im Hintergrund; im Osten China, das unaufhaltsam im Aufstieg begriffen ist, zu Japan und zur koreanischen Halbinsel; im Süden zur türkisch-islamischen Welt und ihrer gewalttätigen Unruhe, ihrem Sendungsdrang, ihrer Fremdartigkeit und ihrer bitteren Erinnerung an Unterdrückung aus dem Norden. Keine dieser Grenzen erscheint heute noch auf ewig gezogen.

Im Eismeer des hohen Nordens bringt die Erwärmung in kommenden Jahrzehnten wahrscheinlich einschneidende Veränderungen, viele allerdings zugunsten der Russen. Reibungen mit Nachbarn sind dabei unausweichlich, namentlich mit Norwegen, Kanada und USA. Schifffahrtslinien brechen auf im ewigen Eis, vielleicht eines Tages sogar die nördliche Passage, und versprechen Erfüllung des ewigen russischen Traums vom eisfreien Hafen. Riesige Öl- und Gaslager in der Barentssee werden zugänglich, wahrscheinlich ein zweites Westsibirien. Das birgt Konflikte.

Die Nachbarn sorgen sich um rostende Unterseeboote, konventionell oder nuklear. Die Norweger fürchten Vergiftung ihrer Fischereiindustrie vor der Küste, Zerstörung der überaus fragilen arktischen Flora und Fauna und damit der Lebensgrundlagen der Menschen im nördlichen Norwegen. Das neue Seerecht und seine komplizierten Bestimmungen über das bis zum Nordpol reichende Festlandschelf machen aus indifferenten Schneewüsten umstrittene Zonen.

Die Sowjetunion zerfiel 1991 und hinterließ zwischen den Russen und ihren Nachbarn mehr als 13 000 Kilometer schlecht oder gar nicht markierter Grenze – rund vier Fünftel der Landgrenzen Russlands. Zu Ende des Trennungsjahres gab es nach amtlicher Zählung Grenzstreitigkeiten mit zehn der sechzehn Nachbarn. Der Kreml hegte den Verdacht, in Randgebieten würde Separatismus an der heiligen russischen Erde zerren, die Finnen in Karelien, die Deutschen in Königsberg/Kaliningrad. Nichts davon hat sich bewahrheitet, außer an der unteren Donau, wo die Russen aus dem Gebiet von Moldawien eine eigenartige Militärkolonie namens Transnistrien herausoperierten, und im Gesamtgebiet des Kaukasus.

Von den dortigen Konflikten ist der jahrhundertealte Widerstand der Tschetschenen der gefährlichste, gespeist aus dem Hass, den viele Kriege seit dem 17. Jahrhundert und ebenso Vertreibung und Unterdrückung gepflanzt haben, aber auch durch organisiertes Verbrechen. Geführt wird dieser Kampf um Öl und Pipelines und genährt durch den Zustrom islamischer Kämpfer und Waffen. Hinter Tschetschenien aber liegen Staaten, die die Russen als abtrünnige Provinzen betrachten, namentlich das ölreiche Aserbaidschan, Armenien und Georgien. Hier trifft das alte Russland, wie früher auf die Briten, heute auf die Amerikaner, die mit Nongovernmental Organisations (NGOs), Militärberatern, Öltechnikern und Finanzfachleuten dabei sind, Zentralasien in ihre Interessensphäre zu holen. Nichts erscheint daher wichtiger als die neue Pipeline, die kaspisches Öl und Gas von den Off-Shore-Bohrtürmen vor Baku, seit dem 19. Jahrhundert eine Ölstadt, zum türkischen Mittelmeerhafen Ceyhan transportieren soll – durch feindliches, unwegsames Gelände, wie geschaffen für Partisanenkämpfe und Geheimdienstaktionen.

Der Beitritt der mitteleuropäischen Nachbarn, einschließlich der baltischen Staaten, zum Rechts- und Wirtschaftsraum der Europäischen Union hat an der Ostsee Fakten geschaffen, die dem Kreml moralisch, strategisch und wirtschaftlich zuwider sind. Die Visumpflicht zwischen Russland und der Kaliningrad-Enklave demütigt die Russen, die hier vor nicht langer Zeit die Herren waren. Doch das ist noch das geringste Problem. Die NATO, in der offiziellen und nichtoffiziellen Propaganda noch immer als Monster des Kalten Krieges dargestellt, gilt den Fachleuten in Generalstab und Verteidigungsministerium in Moskau als beruhigende und berechenbare Kraft. In der Clinton-Administration gab es sogar Hyper-Visionen vom Beitritt eines künftigen, sanften Russland zum Atlantischen Bündnis. Doch der Kreml nutzt weiterhin die angebliche westliche Bedrohung als Zuchtrute der Innenpolitik. Der dem KGB entstammende Verteidigungsminister Sergej Iwanow verstieg sich Anfang 2006 im *Wall Street Journal* sogar zu der Ankündigung, fremde Einmischung in russische Innenpolitik könne eine militärische Gegenaktion herausfordern.

Der Westen hat die Erweiterung der NATO in Richtung des russisch beanspruchten »nahen Auslands« – früher hieß das Einflusszone – und damit die Erweiterung der Europäischen Union im Namen von Selbstbestimmung und Stabilitätsexport durchgesetzt, ohne sich viel um russische Empfindlichkeiten zu kümmern. Unter Jelzin mochte das hingehen. Unter Putin steigt der Preis.

Es weht seitdem kalt ins europäische Haus. Der Westen nahm insoweit Rücksicht, als er in den Beitrittsstaaten weder Atomwaffen noch fremde Truppen stationierte. Inzwischen gestattet die Republik Polen den Amerikanern jedoch, ein Riesenradar für das futuristische Weltraum-Abwehrsystem des Pentagon aufzustellen. Eines Tages folgen vielleicht Raketen. Die russischen Militärs sind gereizt, ebenso Putins Stäbe im Kreml. Seit Ende 2004 dröhnen russische Kampfmaschinen häufiger über baltischem und finnischem Gebiet. Die Russen haben nicht vergessen, dass es am Rande des Zwei-plus-Vier-Vertrags westliche, namentlich deutsche und amerikanische Versicherungen gab, die NATO werde sich nicht über die Oder nach Osten ausdehnen. Inzwischen ist im Westen wie in Kiew selbst der Beitritt der Ukraine zur NATO nicht mehr undenkbar. In Moskau wird das anders gesehen. Die kleinen Erpressungen mittels Öl- und Gasversorgung im Januar 2006 beweisen es.

»Europa, unser gemeinsames Haus« lautete die Formel, mit der Michail Gorbatschow in den frühen Jahren seine Reformpolitik der russischen Machtelite annehmbar machte. Mittlerweile sieht es nicht mehr danach aus, als wollte sich der Kreml auf die Rolle des Juniorpartners, Energielieferanten und Türöffners für Sibirien beschränken. Das kann Putin so wenig attraktiv erscheinen wie jedem seiner Nachfolger. Aber die geopolitische und kulturelle Logik, ebenso wie die Bevölkerungsverteilung innerhalb der eurasischen Landmasse und das Sicherheitsbedürfnis verlangen, dass Russland gemeinsam mit dem Westen seine Zukunft definieren muss. Auf längere Sicht verstößt das gegenwärtige Spiel der Kräfte gegen die Regeln der Geopolitik. Aus der Sicht des Kreml kommen Washington und Berlin, wenn beide zusammenwirken, Schlüsselrollen zu. Eitle »Achsen« von Paris über Berlin bis Moskau, wie in den Schröder/Fischer-Jahren, erregen im Westen Misstrauen und Blockaden, im Osten nur Illusion, Machtwahn, Ungewissheit und Krise.

Das allerdings erfordert auch auf den Kommandohöhen in Moskau eine lange Perspektive gen Westen, die sich bisher nicht abzeichnet. Logik? Strategie? Russland hat, um Dean Achesons berühmtes Wort über das British Empire abzuwandeln, ein Imperium verloren und noch keine Rolle gefunden. Nicht im Westen, nicht im Osten, und schon gar nicht im Süden.

Es mag sein, dass zum Jahresanfang 2006 der Kreml in den Streit um die Gaspipeline zuerst hinein- und dann wieder hinausstolperte. Es wäre die angenehmste Erklärung, die sich der Westen zurechtlegen kann. Es mag aber auch sein, dass alles ganz anders ist und der Kremlherr die Ukrainer und alle, die von Britannien bis Bosnien an ukrainischen Pipelines hängen, daran erinnern wollte, wer über ihr Wohl und Wehe entscheidet, heute und auf lange Zeit. Bei Ölpreisen von 60 US-Dollar, Tendenz steigend, kann der Kreml sich vieles leisten, auch den Zweifel liquider Käufer, in Deutschland und anderswo, an der Verlässlichkeit der Lieferungen.

Wladimir Putin wirkte während seines Aufstiegs vorübergehend als Mitarbeiter von Bürgermeister Anatoli Sobtschak in Sankt Petersburg und belegte Abendkurse am Bergbau-Institut. Die wissenschaftliche Arbeit, die er dort vorlegte, befasste sich mit Energie und Energieversorgung als Mittel, Russlands verlorene Macht wieder zu finden. Was für die Sowjetunion einst die Panzer waren, Klammer des Reiches, soll für die Zeit danach das Öl werden – und Petrodollars einbringen.

Heute geht es nicht allein um Energiepreise, sondern, viel wichtiger, um die Frage, wem das östliche Mitteleuropa zugehört – vom Finnischen Meerbusen bis zum Schwarzen Meer. Putin hält die Landkarte der Gegenwart nicht für das letzte Wort der Geschichte.

Die Ideologie ist dahin, der Kampf um Macht und Einfluss ist geblieben. Nur die Mittel haben sich geändert. Amerikaner und Europäer müssen begreifen, dass sich Russland noch nicht von der Gestaltung der Weltgeschichte abgewendet hat. Eine neue Ära der Rivalität hat begonnen.

Noch ist der neue Kalte Krieg nicht unabwendbar, die Fronten sind nicht in Eis erstarrt, das neue *Great Game* noch unter Kontrolle. Aber im Großen Spiel erhöht, nach den Amerikanern, auch Russland die Einsätze.

China: Status quo – Macht oder Reich der Mitte?

»Lasst den Drachen schlafen. Wenn er aufwacht, wird er den Erdkreis erschüttern.«

NAPOLEON I.

Im Spätsommer des Jahres 2005 zeigte das Nationalmuseum in Peking eine groß inszenierte Ausstellung, die den lange verblichenen kaiserlichen Admiral Zheng He feierte. »Größter Seemann der Geschichte« wurde er genannt, was er vielleicht tatsächlich war. Zur Zeit der Ming-Dynastie, sechshundert Jahre zuvor, war er mit einer gewaltigen Flotte aufgebrochen in die Weiten des Pazifiks und des Indischen Ozeans. Er wollte die Küsten bis hin zum Persischen Golf und zur Ostküste Afrikas erkunden, staunenden Völkern die Macht des großen Drachen vor Augen führen und Tribute einfordern – leicht mit Schutzgeld zu verwechseln.

Wenig später lief im staatlichen chinesischen Fernsehen zu bester Sendezeit, zu der sonst harmlose Kostümdramen gezeigt werden, eine 37-teilige Serie, die eine andere, nicht minder politische Botschaft transportiert: die Eroberung Taiwans vor etwas mehr als drei Jahrhunderten. Eine abtrünnige Armee hatte sich auf der Insel verschanzt. Im Jahr 1683 – in Europa standen die Türken vor Wien – brach ein patriotischer General namens Shi Lang zu einer Expedition auf, um die Rebellen niederzuschlagen. Taiwan wurde erstmals militärisch und politisch dem Festland angeschlossen. Die unendliche Geschichte wurde unter der Aufsicht des Militärs gedreht. Die offiziellen Kommentare betonen »den nationalen Geist und die große künstlerische Kraft der Serie«. Doch die Botschaft richtete sich nicht nur nach innen und an die Regierung in Taipeh, sondern auch an Amerika und Japan: »Die Erschließungsgeschichte Taiwans ist eine Geschichte des Kampfes, in der sich die Chinesen immer gegen ausländische Angriffe zur Wehr setzten.«

Lange Zeit hatte die Geschichts- und Symbolpolitik Pekings einen anderen Schwerpunkt. Die patriotische Taiwan-Propaganda konzentrierte sich auf Zheng Chenggong, den die Holländer Koxinga nannten und die Spanier den Attila des Ostens. Zheng war Sohn eines chinesischen Piraten und einer japanischen Samurai-Prinzessin und kämpfte für die im Niedergang befindliche Ming-Dynastie. 1661 floh er nach Taiwan und schlug dort die holländische Besatzung in die Flucht. Deswegen wurde dieser Kriegsfürst im modernen Taipeh immer mehr zur Symbolgestalt der Unabhängigkeit von China, zum »Vater Taiwans«. Umso mehr fiel er in Peking in Ungnade. Peking überließ ihn den Taiwanesen, ins kommunistische Pantheon ritt via TV General Shi Lang ein, dessen Laufbahn von häufigem Seitenwechsel gekennzeichnet war und der sogar für ausländische Usurpatoren kämpfte, für die Mandschus.

Was die Führung in Peking versucht, ist eine schwierige Balance zwischen Zähmung der nationalistischen Leidenschaften und deren Instrumentalisierung. Was immer das Ergebnis sein mag, wenn militärische Lösungen für politische Probleme bühnenfähig sind für die chinesischen Massen, warum nicht auch im realen Leben für die Militärs?

Tatsächlich lief parallel zur imperialen Selbstdarstellung Ende August 2005 zum ersten Mal ein weit ausgreifendes Seemanöver, in dem russische und chinesische Marinestreitkräfte miteinander, so die amtliche Erklärung, Friedens- und Rettungsoperationen gegen terroristische Kräfte probten. Mit dieser Begründung war international der politischen Korrektheit Genüge getan. Aber es ging um mehr.

Nicht nur Raketenmanöver waren im Spiel, sondern auch Fallschirmlandungen, größere amphibische Operationen und Panzereinsätze. Die Russen machten mit, aber mit gemischten Gefühlen. Sie waren erstmals zu einem solchen gemeinsamen Manöver eingeladen worden und wollten Waffen verkaufen, aber nicht in Schwierigkeiten geraten mit den USA als Schutzherren der Inselrepublik Taiwan. Die Militärs im Moskauer Generalstab und Verteidigungsministerium fragten sich, ob es gerade die modernsten Systeme sein mussten, die an die Chinesen gingen, Meister des Reengineering und Gegner von übermorgen. So bestanden die Generäle des Kreml darauf, die Zahl der russischen Soldaten auf 1800 zu begrenzen und die Manöver weitab von Taiwan abzuhalten. In den folgenden Wochen dürfte wohl kaum ein elektronisches Flüstern, kaum eine Schiffsbewegung amerikanischen Satelliten und Überwachungsradars entgangen sein.

Es hieße, die roten Mandarine in Peking zu unterschätzen, wenn die Ausstellung im Nationalmuseum, das Fernseh-Spektakel und die Manöver nichts miteinander zu tun haben sollten. Die dreifache Botschaft ging an alle, die im großen Machtspiel Asiens etwas zählen, an Amerika vor allem. Aber auch an Indien, Japan, Taiwan und Südkorea. Dort sollte man sich die Köpfe darüber zerbrechen, was der Aufwand zu bedeuten hatte.

Denn mit Zheng He hatte nicht nur Chinas maritime Expansion begonnen, sie war auch nach sieben Großexpeditionen beendet worden. Die Klasse der hohen Beamten begriff damals, dass früher oder später Großkaufleute und Admirale, gestützt auf den Reichtum ferner Provinzen, die Lebens- und Herrschaftsformen Chinas verändern und den Mandarinen die Macht streitig machen konnten. Der Kaiser verbot sogar Karten und Aufzeichnungen, die Zhengs Abenteuer darstellten, und gestattete nur noch Küstenschifffahrt. China schloss sich von der Außenwelt ab. Mit vergleichsweise bescheidenen Schiffen, Truppen und Mitteln eroberten ein Jahrhundert später die Europäer den Globus. China glitt in einen langen Niedergang. Der katastrophale Tiefpunkt lag in dem Jahrhundert zwischen dem Opiumkrieg (1839–42), in dem die Briten Marktöffnung erzwangen, und Maos Aufbruch zum langen Marsch 1934.

Ähnliches soll, so die Botschaft aus Peking, den Chinesen niemals wieder passieren. Die chinesisch-russischen Seemanöver feierten nebenher den gemeinsamen Sieg über Japan von 1945. Ungesagt blieb, dass dieser Sieg von Amerika geborgt war und nicht auf den Schlachtfeldern erkämpft und dass die Russen erst spät zum – um Friedrich den Großen zu zitieren – »Rendezvous des Ruhmes« gekommen waren. Da waren die Atombomben schon gefallen.

Verschwiegen wurde auch, dass exakt vor hundert Jahren die Japaner die Russen aus China vertrieben, Port Arthur erobert und in der Seeschlacht von Tsushima Russlands schimmernde Wehr auf den Meeresgrund befördert hatten. Wer glaubt, in Asien sei die Vergangenheit vor allem zum Vergessen gut, überträgt einen europäisch-amerikanischen Denkfehler auf eine ganz andere Kultur. Geschichte ist in Asien, weil es um Legitimität geht wie um Machtanspruch, Teil der Politik.

Die Botschaft, welche die Pekinger Machthaber mit Zheng He und seinen, so die offizielle Bezeichnung, »sieben fabelhaften Reisen« verbinden, ist imperial, aber von der gedämpften Art. Einerseits soll deutlich werden, dass der alte Chinese die westlichen Entdecker in jeder Weise übertraf, von der Kühnheit seiner Pläne bis zur Größe seiner Schiffe. Andererseits wird die friedliche Natur dieser frühen Expeditionen hervorgehoben. Das Blatt *China Daily*, verlässlich auf Parteilinie, gab die Erklärung: »Die plötzliche Prominenz des Zheng He verkörpert das brennende Verlangen, die nichtaggressive Natur unserer Stärke zu demonstrieren. Zu Zhengs Zeiten hatte China keinen ernsthaften Rivalen. Die Nation besaß als erste die Macht, ferne Küsten zu erobern, zu besetzen oder zu kolonisieren. Wir haben damals andere nicht bedrängt – warum sollten wir es jetzt tun?« Die Unschuldsmiene verhüllt, dass nach der zeitlosen Lehre des Sun Tsu, des chinesischen Clausewitz vor 2500 Jahren, der klügste Feldherr der ist, der siegt, ohne die Schlacht zu schlagen.

Die Flottenmanöver sprachen eine andere, eine metallische Sprache. Sie kombinierten Luftwaffe, Fallschirmtruppen und amphibische Kräfte zu raumgreifenden Operationen. Etwa 10 000 Mann waren auf beiden Seiten beteiligt. Für die russische Werftindustrie war dies eine Waffenverkaufsmesse im kriegsmäßigen Einsatz. Sie konnte halbwegs die Ware liefern, die den Chinesen seit dem Massaker auf dem Platz des Himmlischen Friedens durch das westliche Embargo weitgehend versagt blieb, hochwertiges Hightech-Material. Die Chinesen, noch weniger als die Russen erfahren im Führen weit gespannter Kampfoperationen zur See, wollten von den russischen Admiralen lernen, aber auch deutlich machen, dass sie nicht auf immer Lehrlinge sein werden. Der Zustand der russischen Flotte ist wenig eindrucksvoll, wie das Desaster des hochmodernen Atom-U-Boots *Kursk* zeigt, das im August 2000 180 Kilometer nordöstlich von Murmansk in der Barentssee versank. Die Häfen von Kaliningrad bis Wladiwostok liegen voll verrostenden Kriegsmaterials.

Die Amerikaner schauten aus dem Weltraum, von Pearl Harbor, aus dem Mittleren Osten und von ihren Schiffen aus zu, was sich da vor Chinas Küsten tat, wie der Stand von Ausbildung und Technik war und wie weit beide Seiten Hand in Hand zusammenwirken können in der Beherrschung komplexer Systeme, eingeschlossen Satelliten. Ernste politische Fragen standen auf der Tagesordnung, nicht nur die nach der dauernden Präsenz der amerikanischen Siebenten Flotte im östlichen Pazifik, sondern, größer und komplexer, nach der Gestaltung der politisch-strategischen Beziehungen zu China. Überhaupt ging es um die Frage, ob die USA sich auf Dauer auf das neue Große Spiel einlassen wollen auf den Schachbrettern Zentralasiens und in den Seegebieten zwischen Persischem Golf und Guam.

Nach dem Schock von Nine-Eleven waren Moskau und Peking bereit, die Stationierung amerikanischer Jagdbomber und des notwendigen Bodenpersonals in den zentralasiatischen Republiken hinzunehmen, aber nur zeitweilig. Längst haben die Amerikaner, wie es Gästen oft geschieht, die Zeit überschritten, da sie willkommen waren. Russlands langer Arm, wie seit eh und je, reicht unter Putin wieder tief nach Asien hinein, und je höher der Ölpreis steigt, desto wirkungsvoller. Seit den Zaren lebt Russland in Sorge um seine südliche Grenze, und seit dem Zerfall der Sowjetunion nach 1991 mit mehr Grund als je zuvor. Ähnlich China, das im Westen seine Macht über Nicht-Han-Bevölkerungen immer in Gefahr sieht. In Zentralasien, wo sich Russlands und Chinas Kraftlinien schneiden, sind die beiden asiatischen Vormächte über nicht viel einig, außer dass amerikanische Marines, Kampfflugzeuge und Depots ebenso wie Investoren und Leitungsbauer die Region möglichst schnell verlassen sollen. Widrigenfalls gibt es bewährte Mittel, von kleinen Aufständen bis zu nassen Operationen des Geheimdienstes, den Wünschen des Kreml Nachdruck zu verschaffen. Auch die Seemanöver des Sommers 2005 waren nicht nur technische Übung und aktive Verkaufsmesse, sondern auch politisches Signal in Richtung Osten, USA.

Das US-Marinekommando in San Diego/Kalifornien ist für den Pazifik und den Indischen Ozean bis zum Golf zuständig, das in Norfolk/Virginia für Atlantik und Mittelmeer. Auf den Kommandohöhen wird man der Frage nicht mehr lange ausweichen können, wann genug genug ist und wann Amerika in imperiale Überdehnung gerät.

Das Große Spiel begann unausweichlich, als Nordkorea 1994 die Fesseln des Atomwaffensperrvertrags abwarf und bald darauf laut verkündete, nunmehr Nuklearwaffen zu besitzen. Der Machthaber Kim Jong Il hat sich auf diese Weise südkoreanische und japanische Hilfe ertrotzt, eingeschlossen zwei Kernkraftwerke zur Stromerzeugung. Das Land kam zwar auf George W. Bushs Liste der *Achse des Bösen*, aber die nukleare Hypothese und Peking als Vormund schützten Pjöngjang vor militärischer Bestrafung.

Wie auch immer, Peking nutzt seitdem die real oder nur im Vabanque der Nordkoreaner existierenden Nuklearwaffen des unberechenbaren Nachbarstaats, um den Amerikanern eine Lehre zu erteilen. Sie lautet, dass Washington in Fernost nicht allein entscheiden kann und nichts erreichen wird, wenn China dagegen ist. Auf solche Weise kündigt sich die neue Lage an, in der die Chinesen das Große Spiel auf ihre Weise spielen, mit Moskau als Juniorpartner auf der einen und den USA, strategisch und finanzpolitisch bereits halb abhängig vom chinesischen Wohlwollen, auf der anderen Seite. Die kleineren Nachbarn sind nicht begeistert.

Im Juni 2004 tagte das Londoner International Institute for Strategic Studies mit Politikern, Militärs, Diplomaten und Kolumnisten in Singapur. Der Premier der kleinen Inselrepublik, Lee Hsien Loong, nutzte die Begrüßungsrede, um die Sorgen der kleineren Mitspieler in Asien zu verdeutlichen. Tektonische Verschiebungen seien zu spüren durch die energische Wendung der großen Regionalmächte China, Indien und Japan nach außen und die damit verbundenen konkurrierenden Machtansprüche. Sie alle, so der Premier in vorsichtigen Worten, trennten sich mittlerweile von ihren vormals eher provinziellen Denkweisen und gerieten dadurch in immer engere Berührung miteinander – manchmal freundlich, manchmal feindlich. Das verlange – damit kam der Gastgeber zur Sache – von den Vereinigten Staaten eine zunehmend komplizierte, aber auch immer wichtigere Rolle im Management der Macht: »Bei diesem Übergang zu einer neuen Art regionaler Multipolarität hängt das Schicksal der zehn ASEAN-Staaten, während sie den Aufstieg der asiatischen Großmächte willkommen heißen, entscheidend davon ab, dass die USA für Gleichgewicht und übergreifende Stabilität sorgen.«

Die gleiche Botschaft vermittelte ein Jahr später der Asien-Gipfel von Kuala Lumpur. Antiamerikanismus ist für die Staaten, die sich bedrängt fühlen, keine brauchbare Karte. Amerika wird dringend gebeten, geradezu eingeladen, in der Region eine Rolle zu spielen. Die »raumfremde Macht«, um einen Begriff von Carl Schmitt zu borgen, soll zugleich Makler und Hüter des Gleichgewichts sein. Singapur und seine Nachbarn wissen sich geborgen, solange amerikanische Kriegsschiffe in den Docks an ihrer Küste überholt werden.

Singapur, Japan und Indonesien sorgten dafür, dass am letzten Tag der großen Asien-Konferenz auch Indien, Neuseeland und Australien zur Party gebeten wurden. Putin, der Zar des größten pazifischen Anrainerstaats, hatte sich selbst eingeladen und musste sich mit Beobachterstatus begnügen.

Die USA waren erstmals zu einer großasiatischen Fete demonstrativ uneingeladen, aber sie fungierten in Kuala Lumpur als unsichtbarer Dauergast. Immer noch sind sie, wenngleich als »Hegemon unter Druck« (Jochen Buchsteiner), zu Wasser, zu Lande und in der Luft allen anderen weit überlegen und haben in der Asia-Pacific Economic Cooperation (APEC) die Führungsrolle. China kann sie noch lange nicht beanspruchen, aber rasch wachsende Handelsströme aus Japan, Südkorea und Taiwan in Richtung China schaffen neue Abhängigkeiten.

Peking wird seine Charme-Offensive fortsetzen. Die Chinesen denken in langen Fristen. Von Drohgebärden gegenüber Taiwan abgesehen, sind sie Abenteuern abhold und versprechen rundum Win-win-Beziehungen. Nicht mit Amerika in unberechenbaren militärischen Konflikt zu geraten, bleibt chinesisches Prinzip. Pekings Diplomaten beschreiben jedem, der zuhören will – und wer könnte es sich gegenüber der Weltmacht im Aufstieg leisten, die Ohren zu verschließen? –, die Beziehung zu den USA als »nicht Freundschaft, nicht Feindschaft«. Der Zuhörer kann sich aussuchen, welche Botschaft ihn mehr beunruhigen muss. Hat in Kuala Lumpur Ende 2005 das asiatische Jahrhundert begonnen? Wirtschaftlich ist es längst ein *factum brutum*. Politisch wird es wohl noch eine Weile brauchen. Wer es beherrscht, ist eine offene Frage.

Admiral Zheng He zwingt sechshundert Jahre nach seinen Großtaten den Amerikanern langfristig eine neue Strategie auf. Sie können nicht auf dauernde Eindämmung Chinas setzen. Es würde ihre Kräfte übersteigen und die Gefahr des Krieges in sich tragen. Washington muss sich stattdessen an Nixon erinnern und den Chinesen ein unwiderstehliches Angebot machen, eine Art *partnership in leadership* – um jene 1989 auf die Deutschen gemünzte Formel des älteren Bush zu borgen. In Wirtschafts- und Währungsfragen, in Nonproliferationspolitik und in der vorsichtigen Ruhigstellung der Taiwan-Frage deutet sich solches schon an.

Washington muss ein neues Gleichgewicht in Fernost entwerfen, zusammen mit China, in dem Chinas Energien Platz finden, wirtschaftlich ebenso wie strategisch, aber zugleich begrenzt werden. Längst sind amerikanische und chinesische Wirtschafts- und Währungsinteressen so ineinander verflochten, dass allein vorsichtige Akkommodation Abstürze verhindern kann.

Es wäre kurzsichtig und gefahrenträchtig, im Denkmodus des Kalten Krieges Russland durch China auszuwechseln, wie es sich mehr und mehr auf dem rechten Flügel der Republikaner andeutet, und auf militärische Eindämmung zu vertrauen. Russland war, wie zu Beginn des Kalten Krieges George F. Kennan die Strategie der Eindämmung begründete (»The Sources of Soviet Conduct«), Erbe einer langen imperialen Tradition, die von Peter dem Großen bis Stalin russische Macht in die Mitte Europas projizierte und erst saturiert sein konnte, wenn auf beiden Seiten der Grenze russische Soldaten standen.

Die große weltpolitische Aufgabe der kommenden Jahrzehnte wird darin bestehen, den Aufstieg Chinas statt als globale Revolution der Machtverteilung als moderaten Prozess zu gestalten. Das gilt für die beiden Hauptprotagonisten, China und die USA. Es gilt aber auch für Russland und die

Europäer. Der wirtschaftliche Aufstieg der beiden asiatischen Giganten, China und Indien, ist ohne Zweifel die wichtigste Entwicklung der Gegenwart. Neue Mächte aber bringen unausweichlich Ungleichgewicht, Unsicherheit und Konflikte. Es wäre fatal, wenn sich im globalen Maßstab jene Hegemonialkämpfe wiederholen würden, die im Zeitalter des Imperialismus der Aufstieg Japans, Deutschlands, Russlands und Amerikas nach sich zog und die Katastrophen des 20. Jahrhunderts einleitete. Bisher haben Handelsliberalisierung und Investitionen von außen China und Indien davon überzeugt, dass Kooperation besser ist als Konfrontation.

Aber auch die Mächte des frühen 20. Jahrhunderts waren einander die besten Kunden und Investoren. Friedliche Entwicklung ist nicht durch Autopilot zu garantieren. Es wird wesentlich auf die Staatsweisheit der Amerikaner und, in geringerem Maß, der Europäer ankommen. Die Bush-Administration schwankt, was China angeht, zwischen Eindämmung und Einbeziehung, gibt in Sachen Taiwan unklare Signale und ist auch gegenüber Nordkorea nicht konsequent. Indien als Gegengewicht aufzubauen ist eine interessante Theorie, aber auf dem Boden Asiens keine tragfähige Politik. Die EU kann sich bis heute nicht entscheiden, ob China nichts ist als ein großer Wirtschaftsfaktor oder die kommende Vormacht Asiens – die Europäer konnten sich zwei Jahre lang nicht einigen, ob nach der Interessenlage von Chirac und Schröder das 1989 verhängte Hightech-Waffen-Embargo gegen China fallen sollte oder nach dem von Washington inspirierten Wunsch der Mehrheit doch besser nicht: Am Ende blieb es beim Embargo. Solche Manöver sind schlechtes Vorzeichen für das Management der großen Machtfragen in Asien. Gesellen sich zu solchen Widersprüchen nachhaltiger Protektionismus und wirtschaftliche Konfrontation, leiden Weltwirtschaft und Weltfinanzmärkte. Es sind dabei Kräfte am Werk, die sich der Steuerung der Politik in den westlichen Wohlfahrtsstaaten weitgehend entziehen. Das Gefüge der industriellen Demokratien beruht auf sozialen Gleichgewichten, die in einer Welt billigen Öls und ohne China entstanden. Löhne und Leistungskraft Asiens haben kein Mitleid mit alt gewordenen Europäern. Die zwischenstaatliche Umverteilung, von den Asiaten bestimmt, hat in Europa innerstaatliche Umverteilungen zur Folge, die zu schwersten sozialen Verwerfungen und systemischen Blockaden führen können. »Die Wirtschaft ist das Schicksal«, sagte der Industrielle und Technik-Visionär Walter Rathenau, der etwas davon verstand.

China heute ist nicht die Sowjetunion von gestern oder das ruhelose Deutschland von vorgestern. Der chinesische Staat existiert in seinen heutigen Grenzen, mehr oder weniger, seit zwei Jahrtausenden. Das russische Imperium wurde nach Mongolen und Tataren durch die Gewalt des Kreml zusammengehalten, das chinesische durch kulturelle Harmonie – mit beachtlicher Gewalt in Reserve. Im Verlauf des Zweiten Weltkriegs expandierte Russland in ein Machtvakuum und kam erst zum Stehen, als amerikanische Gegenmacht, von Iran und Griechenland bis Checkpoint Charlie, dem entgegenwirkte.

China beginnt anders. Militärischer Imperialismus ist nicht seine Tradition. Im Blick auf Taiwan lassen sich die kommunistischen Mandarine in Peking von dem alten Satz leiten, dass man der Zeit Zeit geben muss.

Die tektonischen Platten, der Premier von Singapur hat Recht, sind in Bewegung. Heute will China, das ist unübersehbar, Status-quo-Macht sein – und kann es doch nicht bleiben, schon weil das Land Öl und Gas aus der ganzen Welt braucht. Der Aufstieg ganz Asiens wird in den kommenden Jahrzehnten die Gewichte der Welt neu verteilen, und es wäre optimistisch zu sagen, dass sich die Lage von selbst neu ordnen wird. Imperien folgen ihrer eigenen Gesetzlichkeit, bis sie mit anderen Machtansprüchen kollidieren. Der Schwerpunkt des Weltgeschehens wird sich vom Atlantik, wo er seit Kolumbus lag, in den Pazifik verschieben, wo Admiral Zheng He ihn, verfrüht, wie wir wissen, vor 600 Jahren vergeblich suchte.

Novus ordo seclorum* – Weltmacht Amerika

»America's journey through international politics has been a triumph of faith over experience … Torn between nostalgia for a pristine past and yearning for a perfect future, American thought has oscillated between isolationism and commitment.«

HENRY KISSINGER, *Diplomacy*, 1994

Alle vier Jahre legt das Pentagon die *Quadrennial Review* (QDR) vor, zuletzt im Februar 2006. Das Dokument, an dem 500 militärische und zivile Fachleute über zehn Monate arbeiteten, schätzt die Bedrohungen ein, die den USA in den kommenden zwanzig Jahren bevorstehen. Das begründet die Liste der Systeme, welche die Stäbe haben wollen, um die Gefahren zu bannen. »Die *QDR* soll nicht etwas völlig Neues tun, sondern nur Schwerpunkte neu bestimmen«, sagte Donald Rumsfeld, als er das Dokument vorstellte. Es setzt in der Tat eine Entwicklung fort, die den Vereinigten Staaten nach dem ersten Golfkrieg – in ihm kämpfte noch die schwere Armee des Kalten Krieges – eine Streitmacht gab, die intelligenter, beweglicher und fähiger ist als alle ihre Vorläufer. Sichtbar ist heute ebenso die Bildung modular organisierter Heeresbrigaden wie die Einführung leichterer und wendigerer Kampffahrzeuge oder der Einsatz unbemannter Kleinflugzeuge. Unsichtbar ist die Entwicklung der Kommandostruktur mit Hilfe von Realzeit-Aufklärung des Gefechtsfeldes und durch das Zusammenwirken intelligenter Waffen.

Die letzte *QDR* stammte aus den Tagen unmittelbar nach dem 11. September 2001 und bot viel Analyse mit wenig Abhilfe. Diesmal haben der

* Inschrift auf dem großen Siegel der Vereinigten Staaten von 1776, auf jeder Ein-Dollar-Note wiedergegeben bis heute: »Die neue Weltordnung« – den Zeitgenossen war bewusst, dass damit Vergil über die Weltsendung Roms zitiert wurde.

apokalyptische Terror, die schmerzhaften Erfahrungen der Einsätze in Afghanistan und Irak und der Blick auf China das Papier diktiert. Terroristen, so liest man da, sind und bleiben die Hauptbedrohung, aber nicht sie allein machen Kopfschmerzen. Das tun auch Staaten, die wie Nordkorea auf Nuklearwaffen aus sind und alle Regeln missachten – schon Präsident Clinton sprach von *rogue states*, von Schurkenstaaten. Aber auch ein Machtrivale wie die Volksrepublik China, die ihren Schatten auf Asien und den Pazifik wirft, und Naturkatastrophen, zu denen die großen Seuchen zählen, bereiten Sorgen. Amerika, so fordert das Pentagon, müsse in der Lage sein, alle diese Gefahren auf einmal zu beherrschen. Das kann bedeuten, zwei Kriege zugleich zu führen, Terrorangriffe auf anderen Schauplätzen zu verhindern und mit einer Naturkatastrophe zu Hause fertig zu werden. Der Wirbelsturm *Katrina*, der im Spätsommer 2005 New Orleans zerschmetterte, hinterließ auch in Washington Spuren.

Irreguläre Kriegführung wird zum Leitmotiv der Zukunft. Rumsfeld befand sich im Einklang mit der amerikanischen Militärtradition, als er alle Arten von Friedensoperationen zurückwies und auf Übermacht, Krieg und Sieg setzte. In Zukunft sollen aber auch Stabilisierungs- und Friedenswahrung zu den Aufgaben der Truppe gehören. Die Zahl der Spezialisten für psychologische Kriegführung und zivilen Wiederaufbau soll um ein Drittel erhöht werden, und die *QDR* übt tätige Reue, wo sie dem modernen Krieger »wesentlich verbesserte Sprachfähigkeiten und kulturelle Sensibilität« abfordert. Noch vor einem halben Jahrzehnt hätte Rumsfeld dies mit einer Handbewegung vom Tisch gewischt.

Jetzt sollen die Abteilungen des Pentagon mit anderen Ressorts in Washington – gemeint sind State Department, aber auch Handels- und Innenministerium – zusammenarbeiten und sogar mit Insiderkreisen der Alliierten in der Abhörpraxis weltweit. Spezialeinheiten sollen illegale Waffentransporte zu Wasser, zu Lande und der Luft abfangen. Neue Sensoren sollen eingesetzt werden, um spaltbares Material auf große Entfernung auszumachen. Ballistische Nuklearraketen, von denen Amerika ohnehin noch immer zu viele hat, sollen innerhalb von zwei Jahren umgerüstet werden zu präzisionsgesteuerten konventionellen Systemen. Die Idee ist, dass sich damit aus großer Entfernung Regime ausschalten lassen – wenn man denn ihre Verstecke in Realzeit ausmachen kann –, ohne eine ganze Nation zu vernichten.

China sind viel Raum und strategische Überlegung gewidmet. »Es ist die Macht mit dem größten Potenzial für militärische Rivalität.« Das bedenkliche Kompliment entspricht der Erfahrung des vergangenen Jahrzehnts, von abgefangenen US-Spionageflügen bis zur chinesischen Cyberwar-Strategie, die US-Satelliten ausschalten soll, von der Frustration am sechseckigen Tisch der Nuklearverhandlungen mit Nordkorea bis zum Ärger über den Raketenwald gegenüber Taiwan und zur Sorge über die Einkaufstouren chinesischer Öl- und Militärexperten rund um die Welt.

Die *QDR* betont den Wunsch nach guten Beziehungen mit China, sieht aber innerhalb und außerhalb des Staatshaushalts die rasch wachsenden Militärausgaben Chinas äußerst kritisch, weil dadurch etablierte Gleichgewichte Ostasiens langsam verschoben werden. Die US-Navy soll darum statt eines nuklearen Angriffs-U-Boots pro Jahr deren zwei erhalten, die Luftwaffe soll einen neuen Typus Fernbomber entwickeln. Ein Wettrüsten am Pazifik zeichnet sich ab.

Was die *QDR* nicht bringt, ist der Exitus für große, eher traditionelle Programme. Damit nimmt sie realistische Rücksicht auf die Gefechtslage in beiden Häusern des Kongresses. Wer etablierten Interessen mächtiger Senatoren oder Abgeordneter zu nahe tritt, in deren Wahlkreisen traditionelle militärische Plattformen gefertigt werden und für Jobs sorgen, hat es von jeher schwer, Innovation durchzusetzen, die etwas kostet. Auch der grimmige Rumsfeld, mächtigster Verteidigungsminister der jüngeren Geschichte und ausgefuchster Kenner der parlamentarischen Kraftmaschine, muss Kompromisse schließen zugunsten der militärischen Vergangenheit und zulasten der Zukunft. Auch das erklärt das Haushaltswachstum auf nahezu 440 Milliarden US-Dollar – die laufenden Kriegskosten nicht eingeschlossen. Allein am Personal wird gespart, rund 100 000 Soldaten und 15 Milliarden US-Dollar. Das wiederum weckt die Kritik. Der Mangel von *boots on the ground* im Irak gehörte zu den schweren Planungsfehlern der zivilen Pentagon-Spitze und hatte fatale Folgen.

Strategieentwurf und Haushalt lassen nichts erkennen von imperialer Ermüdung und Rückzügen von der Weltmachtrolle. Sie beweisen den Willen, den für Handel, Weltfinanzsystem und freie Seewege notwendigen Grundbestand an Weltordnung muskulös durchzusetzen und amerikanische Handlungsfähigkeit weltweit zu sichern. Doch es gibt Gegenströmungen eines neuen Isolationismus, und sie kommen heute in viererlei Gestalt. Amerika soll sich militärisch zurückhalten, es soll es mit dem Freihandel weniger genau nehmen, weniger Fremde ins Land lassen und an der Hilfe ans Ausland sparen. Das sind Strömungen, die quer zu den etablierten politischen Lagern ihre Anhänger finden. Politisch fielen sie zu jeder Zeit ins Gewicht, wenn sie auch nicht immer durchschlugen. 1916 gewann der Demokrat Woodrow Wilson die Präsidentenwahl auf einem Ticket, das Nichtintervention in Europas Krieg versprach. Vier Jahre und einen Weltkrieg später lehnte der US-Senat die Ergebnisse der Pariser Friedenskonferenz und den Eintritt in den Völkerbund ab. Amerika hatte den Krieg gewonnen und verlor den Frieden. 1945 und danach wollte eine neue Generation klüger sein, gründete die Vereinten Nationen und wollte die Weltordnung mit vier Mann in einem Jeep sichern, wie es im Kino zu sehen war. Stattdessen fesselte der Kalte Krieg die Vereinigten Staaten auf den europäischen und asiatischen Gegenküsten und hielt sie dort bis heute. Das Ende der Geschichte, Francis Fukuyamas Stichwort von 1989, traf den Zeitgeist in Amerika, weil es Vollendung der Geschichte und ewigen Frieden verhieß. Doch so sollte es nicht kommen. Die Konflikte seither erlauben Umgruppierung, aber keinen Rückzug. Die Warnung vor verstrickenden Bündnissen aus der Abschiedsadresse George Washingtons, Zeitgenosse der Revolutionskriege in Europa, zieht sich durch die amerikanische Geschichte. Isolationismus bleibt auch in der Epoche der Globalisierung Versuchung – nicht mehr, aber auch nicht weniger.

In der jährlichen Botschaft zur Lage der Nation hielt Präsident George W. Bush Ende Januar 2006 es deshalb für notwendig, vor beidem zu warnen, Isolationismus und Protektionismus. Der Weg dahin sei breit und einladend, doch er ende in Gefahr und Niedergang. Amerika weise die falsche Bequemlichkeit des Isolationismus zurück: »Isolationismus würde uns nicht nur die Hände binden, wenn wir gegen Feinde kämpfen, sondern auch, wenn wir Freunden in verzweifelter Lage helfen wollen … Die Führer Amerikas, von Roosevelt über Truman und Kennedy zu Reagan, haben Isolationismus und Rückzug abgelehnt. Sie wussten, dass Amerika nur sicher ist, wenn die Freiheit marschiert.«

Hinter dem Pathos steht mehr als nur der Einfall eines Redenschreibers, der es bis in die Endfassung schaffte. Mehr auch als Abwehr eines aus Jobangst, Todesnachrichten aus dem Irak und nationalem Egoismus genährten insularen Instinkts. Ströme und Gegenströme begegnen einander im amerikanischen Verhältnis zum Rest der Welt seit Gründung der imperialen Republik.

Henry Kissinger hat einmal – es war das *Year of Europe* 1973 – nach der Telefonnummer Europas gefragt, rhetorisch und von oben herab, und es gibt bis heute nicht die eine Nummer, sondern viele. Andererseits haben auch die Europäer, gewöhnt an willige Parlamente, disziplinierte Parteien und klare Ressortgrenzen, ihre Schwierigkeiten, die amerikanische Außen- und Sicherheitspolitik zu entziffern. Sie ist selbst für Insider verwirrend, Entscheidungen sind für Außenstehende kaum vorhersagbar und von ihnen noch schwerer zu beeinflussen – mit Ausnahme der israelischen Botschaft oder der etablierten israelischen, irischen, polnischen und griechischen Lobbygruppen. Es ist niemals genug, wie Sir Christopher Meyer seine Erfahrung als britischer Botschafter zusammenfasst, beim State Department nachzufragen, speziell in der siebenten Etage, wo der Minister in feinem Mobiliar der kolonialen Epoche residiert, was die Zukunft bringt: »Die Kräfte, die amerikanische Außenpolitik prägen, sind über ganz Washington verteilt. Einerseits ist dies die Folge der formalen Kräfteverteilung zwischen Exekutive, Legislative und Jurisdiktion nach der amerikanischen Verfassung. Andererseits ist es Ergebnis der großen Zahl der Ministerien, Agenturen und Ausschüsse des Kongresses, die zu allen Überseefragen etwas zu sagen haben. Endlich kommt auch die ewig sich verschiebende Balance der Persönlichkeiten an der Regierungsspitze ins Spiel. Zu dem Mix muss man noch die Presse hinzufügen, wo Kommentar-Schwergewichte wie Jim Hoagland von der *Washington Post* und Thomas Friedman von der *New York Times* massiven Einfluss haben können auf die Ausformung außenpolitischer Entscheidungen. Dafür gibt es keine Entsprechung im Vereinigten Königreich.« Der Senat hat in allen Fragen der auswärtigen Politik, von der Anhörung vor wichtigen Ernennungen bis zur Ratifikation internationaler Abkommen, eine Stellung, die die Administration jederzeit zu vorauseilendem Gehorsam bringen kann. Im Auswärtigen Ausschuß des Senats empfiehlt sich für jeden, auch für den mächtigsten Minister, Demut und für den Präsidenten Telefondiplomatie. Rat und Einverständnis entsprechend der verfassungsmäßigen Gewaltenteilung endet nicht selten in Koppelgeschäften überraschender Art und manchmal in Malice und Intrige.

Thinktanks aller Art mischen sich ein von außen und innen und messen ihre Bedeutung – und ihre Fähigkeit zur Beschaffung von Kapital – an dem politischen Einfluss, den sie haben oder beanspruchen. Oberhalb dieser Wettkampfarena bewegen sich nur der Congressional Research Service, der wissenschaftliche Dienst des Kongresses, mit buchstäblich Tausenden von Experten, nicht alle für Außenpolitik, und Institutionen wie der Council on Foreign Relations (Rat für auswärtige Beziehungen) oder Stiftungen wie *Carnegie* oder *Brookings* und die politiknahen Universitätsdepartments von der School of Advanced International Studies (SAIS) in Washington bis zur Kennedy School of Government an der Harvard University. Weit vor allen anderen Granden amerikanischer Außenpolitik hat Henry Kissinger, einst Harvard-Professor und Strategie-Denker, dann Sicherheitsberater und endlich Außenminister, eine einsame, durch keinen sauren Regen der Politik erodierbare Autorität.

Die großen Streitfragen kosten Washington viel Zeit, erzeugen gewaltigen Wirbel, diktieren für ein paar Wochen die Debatte, manchmal werden sie entschieden, manchmal gehen sie einfach verloren. Der Prozess der »foreign policy by committee« (John Kornblum) beschäftigt eine unüberschaubare Menge von Regierungsstellen und Ausschüssen beider Häuser, und selbstverständlich das Weiße Haus. Mitunter allerdings spielt der Präsident mehr den Makler als die oberste Instanz. Der Nationale Sicherheitsrat, 1945 als Teil des Weißen Hauses geschaffen, soll zwischen Kriegern und Diplomaten, Pentagon und State Department, dem Präsidenten entscheidungsreife Optionen vorlegen. Ob das gelingt, hängt ab von der sich ständig verschiebenden Machtgeometrie an der Spitze. Revierkämpfe um Einfluss und Kompetenzen hören niemals auf. In die Außenpolitik wirken so unterschiedliche Kräfte wie das Handelsministerium, das Energieministerium – es ist auch für das Nukleare zuständig –, das Finanzressort und die Federal Reserve Bank. »Multidimensionales Schach« nennt der Diplomat Sir Christopher Meyer das Geschehen, von einem »Suppen-Sandwich« spricht der ehemalige Staatssekretär im Außenministerium Richard Armitage.

Die einzige überlebende Weltmacht hat mehr Entscheidungsbedarf, als die politische Maschinerie in Washington jederzeit abdecken kann. Dafür bekommt die Spitze auch von allen Seiten Rat, erbetenen und unerbetenen, und nicht immer selbstlos. Das erklärt Tiefe und Breite der Publikationen von *Foreign Affairs* mit einer Auflage von 140 000 Heften alle zwei Monate bis hin zum *Washington Quarterly*. Die Tradition des amerikanischen Pragmatismus bringt es mit sich, dass die meisten Analysen nicht in akademischer Unbestimmtheit und Klagen über den Lauf der Welt enden, sondern in Handlungsempfehlungen mehr oder weniger praktischer Art. Dazu kommen politische Frühstücke, *luncheons* und *dinners*, Pressekonferenzen, Buchvorstellungen und TV-Shows.

Heißt das, dass amerikanische Außenpolitik grundsätzlich unvorhersagbar ist, von Wind und Wellen in Washington getrieben? Es wäre ein Irrtum, dies anzunehmen. Gerade die Komplexität des Entscheidungsträgers sorgt dafür, dass der Entscheidungsprozess auf Konsens gerichtet bleibt und die großen Leitlinien des nationalen Interesses nicht verloren gehen oder sich hoffnungslos verwirren. Inkompetenz der Regierung und Leichtsinn im Senat sind nicht ausgeschlossen. Vieldeutigkeit und Tragweite der Entscheidungsfragen allerdings überfordern oft die Maschinerie. Trotzdem stimmen bei großen und oft entscheidenden Teilen der Außenpolitik häufig die beiden großen Parteien zu. Das hat viel zu tun mit der Neigung, Debatten so lange hinzuziehen, bis ein Kompromiss entsteht, noch mehr aber damit, dass es immer wieder einen Konsensus über die Hierarchie der nationalen Interessen gibt, auch wenn über die Ausführung gestritten wird. Der Rückzug auf die Festung Amerika, obwohl immer wieder wie eine Fata Morgana Erlösung aus allen Verstrickungen und Bedrohungen vorgaukelnd, gehört nicht dazu. Amerikas strategische Interessen lassen es nicht zu, die *Stars and Stripes* einzuholen.

Die Machtwährungen sanfter Gewalt sind notwendig, aber sie reichen nicht aus. Militärische Hardware ist durch nichts zu ersetzen. Basen kann man näher an die denkbaren Einsatzorte verlegen, wie aus Deutschland an die untere Donau oder in den Mittleren Osten. Lufttransporter können schnelle Eingreiftruppen in Krisenherde bringen, bis Transporter schweres Material zur See nachführen. Aber der Konsens der Strategen lautet auf absehbare Zeit, dass Amerika *Bound to Lead* (Joe Nye) ist, *The Sole Surviving Superpower* (Zbig Brzezinski), *the indispensable nation* (Madeleine Albright) oder, zuletzt und am stärksten, *the greatest force for good on this earth* (George W. Bush), bewegt nicht durch irdische Interessen, sondern durch *a calling from beyond the stars* – eine Berufung von jenseits der Sterne. Warnungen der Finanzfachleute vor dem doppelten Defizit, des Staatshaushalts und der Handelsbilanz, werden seit langem mit Achtung und mitunter Schaudern gehört, bleiben aber im Wesentlichen folgenlos.

Wichtigstes Ziel ist noch immer, aus den Erfahrungen des Zweiten Weltkriegs abgeleitet, die Sicherung freundlicher Gegenküsten in Europa und Asien und die Stationierung schlagkräftiger Flottenverbände im Pazifik und im Indischen Ozean, im Atlantik und Mittelmeer, jeweils abgestützt auf so viele Land- und Luftbasen wie nur möglich. So haben maritime Mächte seit Athen und Rom Sicherheit und Wohlstand gesucht und gesichert, durch Allianzen und notfalls durch Krieg oder eine Mischung aus beidem. Im Falle der USA geschah dies durch dauerhafte Stationierung von Truppen, Kontrolle der Gegenküsten und Stellung von Geiseln.

Zugang zu strategischen Ressourcen und Offenhaltung freier Seewege gegen feindliche Mächte, gegen Terror und Piraten gehen damit Hand in Hand.

Die Sicherung von ausreichend Energie – heute verbrauchen die USA etwa 25 Prozent der Welterdölproduktion – hat ähnlichen Rang. Sie wird umso dringlicher, je weniger Erdöl und Gas die Amerikaner auf dem eigenen Kontinent noch finden. Zwar sucht George W. Bush die Abhängigkeit von Quellen des Mittleren Ostens zu vermindern. Aber ob Amerika will oder nicht, man muss sich auf höhere Preise einstellen oder aufs Sparen verlegen und auf Sonnenenergie einrichten oder zur Atomkraft zurückkehren. Sonst sind Zusammenstöße mit anderen Mächten unvermeidbar. Auch gilt es, die Ströme von Petrodollars einzudämmen, die an Russland und die Araber gehen.

Gegenküsten, strategische Ressourcen, Energie – das alles zu verteidigen und zu sichern würde in hoffnungslose Überdehnung führen, wäre in der Zukunft einmal das nukleare Oligopol der fünf Mächte des Sicherheitsrats ernsthaft in Frage gestellt. Bisher ist das nicht geschehen: nicht durch den Staat Israel seit den 1960er Jahren, nicht durch Indien oder Pakistan seit 1998. Nukleares Potenzial verleiht keine Gestaltungskraft, wohl aber Vetomacht. Nukleare Waffen sind deshalb Gleichmacher. Gegen nukleare Gefechtsköpfe auf Mittel- und Langstreckenraketen gibt es auf absehbare Zeit keine verlässliche Abwehr. Wer über Nuklearwaffen verfügt, kann anderen Mächten Handlungsfreiheit verweigern.

Inbegriff der nuklearen Oligarchie ist seit 1968 der Vertrag über Nichtweitergabe nuklearer Waffen und Materialien. Ihn zu verteidigen gegen Freund und Feind steht aber nicht im Belieben Washingtons: Es ist unerlässlich, wenn die globale Machtprojektion aufrechterhalten werden soll.

Der Weltkrieg gegen den Terror, seit Ende 2005 im amtlichen Washington auch *The Long War* genannt, ist dem Kampf gegen Verbreitung nuklearer Waffen verwandt. Es geht nicht um Halten, Gewinnen und Verteidigen von Territorium wie in früheren Kriegen. Der Angriff aus dem Dunkel soll das Gewebe der modernen Industriegesellschaft zerreißen; der asymmetrische Krieg des Schwächeren gegen den Stärkeren soll den Lebensnerv der Informations- und Kommunikationsgesellschaft treffen. Wenn Amerika der Ruf »von jenseits der Sterne« ereilt, dann setzt das voraus. dass der weltweit operierende Terror der Hölle entspringt. Zwischen Europäern und Amerikanern gibt es keine großen Unterschiede in den Zielen. Der Unterschied in Taktik und Strategie – Polizeiaktion hier, Global War on Terror da – entspricht dem Menschenbild, der Geschichtserfahrung und Religion. Amerika verteidigt nicht nur Land und Lebensform, sondern eine gottgewollte Ordnung. Das macht es nicht leichter, Verbündete, namentlich im muslimischen Kulturkreis, zu gewinnen.

TEIL III

POTENZEN DER ZUKUNFT

Der islamische Krisenbogen

> »Es ist ein Trommler im Orient,
> und wenn er die Trommel rührt,
> so hört man es vom Atlas bis zum Hindukusch«.
>
> MARSCHALL LIAUTEY

Die Straße von Hormus, wo die arabische Halbinsel in den Persischen Golf hineinragt, ist ein Seeweg der strategischen Art. Zwei Seemeilen Breite sind für eingehende Schiffe bestimmt, zwei Meilen für ausgehende, dazwischen ein Zwei-Meilen-Streifen als Sicherheitsabstand. Nicht nur, dass unweit davon einige kleine Inseln liegen, am wichtigsten Abu Moussa, die zwischen den Uferbesitzern umstritten sind. Die großen Tanker reihen sich auch dicht aneinander. Ihre Passage wäre, wenn die Gewalthaber des Iran es wollen, durch Minen, Unterseeboote oder Raketen leicht zu sperren. 40 Prozent des Öls, das die Welt braucht, passiert die Meerenge heute schon. Nach allen Voraussagen werden es im Jahr 2030 an die 60 Prozent sein – immer vorausgesetzt, dass die Lage friedlich bleibt. Das allerdings ist heute fraglicher als jemals zuvor. Der Irakkrieg von 2003 hat alle Balancen der Region verändert. Er wird als das Ereignis in die Geschichte eingehen, das langfristig entscheidet, wer die Macht über den Weiteren Mittleren Osten erbt.

Der Iran steigt wieder auf zur regionalen Führungsmacht. Mehr als 70 Millionen Menschen, viele unter ihnen gut ausgebildet, die zweitgrößten Öl- und Gasvorräte der Welt, der Ausbau der Öl-Symbiose mit China und der Nuklearbeziehung mit Russland, die Steuerung islamischer Terrornetzwerke, vor allem Hisbollah, die Ausschaltung des Irak durch die USA und, zuletzt und vor allem, der Griff nach der Atombombe geben dem Land zwischen Kaspischem Meer und Persischem Golf – die Araber sprechen vom Arabischen Golf – den Anspruch auf Vormacht. Seit dem 19. Jahrhundert ging sie zuerst an die Briten, dann an die Amerikaner verloren. In ihrer jahrtausendealten Geschichte wussten die Perser sie indessen, ungeachtet aller Rückschläge und Niederlagen, immer wieder zu behaupten. Heute sollen – Armee, Luftwaffe und Marine wurden seit dem Krieg mit Irak niemals restauriert – Öl und Nuklearmacht Mittel des Wiederaufstiegs sein.

Dazu kommt die Shiah-Konnexion, die große Teile des Irak umfasst, aber auch die ölreichen Gebiete Saudi-Arabiens und Hisbollah-Land im südlichen Libanon, dazu jenseits der religiösen Trennungslinie Hamas in Gaza und der Westbank. Die Fähigkeit der Iraner, Furcht und Schrecken zu verbreiten, reicht nicht nur bis zum Südufer des Golfs, wo Bahrain, Katar und die Emirate ebenso Schutz suchen wie das saudische Königreich, sondern noch weit darüber hinaus. Der Export der iranischen Revolution ist vorerst gescheitert, jetzt geht es um nackte Macht, Nuklearmacht.

Außer den Vereinigten Staaten von Amerika, die ihrerseits den Iran der Mullahs aus dem regionalen System ausschalten wollen, gibt es in der Schlüsselregion des Öls schon heute keine ernsthafte Gegenmacht. Die Führung des Staates Israel wird den militärischen Konflikt so lange wie möglich vermeiden. Um Irans Atomrüstung zu verhindern, ist ein zweites »Osirak« – Codewort für die Zerstörung des irakischen Atomreaktors anno 1981 durch die israelische Luftwaffe – nicht möglich: Alle Anlagen der Iraner sind vervielfacht, verbunkert, verborgen. Ohne die überlegenen militärischen Potenziale der USA zu Wasser, zu Lande, in der Luft und im erdnahen Weltraum wären die Machthaber in Teheran und in der heiligen Stadt Qum längst Herren der Region. Das ist die konfliktschwangere und in ihren Konsequenzen bisher kaum begriffene geopolitische Entwicklung des frühen 21. Jahrhunderts.

Es geht nicht allein um Eindämmung des iranischen Strebens nach der Bombe. Es geht um Gleichgewicht oder Hegemonie in der brennbarsten Zone der internationalen Politik. Die Region enthält die großen Ölfässer der Welt. Zugleich gleitet sie immer mehr in den Schatten eines ölreichen, barbarisch fundamentalistischen, politisch skrupellosen, Terror als Waffe einsetzenden, antiisraelischen und nuklear ehrgeizigen Staates mit undurchsichtiger Führungsstruktur. Iran ist eine Theokratie, die sich beruft auf die unwandelbaren Lebensregeln des Koran, keiner menschlichen Interpretation, schon gar nicht Änderung zugänglich. Nicht Mehrheit durch demokratische Wahl, sondern Wahrheit aus islamischer Doktrin ist das Prinzip, verwaltet von einer düsteren Priesterkaste ohne Weltkenntnis und Welterfahrung. Gewiss, es gibt immer wieder Wahlen, gleich und allgemein für Männer und Frauen, aber frei und fair sind sie nicht. Denn immer sind es die Mullahs hinter dem Vorhang, die die erlaubten Kandidaten vorab auswählen: Andere gibt es nicht. Die Madschlis, die auf diese Weise sich als gewähltes Parlament kostümieren, können keine Gegenmacht zur Priesterkaste bilden. Der über Parlament und Regierung bestimmende »Wächterrat der Revolution« ist niemandem verantwortlich, am wenigsten dem Volk. Zuerst und zuletzt entscheidet immer der Nachfolger des Revolutionsvaters Ayatollah Khomeini.

Der Iran war bis 1979, solange Schah Resa Pahlevi regierte, mit dem Westen eng verbunden. Israel lieferte technisches Know-how, half bei der Ausbildung der gefürchteten Geheimpolizei SAVAK und bekam dafür Öl in Eilat angeliefert, Finanzierung via Deutsche Bank in Luxemburg. Die Vereinigten Staaten gaben Militärhilfe, verkauften fortgeschrittene Waffensysteme, unterstützten das regionale Vormachtstreben des Schahs und konnten im Gegenzug alle Ölrechte kaufen und nutzen, die sie wollten. Diese Lage der Dinge überdauerte den Tag nicht, da der Ayatollah, aus dem Exil in Paris zurückkehrend, die Massen mobilisierte, die Garden des Schahs, die stärkste Streitkraft der Region, lähmte und die Racheengel losließ. Fortan war Amerika der »Große Satan«, und ist es bis heute. Die Besetzung der amerikanischen Botschaft durch einen radikalen Mob war möglicherweise nicht Politik des Regimes, wurde aber auch nicht verhindert und dauerte länger als ein Jahr. Der Befreiungsversuch durch amerikanische Kommandotruppen endete, statt im Hollywood-Finish, in Desaster und Demütigung. Seitdem gab es zwischen Teheran und Washington nur noch Hass, Trauma und Bitternis – und damit das Gegenteil von Diplomatie. Die Amerikaner schlugen durch Sanktionen zurück, denen sich europäische Firmen freiwillig unfreiwillig anschlossen. Kein Unternehmensvorstand, der in den USA noch Geschäfte machen wollte, konnte es sich leisten, dass der amerikanische Geheimdienst den Firmenjet auf dem Flughafen von Teheran registrierte. So geschah es auch, dass die deutsche Firma Siemens, die durch ihre Tochter KWU in Erlangen (Kraftwerksunion) in Buschir ein Nuklearkraftwerk baute, das Handwerkszeug fallen ließ – bis viele Jahre später russische Staatsunternehmen ein Kraftwerk postsowjetischen Typs an dieselbe Stelle setzten.

Unterdessen sah der irakische Gewaltherrscher Saddam Hussein die Stunde gekommen – die iranische Armee durch die neuen Herren enthauptet, in Teheran die Mullahs an der Macht, das Land eine leichte Beute –, um 1980 die Landkarte des Golfs dauerhaft zu korrigieren und den schmalen Zugang, den der Irak seit seiner Gründung sechs Jahrzehnte zuvor an der Mündung von Euphrat und Tigris hatte, kräftig zu verbreitern und durch Einbeziehung der iranischen Ölterminals von Khorramshahr zu verstärken.

Der starke Mann von Bagdad konnte dabei auf stillschweigende, aber effektive Unterstützung aus den USA wie aus Russland rechnen – in Europa war unterdessen neue Eiszeit im Kalten Krieg –und auf die Fähigkeit des Irak, für Waffenströme durch Ölströme zu bezahlen. Statt Blitzkrieg und Blitzsieg indessen verbissen sich die Truppen ineinander im nahezu bewegungslosen Stellungskrieg, wie 1914–1918, mit unvorstellbaren Opfern an Gut und Blut. Die Iraker waren technisch und in der Ausbildung überlegen, aber die Priester des Iran mobilisierten fanatisierte Jugendliche, die in Minenfelder marschierten und als Märtyrer in Massen endeten, brachten dahinter die Armee des Schahs in Stellung und verweigerten den Irakern, außer im wüstenähnlichen Norden, ernsthaften Geländegewinn. Saddam Hussein, ausgerüstet von den Sowjets und unterstützt durch Information und Material aus dem Westen, setzte gegen Teheran Mittelstreckenraketen ein, darunter auch solche mit chemischen Gefechtsköpfen. Ihnen hatten die Iraner nichts entgegenzusetzen. Kein Wunder, dass sie seitdem nach Abschreckung streben, keine mächtiger als die aus dem Atom.

Statt durch Kriegsangst und Katastrophenstimmung unentwegt zu steigen – wie die Notierungen für Gold –, stürzte der Ölpreis, und beiden

Seiten ging das Geld aus. Nach acht Jahren Stellungs- und Raketenkrieg endeten die Kämpfe ungefähr auf der Linie, wo sie begonnen hatten. Beide Seiten zogen ihre Lehren: die Iraner, dass sie allein standen und von der arabischen Welt nichts Gutes zu erwarten hatten; der irakische Gewaltherrscher, dass der Westen ihm wohler wollte als den Mullahs und dass er, um die aufgelaufenen Schulden loszuwerden, das Öl des benachbarten Emirats Kuwait brauchte.

So folgte, wie das Echo dem Schrei, Anfang August 1990, als die Weltmächte mit sich selbst und der deutschen Einheit präokkupiert waren, der Einmarsch der irakischen Divisionen in das ölreiche Scheichtum Kuwait. Bagdad erklärte den neuen Besitz in Anspielung auf ältere osmanische Landkarten zur »19. Provinz« und annektierte ihn. Wäre Kuwait nichts als ein Sandkasten in der Wüste, so hätte Saddam nicht den Angriffsbefehl gegeben, Washington nicht mit Krieg reagiert. Aber Kuwait in irakischen Händen bedeutete, dass an die 40 Prozent des Öls im Nahen Osten in die Hände eines unberechenbaren Gewaltherrschers geraten würden, der zudem seine Armee über Jahrzehnte mit Sowjetwaffen und Sowjetberatern aufgefüllt hatte. Die Saudis gerieten in Panik, da wichtige Ölfelder, Pipelines und Terminals nunmehr in Reichweite irakischer Panzer und Kampfflugzeuge lagen. Die Israelis sahen die irakische Machtausweitung als direkte Bedrohung. Saddam Hussein kündigte großmäulig »die Mutter aller Schlachten« an, musste aber bald lernen, dass er sich verrechnet hatte. Von den Sowjets, im Zerfall begriffen, kam nicht der erwartete Schutz. Der Sicherheitsrat der Vereinten Nationen reagierte diesmal kompromisslos scharf und erteilte einer von den USA geführten Koalition ein Mandat, das bis zur Befreiung Kuwaits und der Nordgrenze des Emirats reichte – aber nicht darüber hinausging, schon gar nicht bis zur Besetzung Bagdads und *regime change*.

Als nach langer logistischer Vorbereitung die Amerikaner, flankiert von Briten, Franzosen und anderen Alliierten, am 17. Januar 1991 00.00 Uhr mitteleuropäischer Zeit endlich das Unternehmen *Desert Storm* in Gang setzten, schmolzen die irakischen Liniendivisionen, unbeweglich im Sand eingegraben und ohne Luftschirm, binnen Stunden dahin. Die größte Armee des Mittleren Ostens, so schien es, gab es nicht mehr. Die Rückzugsstraße in Richtung Bagdad war alsbald gesäumt von den brennenden Resten der irakischen Lastwagen, Halbketten, Panzer und Artilleriefahrzeuge, in den Jahrzehnten zuvor für Öldollars von der Sowjetunion geliefert. Die CNN-Bilder vom *Death Boulevard* waren so schreckenerregend, dass das Weiße Haus nach 100 Stunden den Kampf abbrach und den Sieg erklärte. Den Rest, so die Überlegung in Washington, würden die unruhigen Schiiten des Südens und die aufstandswilligen Kurden des Nordens erledigen. Wenig ahnten die Generalstäbe, dass Saddam die Elitetruppen der »Republikanischen Garden« zum Schutz des Regimes längst aus der Front herausgezogen hatte. Die Erlaubnis an die Iraker, auch nach dem Waffenstillstand noch Hubschrauber zu bewegen, war das Todesurteil für die Aufständischen. Zwischen 30 000 und 60 000 Menschen wurden umgebracht. Sie waren Hauptverlierer dieses Krieges. Die Überlebenden haben es bis heute nicht vergessen. Die Amerikaner waren ihnen keine Retter.

Die Rückkehr des Ayatollah und die iranische Revolution, die Kriege des Saddam Hussein und dessen halbe Niederlage, der Zerfall der Sowjetunion und die Preiskurven des Erdöls haben im vergangenen Vierteljahrhundert die Kraftlinien des Weiteren Mittleren Ostens umgezeichnet und die Region von Tel Aviv bis Islamabad zum geopolitischen Zentrallabor gemacht. Das galt niemals stärker als nach dem amerikanisch-britischen Einmarsch in den Irak im Frühjahr 2003. Israelische Dienste und die Militärs hatten seit dem ersten Golfkrieg 1991 niemals ein Geheimnis daraus gemacht, dass sie die eigentliche Bedrohung im Iran sahen, vor allem in dessen zunächst vermuteten und mittlerweile bewiesenen Streben nach Nuklearwaffen. Heute ist unübersehbar, dass das Ende Saddams und des Baath-Regimes nicht nur eine der übelsten Schreckensherrschaften beseitigte, sondern zugleich dem Iran der Mullahs das regionale Gegengewicht nahm. Mehr noch, der schiitische Iran kann über die geistliche Schiene oder über seine Partisanen über Erfolg oder Misserfolg der Amerikaner und Briten im Irak entscheiden. Was in Gang ist, ist indirekte

Kriegführung mit dem Ziel, die amerikanischen Truppen zu binden, das amerikanische Selbstbewusstsein zu schwächen und die inneren Widersprüche des Westens zu vertiefen. Der Iran ist seitdem in offener Konkurrenz gegen Saudi-Arabien und Ägypten um die Führung des politischen Islam. Was Teheran noch fehlt, sind nukleare Waffen oder wenigstens Aussicht und Anschein, sie demnächst zu besitzen. Einmal in deren Besitz, könnte das Regime sehr viel bestimmter auftreten in allen Streitigkeiten über Inseln, Rechte und Öl am Golf, aber auch beim Entsenden seiner terroristischen Hilfstruppen gegen so unterschiedliche Länder wie Israel, Irak und Saudi-Arabien, oder auch gegen alle anderen Nachbarn, die lieber mit dem fernen Amerika paktieren, als sich dem Schutz des nahen Iran zu unterwerfen. Der Emir von Katar bemerkte in diesem Zusammenhang, er ziehe es vor, für den Fall, dass es brenne, die Feuerwehr im Haus zu haben. Ähnliches gilt für Oman, die Emirate und, zuletzt und vor allem, das saudische Königreich.

»Jede Strategie reicht bis zur ersten Feindberührung«, so warnte der ältere Moltke die Seinen. »Danach ist alles ein System von Aushülfen.« Das gilt auch für den amerikanisch-britischen Einmarsch im Irak im Frühjahr 2003. Der Krieg hatte sich lange vorbereitet. Sir Christopher Meyer, von 1997 bis 2003 britischer Botschafter in Washington, berichtet in seinen Erinnerungen *DC Confidential* (2005) von einem Gespräch mit Tom Pickering, als Staatssekretär im State Department zuständig für Nahostfragen, im Herbst 1997: »Die Amerikaner waren beunruhigt. Saddam ignorierte das Waffenstillstandsabkommen, das 1991 den Golfkrieg beendet hatte (genauso wie er es bis zum zweiten Golfkrieg 2003 tat). Über den Verbleib erheblicher Mengen von Materialien für chemische und biologische Waffen gab es keine Rechenschaft. Bei den Vereinten Nationen in New York gaben sich Russland und Frankreich, beide mit erheblichen wirtschaftlichen Interessen im Irak und zweifelhaften Verbindungen zu Saddam Hussein, entspannt. Sie wollten Irak eine Straßenkarte anbieten, um frühzeitig die Sanktionen aufzuheben. Hier zeigte sich schon bald die Kluft, die 2003 den Sicherheitsrat und die Atlantische Allianz spalten sollte. Selbst die Briten waren nicht gänzlich auf der amerikanischen Linie.«

Die Bush-Administration glaubte, nicht anders als die Clinton-Administration zuvor, der Sturz des Regimes im Irak sei der Schlüssel, die Tür zu einem anderen, besseren Mittleren Osten zu öffnen. Für Clintons Berater blieb es damals beim Wünschen. Bush dagegen, publizistisch unterstützt durch die *Neocons* der republikanischen Rechten wie Paul Wolfowitz und Richard Perle, sah nach Nine-Eleven die Zeit gekommen. Der Irak sollte der Amboss sein, um eine neue Zukunft des Greater Middle East zu schmieden. Der Verdacht auf Massenvernichtungswaffen, die der Waffenstillstand von 1991 verbot, erschien als das Mittel, den USA die völkerrechtliche Unterstützung durch die Vereinten Nationen zu sichern. Doch dahinter winkten andere, größere Ziele, in der Tat ein *Grand Design*, den gesamten Mittleren Osten zu verändern: Dem Sturz des starken Mannes von Bagdad sollten Vernichtung der vermuteten irakischen Massenvernichtungswaffen folgen, Etablierung demokratischer Regierungsformen, der Frieden der Demokratien. Auch winkte die Chance, dem Friedensprozess zwischen Israel und den Palästinensern, den Saddam nach Kräften bekämpfte, einen neuen Rahmen zu geben. Dazu kam die Aussicht, die Abhängigkeit von saudischem Öl zu vermindern – die alte Angst vor dem Zusammenbruch des Königreichs war, Sir Christopher Meyer zu zitieren, »the fear that would not speak its name« – und dauerhaft militärische Basen im Herzen des fruchtbaren Halbmonds zu gewinnen.

Die Botschaft, die aus Washington in den Mittleren Osten ging, war mehr als das Wilson'sche Versprechen von 1918, »to make the world safe for democracy«. Demokratie sollte das Mittel sein, der Welt und insbesondere dem Weiteren Mittleren Osten Frieden zu geben, die Pax Americana. Woran es fehlte, war die alte Einsicht, dass noch so viele gewonnene Schlachten nicht ausreichen, wenn nicht am Ende ein Wille den anderen besiegt und der neue Zustand feste Form gewinnt. Die Joint Chiefs of Staff warnten, sie brauchten mehr als eine viertel Million Mann – *boots on the ground* –, um Frieden durchzusetzen. Die Spitze des Pentagon, insbesondere der technik-faszinierte Donald Rumsfeld, wussten es besser und setzten auf Technologie, General Shinseki wurde gemaßregelt und glanzlos verabschiedet. Henry Kissinger hat, als der Krieg näher rückte, in dem legendären Sommer-Camp der US-Elite Bohemian Grove an diese klassischen Wahrheiten erinnert. Er sagte, Krieg im Irak sei zu rechtfertigen, aber unter drei Bedingungen: Die militärischen Kampfhandlungen müssten schnell und erfolgreich abgeschlossen werden – ein langer Krieg sei für Amerika äußerst gefahrvoll; die Administration müsse die diplomatische Vorbereitung meistern, und die US-Truppen müssten Bagdad betreten mit einem klaren Plan für das, was auf Saddam folgen sollte. Es wäre verhängnisvoll, über ein Nachfolgeregime erst zu debattieren, wenn er gestürzt sei.

So ist es bekanntlich nicht gekommen. Dem schnellen militärischen Sieg folgte kein Friede, der diesen Namen verdient. Stattdessen verwandelte sich das Land in ein Hornissennest. Misslingt es, dem innerlich zerrissenen Irak, dessen große Bevölkerungsgruppen einander von jeher belauern und bekämpfen, feste und verlässliche Form zu geben, ob demokratisch nach amerikanischen Rezepten oder autoritär nach Art des Landes, dann wird die amerikanisch-britische Invasion des Zweistromlands als tragischer Irrtum in die Geschichte des Mittleren Ostens eingehen – in der Tat ein Fehler von weltgeschichtlicher Tragweite, weit über die Region hinaus. Tragisch aber auch: Den Irak des Saddam zu schonen hätte früher oder später zur Folge gehabt, dass die UN-Sanktionen endeten und der Irak das tat, was er bis 1981 und erneut bis 1991 tat – nuklear aufrüsten.

Das Regime des Saddam Hussein im Frühjahr 2003 zu zerschmettern aber hatte einen Preis, dessen Höhe noch lange nicht feststeht. Denn die Natur und die Politik scheuen das Vakuum. Der neue Aufstieg des Iran ist direkte Folge der Niederlage des Irak im Frühjahr 2003. Das Zweistromland war seit den frühen osmanischen Jahrhunderten immer Gegengewicht zu iranischer Expansion nach Westen. Im Irak werden, seitdem die alte irakische Armee im Sand dahinschmolz, drei Kriege ausgetragen: der aus den Labyrinthen der Städte weitergeführte Partisanenkampf gegen Amerikaner und Briten; der Bürgerkrieg der örtlichen Verlierer, den Sunniten, gegen die Gewinner, namentlich Kurden und Schiiten, und endlich der

Terrorkrieg, der von außen in den Irak hineingetragen wird, vor allem über Syriens poröse Grenzen und aus dem Iran. Es fehlt auch nicht an saudischen Kämpfern. Im Wahnsinn aber liegt Methode. Denn seitdem der Irak nicht mehr handlungsfähig ist, wird die neue Führungsrolle Teherans nur durch zwei Gegenkräfte eingeschränkt: aus neuesten Zeiten die politische, strategische und wirtschaftliche Präsenz der USA in der gesamten Region; aus ältesten Zeiten die Tatsache, dass zwischen der sunnitischen Mehrheit der arabischen Muslime und der schiitischen Minderheit, die im Iran an der Macht ist, überwiegend Hass und Misstrauen herrschen. Im Irak wie zwischen Mittelmeer und Jordansenke und im gesamten Mittleren Osten spielt sich heute ein Kampf ab, den der amerikanisch geprägte Begriff *war on terror* eher verdeckt als klärt. Auch der begriffliche Ersatz durch den *long war* hilft der Klärung nicht, denn wer von Krieg spricht, muss Mittel und Ziele zuordnen, Sieg und Niederlage definieren, um Alliierte und Legitimität zu gewinnen. Leitmotiv im Ringen um Gestalt und Lebensformen des Weiteren Mittleren Ostens ist auf absehbare Zeit der Kampf um Hegemonie zwischen den Vereinigten Staaten und dem Iran, letzterer in Atom- und Ölallianz mit Russland und China. Frühe Entscheidung ist nicht zu erwarten, eher eine lange, vielleicht über Jahrzehnte sich erstreckende Konfrontation, die indessen die Staatenwelt des Mittleren Ostens zu schmerzhaften Entscheidungen zwingen und formelle und informelle Allianzen und Regime tief verändern wird. »Der Mittlere Osten kann entweder eine amerikanische Zukunft haben oder eine islamische unter Führung des Iran« – so trumpfte der iranische Staatspräsident Ahmadinedschad im Wahlkampf auf. In den arabischen Hauptstädten wird man verstanden haben, was das bedeutet: Der Iran will nicht nur Vormacht des Öls und Herr über den Golf sein, sondern fordert die Führung des Islam, ob die Araber das wollen oder nicht. Die meisten von ihnen haben Angst, manche so sehr, dass sie es nicht zu äußern wagen, außer im Vieraugengespräch. Wie sicher ist der amerikanische Schutz noch nach den Erfahrungen im Irak? Und wie gefahrenträchtig ist er zugleich? Diese beiden Fragen stellen sich den Führungsschichten von Amman bis Riad. Der Iran will durch Raketen und nukleare Gefechtsköpfe ein Interventionsverbot für die USA durchsetzen. Im

Kriegsfall müssten amerikanische Flugzeugträgergruppen außerhalb der – wachsenden – Reichweite iranischer Fernwaffen operieren. Intervention im Persischen Golf zugunsten der Saudis und der Emirate wäre dann kaum noch möglich. Diese müssten die Amerikaner bitten, ihre Luftwaffen- und Marinebasen zu halten, um durch deren Präsenz jeden Angriff abzuschrecken. Das wiederum würde, quer über alle Staatsgrenzen hinweg, die Islamisten mobilisieren, die alle Ungläubigen von der heiligen Erde vertreiben wollen und dafür Freitagsgebet und Terror einsetzen. Eine Regierung, die es mit Amerika hält, wäre damit zwischen dem Hammer des Terrors und dem Amboss des Iran. Der Sieg, der den Amerikanern im Irak entglitt, wäre dann der Sieg des Iran.

Es muss nicht so kommen, aber es kann. Ist der Iran erst Atommacht, wird in unabweisbarer Folge Ägypten, das heute schon über chemische Waffen verfügt, nach der Nuklearwaffe streben. Auch Saudi-Arabien, wenn die Prinzen es angesichts der Verfluchungen aus Teheran dann noch wagen, wäre dazu in der Lage, allerdings mehr durch Kauf als durch Eigenentwicklung, und ebenso die Türkei. 1992 hat Shimon Peres, damals Außenminister Israels, ähnlich wie James Baker, damals Secretary of State, vorhergesagt, bis zum Ende des Jahrzehnts sei der Mittlere Osten wahrscheinlich »nuklearisiert«. So ist es bisher nicht gekommen. Doch wenn der Iran nicht gestoppt wird, wird es so kommen, und dann wird nichts mehr halten. Zuvor aber wird es so sein, dass im Nahen Osten stille Allianzen entstehen zwischen all denen, die die Vormacht des Iran fürchten, zum Beispiel Israel, Jordanien, Ägypten, Pakistan und Saudi-Arabien, wie heute schon zwischen Israel und der Türkei.

Denn wie es ein Interesse der iranischen Theokratie ist, den Kampf um das Heilige Land nicht zur Ruhe kommen zu lassen, sondern via Hisbollah, Hamas und andere Hilfstruppen immer wieder anzuheizen durch Geld, Waffen, Ausbildung und Instruktionen, so bleibt es Interesse Ägyptens und der Saudis, diesen Konflikt, wenn er schon nicht lösbar ist, einzudämmen durch Staatsräson und Verträge. Die israelisch-ägyptische Arbeitsteilung gegen den Terror, der aus Gaza kommt, seitdem die Israelis das Höllenloch räumten, ist ein sprechendes Beispiel. Damit erweist sich der Konflikt um das Heilige Land nicht nur als das Prisma, durch das die meisten Araber sich selbst und den Westen betrachten, sondern auch, weil Völker und Regierungen rundherum ihn instrumentalisieren, als eine der wichtigsten Fronten im Kampf um Vormacht im Weiteren Mittleren Osten. Autokratischen Regimen dient er, die harte Hand zu rechtfertigen, der arabischen Straße erlaubt er, offen Zorn zu zeigen, der sonst verboten ist. »Die islamische Welt« ist eine ideologische Formel, bestenfalls eine literarische Idee: Auf dem Boden der Realitäten, zwischen Türken und Arabern, Iran und Irak, Saudis und Palästinensern, gibt es sie nicht. Die Arabische Liga, wenn sie überhaupt zusammenkommt, vermag sich meist nicht einmal über eine Tagesordnung zu einigen, noch weniger über handlungsleitende Entscheidungen.

Persien war immer Außenseiter der islamischen Staatenwelt, die Teheran heute, um Gewicht und Gestaltungsanspruch zu vergrößern, militärisch überwölben und ideologisch führen will. Dass das Streben der Machthaber in Teheran und Qum nach der Nuklearwaffe von den Arabern, die noch vor zwanzig Jahren überwiegend auf der Irak-Seite gegen den Iran standen, als Gewinn gesehen wird, für sich oder die grüne Fahne des Propheten, geht gegen alle Erfahrung und Vernunft. Um den Arabern aber jedwede Kritik am iranischen Nuklearstreben zu verbieten, haben die militärischen und politischen Führer in Teheran seit langem ihre Mittelstreckenraketen des Typs Schahab-2 bei der alljährlichen Militärparade mit blutrünstigen, wie Graffitti aufgemalten Todesdrohungen gegen die »Zionisten« durch die Straßen rollen lassen. Die Vernichtung Israels gehört ins politische Glaubensbekenntnis des offiziellen Iran und soll die islamische Welt vereinen. Die wilden Tiraden des durch die Massen von Teheran an die Macht gebrachten Präsidenten Ahmadinedschad sind nur die jüngsten Variationen über das bekannte Thema, nicht anders als die wohl organisierten Massendemonstrationen gegen Karikaturen in der westlichen Presse, die den Propheten zeigen. Unter den Fachleuten, die jahrelang mit den Iranern über deren Verzicht auf Nuklearrüstung verhandelten, gibt es kaum einen Zweifel: »Wenn die das haben, dann setzen sie es auch ein«, sagte ein deutscher Diplomat.

Seitdem die Internationale Atomenergie-Behörde (IAEA) in Wien, die das Nonproliferationsregime im Namen der UN überwacht, den Vertragsbruch der Iraner in den Vereinten Nationen vorführt, geht es nicht mehr um wilde Rhetorik und ängstliche Fantasien, sondern um Macht und Machtprojektion. Welcher arabische Führer aber kann es sich leisten, öffentlich – im Gegensatz zum Vieraugengespräch mit westlichen Botschaftern – den Iran zu kritisieren? Lange bevor der Iran überhaupt über eine praktisch einsetzbare Waffe verfügt, breitet sich schon der Schatten der Angst über die Nachbarn fern und nah und diktiert ihnen Schweigen. Niemand unter den Nachbarn glaubt die Schutzformeln der Propaganda, dass der Iran nur haben will, was ihm nach dem Nonproliferationsvertrag tatsächlich zusteht: friedliche Nutzung der Nuklearenergie. Dazu passt weder die Raketenentwicklung, die mangels präziser Steuerungssysteme allein für nukleare Gefechtsköpfe taugt, noch die blutrünstige Rhetorik, noch die Spuren waffenfähigen Urans, welche den Inspektoren auffielen.

Der iranische Präsident hatte, als er im Herbst 2005 zur UN-Vollversammlung sprach, heiligmäßige Verzückungen. Eine Lichtwolke habe ihn umgeben, so berichtete er den Seinen – von der die hartgesottenen Diplomaten im UN-Hochhaus in New York allerdings nichts bemerkten. Er wähnt sich als Werkzeug eines göttlichen Heilsplans, der die Rückkehr des »verborgenen Imam« und das baldige Ende der irdischen Dinge einschließt. Es wäre gefährlich, ihn nicht ernst zu nehmen. Selbst ein Mann wie der frühere Präsident Ali Rafsandschani, der als gemäßigt gilt, als Technokrat, und der sich immer wieder um einen Draht nach Washington bemühte, sprach aus, was im iranischen Establishment offenbar Konsens ist: »Der Gebrauch einer Atombombe gegen Israel würde Israel völlig zerstören, aber in der islamischen Welt nur Schaden verursachen.« Wer so denkt, ist zu allem fähig, auch zum Einsatz der Nuklearwaffe. Indessen muss er auch gewärtigen, dass der Staat Israel dann auf existenzielle Abschreckung setzt und die Araber zu Geiseln des Nuklearen nimmt. Vielleicht werden daher die Iraner eines Tages herausfinden, dass nukleare Waffen, als Instrument der Kriegführung kaum einsetzbar, hauptsächlich Argumente der Politik und Mittel brutaler Kommunikation sind. Dafür nutzen sie die Waffen, die sie erst noch bauen wollen, längst. Offen ist jedoch, ob sie die regionalen Widerstände und geopolitischen Balancen begreifen, die sich früher oder später bilden werden – mit tödlichem Risiko für alle Beteiligten. Vielleicht glauben sie, dass das Interventionsverbot gegen Amerika, das sie erstreben, die Nachbarn so einschüchtert, dass sie auf Gegenwehr verzichten. Vielleicht glauben sie auch an die Kombination von islamistischem Terror und nuklearer Drohung. Vielleicht denken sie nicht über die Vetomacht hinaus, die ihnen das Nukleare verspricht – aber schwerlich liefert.

Kann Rüstungskontrolle die Antwort sein? Dafür fehlt es an Vorbildern und an jenen katastrophalen Visionen, die die Weltmächte des Kalten Krieges à conto Berlin und Kuba zu Beginn der 1960er Jahre gewannen. In der Bipolarität des Kalten Krieges standen einander zwei Nuklearmächte gegenüber, auf Gedeih und Verderb verbunden im Gleichgewicht des Schreckens, aber beide auf ihre gegensätzliche Art und Weise gewiss, dass sie die Erde erben würden. Im Weiteren Mittleren Osten ist Ähnliches schwer vorstellbar. Zwischen vier oder fünf durchaus asymmetrischen Mächten so etwas herzustellen wie »Abschreckung und Entspannung« – wie 1967 der Harmel-Bericht der NATO den Weg zu Verhandlungen und Rüstungskontrolle wies – ist theoretisch fraglich, praktisch wahrscheinlich unmöglich. Damit aber ist nukleare Rüstungskontrolle im Weiteren Mittleren Osten, wo es bisher nicht einmal Ansätze im konventionellen Bereich gibt, von chemischen oder biologischen Waffen zu schweigen, vermutlich noch lange ein frommer Wunsch. Das Versanden der bescheidenen Anfänge im Madrid-Prozess für den Nahen Osten während der frühen 1990er Jahre und die Tatsache, dass die EU Ähnliches gar nicht erst ins Barcelona-Programm und in die »Nachbarschaftspolitik« zu schreiben wusste, erlaubt kein Wunschdenken. Wo Todeskult und Endzeitbewusstsein sich mit der Atombombe verbinden, wie im heutigen Iran, ist das Undenkbare jederzeit denkbar.

Das nukleare Machtstreben des Iran ist auch deshalb verdächtig, weil es für das Hauptproblem des Iran nicht nur keine Lösung verspricht, sondern jede Lösung geradezu verstellt. Denn die regierende Oligarchie sitzt auf einer demografischen Zeitbombe, die sie nicht zu entschärfen vermag. Seit der Machtergreifung der Mullahs war es offiziell gepredigte Tugend, die größtmögliche Zahl von Kindern zu zeugen. Inzwischen hat Ernüchterung stattgefunden, denn jedes Jahr drängt eine Million junger

Leute, viele gut ausgebildet, auf den Arbeitsmarkt und findet keine Beschäftigung. Was der Iran braucht, sind nachgelagerte Industrien, vor allem aber Industrieausrüstungen für die Wirtschaft nach dem Öl. Heute hat der Iran nicht einmal genügend Raffineriekapazität, um den eigenen Bedarf an Benzin und Diesel zu decken. Das Land existiert weit unter seinen industriellen Möglichkeiten. Schwere soziale und politische Spannungen bauen sich auf, und der Vorwurf der Korruption gegen Mullahs und Mullah-Söhne ist noch die geringste Beschwerde der Bevölkerung. Dass unter iranischen Studenten Amerika mittlerweile als Land des großen Versprechens gilt, ist Ausdruck des Generationenkonflikts, aber auch tiefer, bisher zielloser politischer Unruhe.

Eine Macht wie Iran, an Bevölkerungszahl, Energiereichtum und Bildungspotenzial allen anderen überlegen, müsste, ginge es nach der nuklearen Logik, auf die atomare Waffe demonstrativ verzichten. Denn die Bombe ist der große Gleichmacher, in doppelter Hinsicht: Einerseits haben die fünf Nuklearmächte des UN-Sicherheitsrats, was immer sie sonst trennt, kein Interesse an neuen Bewerbern um nuklearen Rang. Andererseits werden die Mittelmächte der Region, hat Iran erst einmal die Bombe, alles tun, um gleichzuziehen. Das bedeutet, entweder im großen Weltwaffenbasar einzukaufen oder selbst Potenziale aufzubauen, was gegen die Hüter der Nonproliferation und gegen Israel ungewiss und in jedem Fall gefährlich ist. Eine bessere Option wäre die vertragliche Festigung der bisher noch weitgehend informellen großen Pax Americana im Weiteren Mittleren Osten. Ähnliches ist in Gestalt des CENTO-Pakts vor bald einem halben Jahrhundert schon einmal ins flüchtige Leben gerufen worden, damals mit dem Iran als Dreh- und Angelpunkt – heute mit Eindämmung des Iran als organisierendem Prinzip.

Eine solche Eindämmungsallianz allerdings ist nur praktikabel, wenn der Israel-Palästina-Konflikt einigermaßen ruhig gestellt, die amerikanische Demokratierhetorik ernüchtert, der Irak in eine dauerhaft stabile Verfassung gebracht würde – und wenn, zuletzt und vor allem, die Vereinigten Staaten willig und fähig sind, die Weltordnungsrolle anzunehmen. Dann, und nur dann, würden die Machteliten von Ägypten bis Riad und von Katar bis Bagdad es wagen, sich auf die amerikanische Allianz einzulassen oder sie wenigstens gegenüber der iranischen Vormacht als das geringere Übel zu akzeptieren. Sonst bleibt nichts als ein Machtvakuum, das nicht lange dauern kann, bis es vom Iran gefüllt wird. Ob die EU bei alldem die Rolle des Mitspielers oder des Zuschauers suchen würde, oder teils so, teils anders, ist im Licht der bisherigen Nahostpolitik der EU-Staaten eine offene Frage. Mit ein bisschen Nachbarschaftspolitik hier, ein bisschen Distanzierung von Amerika da ist es dann nicht mehr getan. In allen Ungleichgewichten der Region sind es am Ende immer wieder die Vereinigten Staaten, welche militärisch und politisch alles im Lot halten müssen. Sie sind, heimlich mehr als öffentlich anerkannt seit dem Abzug der Briten 1971 »East of Suez«, der klassische »balancer from beyond the sea«.

Daher wäre es um die Stabilität der gesamten Region geschehen, wenn die USA den Irak Hals über Kopf verlassen würden. Die Vereinigten Staaten, von der Überwachungsmission auf dem Sinai bis zu den Marine- und Luft-Basen in Katar, sind faktisch Garantiemacht des Status quo. In nicht weniger als vier akuten militärischen Konflikten sind die Vereinigten Staaten aktiv engagiert:

- der Kampf gegen islamischen Extremismus, namentlich bin Laden und Al Kaida, das sich zu einem Netzwerk von Netzwerken entwickelt hat mit etwa 18 000 Kämpfern, von denen viele »Schläfer« sind, die auf ihre Stunde warten, eine geringere Zahl wahrscheinlich Aktive;
- der Irakkrieg, in dem die Amerikaner Geiseln ihres militärischen Anfangserfolgs geworden sind und seitdem von verschiedenen Insurgenten attackiert werden, die indes zumeist lokale und regionale Ziele verfolgen;
- der Krieg in Afghanistan gegen die Taliban, der inzwischen eine islamisch-terroristische Internationale angezogen hat und auf unabsehbare Zeit aktivieren wird, aber auch in seinen Auswirkungen tief nach Pakistan hineinreicht und das nur durch Islam und Militär zusammengehaltene Land destabilisiert;
- der arabisch-israelische Konflikt, in dem die USA von den meisten Arabern als feindlicher Unterstützer Israels gesehen werden, sei es in

den internationalen Arenen wie den UN, sei es durch direkte Lieferung militärischer Spitzentechnologie. Eine Umfrage des Pew Center ergab 2005, dass »in den überwiegend muslimischen Ländern, die wir untersuchten, Zorn auf die Vereinigten Staaten herrscht ... Osama bin Laden erhält 65 Prozent Zustimmung in Pakistan, 55 Prozent in Jordanien, 45 Prozent in Marokko. Selbst in der Türkei, wo bin Laden verhasst ist, halten 31 Prozent Selbstmordanschläge auf Amerikaner und Europäer für gerechtfertigt.«

Alles in allem: Die Vereinigten Staaten geraten in das, was die Clinton-Administration scheute und was Bush bis Nine-Eleven unbedingt vermeiden wollte: *imperial overstretch*. Das reicht von der Rekrutierung der Berufssoldaten bis zur Mobilisierung der Reserven und der National Guard, vom Haushaltsdefizit – der Militärhaushalt für 2006 betrug an die 440 Milliarden US-Dollar – bis zur Überforderung der Allianzen. Schwer vorstellbar, dass solche Überanstrengung aller Kräfte auf unbegrenzte Sicht durchzuhalten ist. Es bedarf nur einer mittelschweren Krise in Fernost – Taiwan, Nordkorea, das Spratly-Archipel können Auslöser sein –, und die Überlastung der USA wird zum Ernstfall, auch für die Mittel-Ost-Region.

Damit stellt sich die Frage nach den Kräften, die Stabilität und Zukunftsfähigkeit der arabisch-islamischen Staatenwelt bestimmen. Anthony Cordesman vom Center for Strategic and International Studies (CSIS) in Washington, einer der besten amerikanischen Kenner des Mittleren Ostens, beschreibt die Szene als fünfdimensionales Schachspiel mit 22 Mitspielern von Mauretanien bis Iran – die MENA-Staaten (Middle East North Africa). Nach wie vor gibt es die Möglichkeit, dass einige der genannten Konflikte zu konventionellem Krieg eskalieren:

- der israelisch-arabische Konflikt, auch wenn Syrien militärisch kaum noch zählt;
- Fehlkalkulation in Teheran in Sachen Nuklearrüstung, Raketen oder Golf – wenngleich der Iran seine Expansion eher asymmetrisch betreiben wird;
- in Spanisch-Sahara könnte wieder Krieg ausbrechen, jedoch gibt es keine Hinweise, dass Algerien oder Marokko darauf aus sind;

- Ausweitung des Irak-Konflikts jenseits der Grenzen des Irak, jedoch werden Türkei und Iran allenfalls durch Stellvertreterkriege eingreifen;
- Schachbrett und Schlachtfeld: Die MENA-Staaten sind beides. Terrorismus, islamischer Extremismus und der Konflikt zwischen Sunniten und Schiiten überspringen die Staatsgrenzen. Auch wenn offener Krieg nicht ausbricht oder auf sich warten lässt, so wird die Region doch überwölbt von miteinander verknoteten Krisen, die früher oder später in gewalttätige Auseinandersetzungen münden können;
- dazu gehört der ideologische Kampf um die künftige Rolle des Islam, den die USA vor allem als GWOT wahrnehmen – abfälliger Washington-Jargon für Global War on Terrorism;
- der israelisch-palästinensische Konflikt, der mittlerweile in die dritte Intifada übergeht, mit Hamas als koordinierende Kraft und dem Iran als strategische Basis – exakt das, was die israelischen Dienste seit Anfang der 1990er Jahre vorhersagten;
- der Irakkrieg ohne Ende, ohne Sieg, ohne feste Fronten, ohne Exit – jenes *quagmire*, das die amerikanischen Berufsmilitärs am meisten fürchten;
- die Raketen- und Nuklearrüstung des Iran, verbunden mit dem Hegemonialstreben der Mullahs über die Region;
- die Brandfunken des afghanischen Feuers;
- die syrische Macht über Libanon;
- Proliferation der Massenvernichtungswaffen und ihrer Träger in der Region;
- Energiebedarf des Westens und der Konkurrenzkampf um Öl mit den aufsteigenden Mächten Ostasiens.

Zu alledem kommt jener Stau politischer, wirtschaftlicher, kultureller und demografischer Probleme, der, wenn er nicht durch Reformen von oben evolutionär aufgelöst wird, früher oder später in revolutionärer Form durchbricht – wie 1979 im Iran. Die postkolonialen Regime der Region haben wenig Achtung erworben und den Protest in die Moscheen verdrängt, wo die Völker das Versprechen irdischer Rache zusammen mit himmlischer Erlösung hören. Die Rolle der Frauen ist in den meisten Ländern der Region von jeder Emanzipation, fortgeschrittener Bildung und politischen Rolle weit entfernt. Dazu kommt eine Bevölkerungs- und Jugendexplosion, die massive soziale Proteste und politische Unzufriedenheit mit sich bringt. Wenn mehr als ein Drittel der MENA-Bevölkerung weniger als 15 Jahre alt ist (in USA 21 Prozent, in Europa 16 Prozent), dann ist Stabilität nichts als ein leeres Wort. Diese Explosion kann eines Tages alle politischen Formen sprengen – und wird dann jene gewaltige Völkerwanderung in Richtung Europa verstärken, die längst begonnen hat und von Marseille bis in die Pariser Banlieue, von Amsterdam bis Berlin-Kreuzberg Lebens- und Politikformen tief und unumkehrbar verändert.

Die in Europa populäre Vorstellung vom sagenhaften Reichtum der Araber beruht auf einer optischen Täuschung, wenn in Genfer Luxushotels ein Saudi-Prinz Hof hält. Die Golfaraber sind reich an Öl; die Nordafrikaner nur an Sand. Tatsächlich liegt das Durchschnittseinkommen der Jahre 2004/2005 bei 2000 US-Dollar – im Vergleich zu 26 000 US-Dollar in den westlichen Wohlstandsdemokratien. Die seit 1998 wieder wachsenden *windfall-profits* aus dem Öl verdecken, dass es den arabischen Staaten technisch an internationaler Konkurrenzfähigkeit gebricht, dass die Volkswirtschaften wenig differenziert sind und dass es viel zu wenig anspruchsvolle Arbeitsplätze gibt. Die Haupthandelspartner sind zumeist außerhalb der Region. Die Nicht-Erdöl-Exporte sinken seit langem. Die Entstehung von Megastädten wie Kairo und der Niedergang traditioneller Gewerbe und der Landwirtschaft überfordern überlieferte soziale Netze und die erweiterten Familien. Massenmedien und Internet brechen das Sinnstiftungsmonopol der Islamgelehrten, die ohnehin als Staatsangestellte wenig Vertrauen bei den Gläubigen finden. Ein Familienvater in den arabischen Ländern muss etwa dreimal so viele Abhängige durchbringen wie in den Industriestaaten des Westens. Was wird er seinen Söhnen sagen – sofern sie überhaupt noch willig sind, auf den alten Mann, arm und oftmals arbeitslos, zu hören? Die Antwort braucht nicht viel Fantasie, erklärt aber den ständigen Strom verzweifelter Zuwanderung aus den MENA-Ländern in Richtung Mittelmeer und Europa.

Die Wasserknappheit wird steigen, schon wegen der wachsenden Zahl der Menschen. Klimawandel und Umweltzerstörung tun ein Übriges. Die örtliche Landwirtschaft kann zumeist nicht mehr die Menschen ernähren. Infrastruktur und Ausbildung halten nicht Schritt mit der Bevölkerungsexplosion. Wasser- und Energieversorgung sind brüchig und unzureichend. Dazu kommt, dass seit Mitte der 1990er Jahre Satelliten-TV, Internet und andere Medien die Menschen mobilisieren, die traditionellen Lebensformen schwächen und den Horizont der Träume erweitern. Einerseits wirken sie der Zensur entgegen, andererseits spielen sie den Extremisten Macht über die Geister zu: Gaza ist überall, nicht anders als Falludscha oder Teheran. Während die akuten Konflikte von Afghanistan bis Irak die Sicht auf die Zukunft verstellen, bauen sich in der arabisch-islamischen Zone Krisen und Katastrophen auf, deren volle Entfaltung sich nach Jahrzehnten und Generationen bemisst. Bekämpfung der Terroristen und der extremistischen Prediger, die ihnen das Kanonenfutter liefern, ist keine ausreichende Abwehrstrategie; noch weniger der Versuch, Religion und Islam als Ursache zu verniedlichen; Toleranz und Koexistenz, gegründet auf Gleichgültigkeit oder Unkenntnis, ist der Weg ins Desaster. Vor dem kommenden »Clash of Civilizations«, um die kalte Analyse von Huntington noch einmal zu zitieren, werden die Formeln der Political Correctness so wenig Schutz bieten wie Multikulti-Wunschträume. Bernard Lewis, der erfahrenste aller westlichen Arabien-Kenner und überdies immer wieder Berater der US-Administration, macht kein Geheimnis aus seinem Pessimismus: Bis zum Ende des 21. Jahrhunderts wird Europa islamisch sein. Das allerdings wäre dann eine Frage von, es historisch zu sagen, Blut, Schweiß und Tränen. Doch ist schon die Schwäche der Araber davor: Militärisch, intellektuell, wirtschaftlich.

Darüber hinaus ist der andauernde und auf Sicht unlösbare Kampf zwischen Israel und den Arabern beides, Katalysator diffuser Ängste und Hassgefühle quer durch die gesamte Region, aber auch Quelle weiterwirkender Konflikte. Von einem Friedensprozess zu sprechen, wie seit dem Oslo-Abkommen von 1993 üblich, setzt die Hoffnung vor die Wirklichkeit. »Oslo« und der nachfolgende, auf dem Rasen des Weißen Hauses feierlich bekräftigte Friedensplan zwischen Arafats PLO und dem Staate

Israel beruhten auf einer falschen Analogie zum friedlichen Ende des Kalten Krieges. Hatten die nuklearen Supermächte nicht in Europa zwanzig Jahre lang durch eine Politik der kleinen Schritte und der Entspannung zuerst den Grundkonflikt unter Kontrolle gehalten, durch Furcht und Vernunft, und am Ende einigermaßen überwunden und jedenfalls die militärische Konfrontation abgebaut? Warum nicht Ähnliches wagen zwischen Israelis und Palästinensern? Erst einmal die machbaren Konflikte beilegen durch Verhandlung und dann, wenn auf beiden Seiten Vertrauen und Sicherheitsgefühl waren, die großen, von jeher unlösbaren Fragen angehen: die Grenzen, den Status Jerusalems, die Zukunft der israelischen Siedlungen und den palästinensischen Anspruch auf das Rückkehrrecht der Flüchtlinge seit 1948.

Vieles sprach dafür, dass nach dem Ende der Sowjetunion, als selbst noch im fernen Südafrika die Stunde des Friedenschließens kam, auch der Nahe Osten reif für eine bessere Ordnung war. Arafats PLO, damals im Exil in Tunis, hatte im Golfkrieg 1990/91 einen monumentalen Fehler begangen und Saddam Hussein unterstützt. Das hatte zur Folge, dass alle Hilfsgelder der konservativen arabischen Staaten storniert wurden und jede Unterstützung endete. Zugleich hatte die erste »Intifada« der Steine werfenden jungen Palästinenser nichts gebracht als Enttäuschung und die Einsicht, dass die Israelis dadurch nicht zum Abzug aus den besetzten Gebieten – Westbank und Gaza – zu zwingen waren. Aber auch auf israelischer Seite hatte sich, namentlich in der regierenden Arbeitspartei (Avoda) unter dem früheren Generalstabschef Itzhak Rabin und dem Außenpolitiker Shimon Peres, die Einsicht durchgesetzt, dass verhandelt werden musste: Zum einen glaubte die israelische Führung, dass die PLO zu schwach sei, den Kampf fortzuführen, so dass Israel aus einer Position der Stärke verhandeln konnte. Zum anderen fürchteten die Fachleute, dass binnen eines knappen Jahrzehnts mehrere Staaten des Mittleren Ostens über Nuklearwaffen verfügen würden. Daher galt es, vorher eine tragfähige Friedensstruktur zu schaffen. Das war die Chance für die monatelangen Geheimverhandlungen, die der norwegische Außenminister Johan Holst in einem in den Wäldern bei Oslo verborgenen Gästehaus seiner Regierung in Gang setzte und von denen anfangs nicht einmal die

Amerikaner etwas wussten. Später hat das Weiße Haus unter Clinton den Prozess adoptiert – leider vergeblich.

»Oslo« hätte unter Laborbedingungen und mit viel Zeit glücken können. Die PLO gab in ihrem Programm den Anspruch auf, die Juden ins Meer zu treiben. Israel akzeptierte, dass es am Ende eines langen und im Einzelnen noch festzulegenden Weges einen Palästinenserstaat im Heiligen Land geben würde. Aber in der realen Welt waren die meisten arabischen Staaten gegen den Friedensprozess, weil die Militärregime und Diktaturen dann ohne Rechtfertigungsgrund dagestanden und Jahrzehnte der Kriegspropaganda sich als verantwortungsloses Gerede erwiesen hätten. Die Palästinenser, bisher in vielen arabischen Ländern noch immer in Lagern eingesperrt, hätten integriert werden müssen. Ägypten unterstützte den Prozess, und Jordaniens König Hussein unterzeichnete im Oktober 1994 einen Friedensvertrag mit Rabin. Rabin, Peres und Arafat teilten sich den Friedensnobelpreis. Aber das war schon der Höhepunkt der Hoffnungen. Es zeigte sich, dass Arafat nicht willig, vielleicht auch nicht fähig war, die terroristischen Fanatiker einzufangen. Der »Rais« regierte aus Ramallah mit Scheckbuch und Geheimdiensten, nicht weniger als neun an der Zahl, dazu bewaffnete Polizei. Der Terror der radikalen Gruppen ging weiter, an der Spitze die Hamas. Aber auch die israelische Seite gab widersprüchliche Signale: 1994 lieferte die Armee Maschinenpistolen und Munition an die Autonomiebehörde. Das war ein kühner Akt, im Prinzip *point of no return*. Aber auf israelischer Seite hörten die Siedlungen nicht auf, die endgültige Verteilung von Wasser und Land wurde immer mehr zum Streitpunkt. In Hebron, wegen der Machpela-Höhle und den Gräbern der Patriarchen Muslimen und Juden heilig, schoss ein fanatischer Israeli betende Muslime hinterrücks nieder. Am 4. November 1995 wurde am Ende einer großen, fast triumphalen Friedensdemonstration auf dem zentralen Platz von Tel Aviv Itzhak Rabin, den radikale Rabbiner wenige Tage zuvor feierlich verflucht hatten, von einem jüdischen Rechtsextremisten erschossen. Er erwies sich als unersetzlich. Denn er hielt für die Wähler in Israel die Balance zwischen Mut zum Frieden und Vertrauen zur Sicherheit. Für die Araber war er der Mann, dessen Wort galt.

Vielleicht war der Friedensprozess schon damals erschöpft. Seitdem jedenfalls hat weder der Likud mit Netanjahu und später Sharon noch Avoda mit Peres und Barak ihn weiterbringen können – ungeachtet aller Unterstützung, die die Clinton-Administration und der Präsident persönlich gaben. Ungeachtet auch der *road map*, mit der die USA, die UN, Russland und die EU Wegstationen und Bedingungen aufs geduldige Papier warfen: darunter als erste und wichtigste die Beendigung der Terrorangriffe gegen Israel. Da Arafat dies nicht lieferte, sahen sich auch die Israelis nicht gebunden und nutzten ihre überlegene Technik immer wieder für die gezielte Tötung radikaler Führer der Gegenseite, namentlich Hamas: *targeted assassination*. Das waren Signale der Stärke. Aber Barak gab auch Signale der Schwäche: Im Mai 2000 zog der ehemalige General die israelischen Soldaten vom Litani-Fluss im südlichen Libanon zurück. Was für das Verteidigungsministerium in Tel Aviv Frontbegradigung war angesichts steigender Verluste, war für Hisbollah und die Palästinenser Beweis, dass die Israelis Nerven hatten.

Im Oktober 2000, Clinton bereits im Abgang von der weltpolitischen Bühne begriffen, verhandelten beide Seiten, Israelis und Palästinenser, wochenlang in Camp David, wo einst der Frieden mit Ägypten zustande gekommen war. Aber der Geist von Camp David ließ sich diesmal nicht blicken. Man ging ohne Ergebnis auseinander. Der israelische Premier Barak hatte alles geboten, was ein israelischer Führer nur bieten kann, darunter Teilung Jerusalems, Räumung der meisten Siedlungen, Landtausch. Clintons »Parameter« boten den Rahmen. Eine Zwei-Staaten-Lösung lag auf dem Tisch. Arafat aber – »elusive, non-committal, the master of double talk« nach dem Zeugnis des israelischen Außenministers Shlomo Ben-Ami – griff nicht zu. Stattdessen warf er, wohl auf Druck aus arabischen Hauptstädten, das *right of return* ins Spiel, das Recht der Palästinenser auf Rückkehr. Das aber hätte bedeutet, Israel als jüdischen Staat aufzugeben, Anfang vom Ende der Juden im Heiligen Land.

Bei den nachfolgenden Wahlen zur Knesset wurde der Likud-Chef Ariel Sharon Sieger, der im Wahlkampf zuvor mit Fernsehen und starkem Polizeischutz auf den von einer arabischen Stiftung verwalteten Tempelberg gegangen war und dabei gewalttätigen Protest ausgelöst hatte. Die

Mehrheit in Israel glaubte mehr an Sicherheit als an Frieden. Aber auch Sharon, den die Truppen im Jom-Kippur-Krieg als Retter und König von Israel – »Arik Melech Israel« – gefeiert hatten und der in der Politik der »Bulldozer« hieß, wurde von den Tatsachen eingeholt. Unter seiner Regierung wurde den Israelis schmerzhaft bewusst, dass sie dabei waren, zwischen Mittelmeer und Jordanfluss in die Minderheit zu geraten. Um den zugleich jüdischen und demokratischen Charakter des Staates zu erhalten, waren fortan Trennungen unausweichlich. Demografie diktierte Strategie. Der Rückzug von Siedlern und Soldaten aus Gaza zu Ende des Jahres 2005 war das Resultat. Bei den nachfolgenden Wahlen zum palästinensischen Parlament erhielt Hamas – wie Hisbollah zugleich politische Partei, Wohlfahrtsorganisation und terroristische Kampfgruppe – eine erdrückende Mehrheit der Mandate.

Das Heilige Land ist nicht das Land der Heiligen. Das Potenzial für Krieg wechselt seine Gestalt und bleibt groß: Den arabischen Panzerarmeen folgten zwei Intifadas und heute die Verbindung von Terror und iranischer Vernichtungsdrohung. Israel ist gegenüber den konventionellen Armeen der Nachbarn weit überlegen, durch Ausbildung und Ausrüstung und nicht zuletzt deshalb, weil die USA seit 1973 die Strategie verfolgen, durch Lieferung fortgeschrittenster Militärtechnik Israels nukleare Option hintanzuhalten. Diese besteht, wenn die Zahlen des International Institute for Strategic Studies stimmen, aus etwa 200 nuklearen Gefechtsköpfen in verschiedener Konfiguration, unter anderem mit Cruise-Missiles, die von hochmodernen U-Booten aus deutscher Produktion abgefeuert werden können. Sie bilden eine begrenzte Zweitschlagskapazität. Aber gegen Terrorismus sind sie untauglich, wie auch gegen einen Feind, der das Weltenende herbeibomben will. »Ihr liebt das Leben, wir lieben den Tod« – dieser Terroristenslogan, angewandt auf einen Staat mit Atomwaffen, wäre das – vorerst noch unwahrscheinliche – Ende aller Abschreckung.

So bleibt der Kampf um die Erde zwischen Mittelmeer und Jordanfluss dauerhafte Ursache der Polarisierung wie auch unentrinnbar Teil und Belastung der amerikanischen Ordnungsrolle im gesamten Mittleren Osten. Die neuen arabischen Massenmedien transportieren die Botschaft und mobilisieren die Menschen von Katar bis Casablanca. Al Kaida nutzt diese Medien mit Virtuosität, während aufeinander folgende amerikanische Administrationen der neuen Medienrealität lange Zeit zu wenig Beachtung schenkten.

Die Roadmap ist zwar theoretisch klug ausgedacht und zwischen den Unterzeichnern politisch fein ausgewogen, aber ohne viel praktische Bedeutung auf dem Terrain. Wer soll sie erzwingen? Die arabischen Initiativen, namentlich die des saudischen Königs und Außenministers, sind gut gemeint, aber hilflos, weil gefangen in der Forderung, Israel müsse auf die Grenzen vor dem Juni 1967 zurückgehen – die die Grenzen des Waffenstillstands von 1949 sind und für praktische Grenzziehung und Trennung großenteils ungeeignet. Selbst die nach dem Sechstagekrieg 1967 beschlossene UN-Resolution 242 spricht nicht von Rückzug aus *the occupied territories*, sondern nur vom Rückzug, ohne dies zu spezifizieren. Noch wichtiger, dass die Resolution Israel das Recht auf »sichere und verteidigungsfähige Grenzen« zuspricht. Da kann jeder finden, was er sucht, nur keine Lösung.

In der Region ist Iran zum unberechenbaren Faktor geworden, aufgewertet durch den hohen Ölpreis und die wachsenden Wirtschaftsbeziehungen zu Russland und China. Dass Russland dem Iran seit kurzem Luftabwehrraketen liefert, spricht nicht für breiteres Moskauer Interesse an der Roadmap. Unterdessen bekämpfen einander die Palästinenser, Fatah und Hamas mit Worten und Waffen. Es geht um Geld, Territorien, Macht und Verhandlungen. Je fragiler die palästinensische Administration, desto größer die Ansteckungsgefahr für Jordanien, das seit zwei Jahrzehnten Teil der israelischen Sicherheitszone ist, dessen Bevölkerung aber heute zu zwei Dritteln aus Palästinensern besteht.

Zugleich sieht es mehr und mehr danach aus, dass Israel nur noch zu sich selbst spricht, sich nach innen wendet und nicht mehr an den Verhandlungsprozess glaubt. Die *barrier*, teils Betonmauer, teils elektrisch und elektronisch gesicherter Sperrzaun, ist Ausdruck dieser trotzigen Defensive. So viel auch vielleicht noch verhandelt oder in den UN beschlossen wird, ein die Grenzen von 1967 wörtlich wiederholender Frieden ist undenkbar – noch weniger Rückzug auf das, was den Israelis 1948 durch die UN angeboten wurde und was auch damals schon den Arabern zu viel war. Was Barak und seine Leute im Herbst 2000 in Camp David anboten und noch Anfang 2001 im ägyptischen Taba wiederholten, wird von keinem Nachfolger mehr unterschrieben. Keine Friedensregelung ist denkbar, die nicht den Israelis die Kontrolle über den größten Teil von Greater Jerusalem sichert und eine lange Zeitspanne der physischen Trennung von Israelis und Palästinensern umfasst. Ein Staat namens *Palästina* wird noch viel Zeit und Anstrengung brauchen, nicht zu voller außenpolitischer Handlungsfreiheit führen und auf immer angewiesen sein auf Hilfe von außen. Roadmap hin oder her, in der realen Welt wird es schwerlich eine Lösung geben, die nicht so ähnlich aussieht wie der Status quo zu Beginn des 20. Jahrhunderts. Auch zwischen Israelis und Palästinensern gilt, dass verlorene Kriege am Verhandlungstisch nicht zu gewinnen sind.

Die Region ist gefangen in ihrer Vergangenheit, der ältesten und der jüngsten. Grenzen und Territorium indessen sind für die Zukunft weniger wichtig, als es der schmerzhafte Streit über jedwede Friedensregelung anzeigt. Die Zukunft der Region zwischen der Bekaa und dem Roten Meer hängt nicht von Einzelheiten alter Rechtsansprüche, Grenzen, Wasser oder landwirtschaftlicher Nutzung ab. Die entscheidende Frage ist, wie ein weitgehend urbanisierter Palästinenserstaat jemals eine tragfähige Infrastruktur, einschließlich Kommunikationssysteme, gewinnt. Der Schlüssel liegt in wirtschaftlicher Entwicklung und Beschäftigung. Die außerordentlich junge, weitgehend städtische Bevölkerung in Gaza und Westbank braucht Lebenschancen, Sicherheit und Bürgerrecht in einem wirklichen Staat – das Recht auf die Suche nach einem Glück, das mehr bedeutet als das Ende in einem Feuerball.

Das alles erfordert nichts Geringeres als eine andere Roadmap: Der Streit über die Vergangenheit ist unlösbar, die Gestaltung einer ökonomischen Zukunft ist machbar. Jerusalem ist beides, den Gläubigen die »leuchtende Stadt auf den Bergen« nach der biblischen Verheißung und zugleich den Bewohnern eine moderne Großstadt, geteilt in administrative Quartiere. Das himmlische Jerusalem und die irdische Agglomeration sind zwei gänzlich verschiedene Orte. Das transzendente Jerusalem der drei abrahamitischen Religionen verliert nichts durch Teilung des irdischen entlang den Linien der Bevölkerung. Was gebraucht wird, ist eine zwischen Amerikanern, Europäern und den antirevolutionären Arabern konzertierte internationale Anstrengung. Sie muss nicht nur das islamische Umfeld beruhigen, sondern auch beide Seiten dazu bringen, sich abzufinden mit realen Linien auf der Landkarte und realen Fakten. Erst daraus kann dann die immer erstrebte, niemals gefundene »abschließende Regelung« entstehen. Illusionen sind nicht erlaubt. Der Einsatz der Außenwelt wird auf lange Zeit gebraucht, bis hin zu militärisch-politischen Garantien, wie ansatzweise schon auf dem Sinai seit 1979 und zwischen Gaza und Ägypten seit 2005. Wer dies zu kostspielig und schwierig findet, muss die Alternative bedenken: Krieg und Katastrophe.

Öl: Jeden Tag 86 Millionen Fass

»Dank sei Gott …
Öl ist den Muslimen in die Hände gegeben.
So sollen andere kommen und sich vor euch verneigen.
Sie sollen eure Hände küssen.
Sie sollen eure Füße küssen und diese Bodenschätze
zum höchsten Preise kaufen. Ihr sollt euch nicht
vor Ihnen verneigen«.

AYATOLLAH KHOMEINI

Die Wirtschaft ist das Schicksal, so der Großindustrielle und Visionär Walter Rathenau Anfang der 1920er Jahre. Mit gleichem Recht kann man sagen, dass Energie das Schicksal ist. Das gilt, seitdem die Giganten gegen die Götter kämpften um Himmel und Erde und Prometheus den Menschen, um sie zur Auflehnung gegen die Himmlischen zu bringen, das Feuer schenkte, und wird immer gelten.

Energie-Sicherheit ist das große Thema. Alle reden davon, keiner weiß sie zu gewinnen, zu halten und zu sichern. Ein Faktor vor allen anderen bestimmt die Ölmärkte und damit auch alle anderen Energiemärkte: 70 Prozent des exportierbaren Öls kommen heute schon aus dem Weiteren Mittleren Osten, in Zukunft noch mehr. Von allem für den Weltmarkt verfügbaren Erdöl und Erdgas kommt das meiste aus den Wüstenstreifen um den Persischen Golf und muss, um auf den Weltmarkt zu gelangen, durch das geostrategische Nadelöhr der Straße von Hormus.

Je höher der Ölpreis, desto größer auch die Reichweite der erschlossenen, der vermuteten und der noch zu explorierenden Felder. Eines Tages jedoch wird der Welt das Öl knapp und knapper werden, und niemand kann sagen, ob das in dreißig, in vierzig oder in fünfzig Jahren sich ereignet. Die Ökonomen stellen unterdessen mit sardonischem Lächeln fest, ausgehen werde der Welt das schwarze Gold nie. Denn das letzte Fass wird einen unendlichen Preis erfordern, es wird buchstäblich die Erde kosten. Aber es gibt einen großen Unterschied zwischen dem Ölpreis-

Jo-Jo der letzten dreieinhalb Jahrzehnte und dem letzten Barrel. Diese Differenz möglichst lange groß zu halten ist der Grund des Problems, das die ölabhängige Welt mit sich und dem Weiteren Mittleren Osten hat.

Die Welt des Jahres 2005 brauchte, Tag für Tag, an die 86 Millionen Fass Rohöl, alles zu langsam, aber unerbittlich steigenden Preisen: Für 2020 sagt die Energy Information Agency einen Anstieg des Bedarfs auf mehr als 120 Millionen Barrel pro Tag voraus. Die Hausse der letzten Jahre wurde getrieben von wachsender Nachfrage in Fernost, namentlich China und Indien, und den Vereinigten Staaten – den Oiloholics dieser Welt. Sie wurde durch Terror und Terrorängste verstärkt wie durch Knappheit der Terminalkapazitäten und Verschiffungsanlagen. Diese hatten in den vergangenen zwei Jahrzehnten, weil es an Vertrauen in dauerhaft steigende Preise fehlte, wenig Investitionen gesehen.

Unterdessen wuchsen Chinas Ölimporte zwischen 1996 und 2004 von 22,8 auf 122,7 Millionen Tonnen, mithin um 440 Prozent. Die USA-Importe stiegen von 7,9 Millionen (1992) auf 12,9 Millionen (2004) Barrel täglich. Im Jahr 2002 kamen 2,6 Millionen Barrel pro Tag direkt aus dem Mittleren Osten, wo die großen Ölschwestern der USA schon seit den 1930er Jahren die Hauptabnehmer waren und noch immer sind, in die Häfen der USA. Die Nachfrage ist eine Funktion des Preises, aber nicht nur. Wohlstand und Wachstum fallen ebenso ins Gewicht wie der Aufbau strategischer Reserven. Werden die Preise weiter steigen und, wenn ja, wohin? Wer die Antwort wüsste, wäre Herr der Märkte. Brutum factum: Die Nachfrage der Welt nach Öl, ob Industriestaaten oder Entwicklungsländer, ist nahezu unelastisch. Die strategischen Reserven der großen Industriestaaten wie USA und Japan oder der Internationalen Energieagentur (IEA), als Antwort auf die beiden großen Ölpreiskrisen der Jahre nach 1973/74 und 1979 angelegt, reichen im Notfall für ein paar Monate Krisenmanagement, bis der Engpass überwunden oder die Spekulation ausspekuliert ist. Als Antwort auf chronische Knappheit oder gezielte Ölkriegführung durch künstliche Verknappung sind sie unzureichend.

Von der *Wirtschaft nach dem Öl* träumen viele, besorgte Umweltschützer ebenso wie Ökonomen oder Strategen. Doch Substitution des Öls ist auf kurze Sicht nahezu unmöglich, auf lange Sicht schwierig und kostspielig und verbunden mit schmerzhaften Zielkonflikten, nirgendwo stärker als im Blick auf die Nuklearkraftwerke, die in Zeiten teuren Öls rund um den Globus wieder als Alternative zu unheimlichen Abhängigkeiten aufsteigen nach der These des geringeren Übels.

Und doch ist Entwöhnung vom Öl aus vielen Gründen notwendig, am meisten schon deshalb, weil die noch immer zunehmenden Kohlendioxid-Emissionen einen immer weniger kontrollierbaren Klimawandel (Treibhauseffekt) zur Folge haben. Klimawandel bedeutet zwar für die gemäßigten Zonen kaum mehr als heiße Sommer, schneereiche Winter und unendlichen Gesprächsstoff. An den Rändern dagegen kündigen sich politische Dramen an, ob im Verdorren der Sahelzone in Afrika, die die Bewohner in Verzweiflung und Massenflucht treibt, oder im langsamen Auftauen des Eises im hohen Norden. Nirgendwo ist die Erwärmung stärker als dort, wo bisher immer Eis war. Das gilt für die legendäre Nordwestpassage vor dem nördlichen Kanada – im Sommer 1969 erstmals durch einen 160 000-Tonnen-Tanker durchfahren –, die damit zum internationalen Schifffahrtsweg zu werden droht, ebenso wie für das Yukon-Territorium zwischen Kanada und den USA. Die Verlängerung des Kontinentalschelfs in Richtung Nordpol, wo Russland, Norwegen, Dänemark, Kanada und die USA konkurrieren, war bisher eine theoretische Frage: Jetzt entstehen reale Konflikte. Die Nordwestpassage durch den hohen Norden Kanadas verkürzt den Weg von Chinas Häfen zur amerikanischen Ostküste und Europa um rund 4000 Kilometer und ist, während der Panama-Kanal nur Schiffen bis 70 000 Tonnen die Durchfahrt erlaubt, für weit größere Formate geeignet. Die wirtschaftlichen Folgen sind ebenso wie die strategischen noch kaum absehbar, setzen aber Diplomaten und Militärs, Reeder und Ölfachleute in Bewegung.

Gleiches gilt für Norwegens und Russlands hohen Norden. Im Shtokman-Feld auf der russischen Seite werden Öl- und Gasvorräte strategischen Ausmaßes vermutet, »ein zweites Westsibirien« erhoffen die russischen Ingenieure. Die bisher von Ausbeutung verschonte Barentssee, deren unvermessene Grenzlinien zwischen Norwegen und Russland von jeher umstritten sind, verspricht Öl und Gas und neue Konfliktlinien. Je mehr der hohe Norden der Energieausbeutung zugänglich wird, desto gefährdeter ist die fragile Natur, namentlich die Fischwirtschaft, von der das nördliche Norwegen lebt.

Öl verändert alles: das Wetter, die Geografie, die Grenzen. Öl ist zu einer *just in time-commodity* geworden. Was zur Folge hat, dass geringe Verstärkungen der Nachfrage die Preise weit überproportional in die Höhe treiben, umgekehrt geringe Schwächungen der Nachfrage die Preise stürzen lassen. Zur Mitte des Jahres 1985 bewegten sich die Preise (in US-Dollars von 2005) bei 95 US-Dollar pro Barrel (= 159 Liter), wenige Wochen später waren sie auf zehn US-Dollar abgestürzt, als die Saudis, in Sorge vor iranisch-schiitischer Übermacht nördlich des Golfs, den Ölhahn aufdrehten, um den Iranern die Öldollars zu vermindern. Seit diesem Schock wussten die nationalen wie die internationalen Ölfirmen, dass der Ölpreis nicht nur steigen, sondern auch wieder fallen kann, hielten Investitionen zurück und vergrößerten damit, als der Ferne Osten, getrieben von Chinas Aufstieg, mehr und mehr Öl orderte, den Preisanstieg. Doch mussten sie sich, als nach langem Wiederanstieg die asiatische Wirtschafts- und Finanzkrise 1997/98 den Ölpreis 1998 erneut auf etwa zehn US-Dollar fallen ließ, in ihrer Vorsicht gerechtfertigt fühlen. Die norwegische Energy Foundation, die Jahr um Jahr die Spitzen der Gas- und Erdölindustrie in ein Sporthotel nach Sanderstolen einlädt, drei Autostunden von Oslo entfernt im Gebirge, registrierte damals Heulen und Zähneklappern quer durch die globale Energiewirtschaft, zusammen mit der Warnung vor den Folgen ausbleibender Investitionen.

Man hätte damals auch noch andere Warnungen anschließen können, am meisten die vor schneller Preisgabe der Nuklearenergie. Deren Gegner nutzten das billige Öl, um die Wähler davon zu überzeugen, dass man noch lange unbegrenzte Mengen des schwarzen Goldes zu geringen Preisen haben könne, mithin die nukleare Energiequelle entbehrlich sei: Erneuerbare Energien, Solarstrom, Biomasse, Wasserstoffwirtschaft würden eine sanfte Landung ermöglichen – irgendwann, irgendwie. Seitdem aber im Verlauf der Jahre 2004 und 2005 die Preise stiegen und weiter steigen, ist von solchem Optimismus nicht mehr viel geblieben. Der Anstieg der Weltkonjunktur, die Wettläufe zwischen Indien und China um sichere Energie und der suchtartige Öldurst der Amerikaner erzeugen eine neue, schwankend ungewisse Lage zwischen Angebot und Nachfrage. Es ist in dieser Situation nicht schwer vorauszusagen, dass der Nuklearenergie eine Rehabilitation bevorsteht, auch wenn weiterhin eine Antwort für die Endlagerung aussteht und das *not in my backyard* unverändert, und menschlich gesehen verständlicherweise, die Politik lähmt. Die Absurdität indessen ist offenkundig, dass die Österreicher, um ein Beispiel zu zitieren, sich zuerst per Referendum des Nuklearstroms entledigen und dann aus der benachbarten Slowakei hinzukaufen, was ihnen fehlt. Zwischen Deutschland und Frankreich steht es ähnlich, wobei die hohen, durch Kohlesubvention und Prämien für grüne Energien gesteigerten Energiepreise sich seit einigen Jahren als Mittel der Industrievertreibung und der Arbeitsplatzvernichtung bewähren. Diese Wunschvorstellungen kommen noch aus der Zeit der Ölbaisse um 1998 und können nicht halten. Finnland, dem Gott in seiner Weisheit bei der Schöpfung nichts vom benachbarten norwegischen und russischen Öl- und Gasreichtum zuteilte, hat heute die Wahl zwischen zwei Übeln: Investitionen in neue Nuklearkraftwerke oder noch mehr Abhängigkeit von Russland – und entscheidet sich gegen den unberechenbaren Nachbarn. Ähnlich Indien.

Japan, dessen Energietrauma in die 1930er Jahre zurückreicht und damals zu den Ursachen des pazifischen Krieges zählte, setzt ebenso wie die Volksrepublik China auf Nuklearenergie: nicht aus Liebe zum Atom, sondern aus Angst vor dem Blackout.

Die westlichen Industrienationen gingen in der Vergangenheit nicht so sehr durch Knappheitskrisen des Öls als durch Preiskrisen. In Zukunft kann beides zusammenkommen: Knappheit und langsam explodierende Preise. Unternehmen und Banken wollen ungern zusehen, wie die kritische Ölpreis-Marke erreicht wird, die Wirtschaftskrise und Rezession anzeigt – und in ihrem Gefolge Verteilungskämpfe, soziale Risse und politische Verwerfungen, wie sie nach 1973/74 und 1979 vermehrt auftraten und eine Krise nach der anderen erzeugten. Die Politik, die selten Krisen zu antizipieren wagt, tröstet sich damit, dass Anfang der 1980er Jahre der Ölpreis real noch sehr viel höher lag – knapp unter 100 US-Dollar in heutigen Preisen – und dass man überlebte. Aber man vergisst, welche Folgen Aufstieg und Absturz der Ölpreise damals hatten. Dass überall die Staatsschulden stiegen, weil der soziale Ausgleich nicht mehr zu bezahlen war, gehörte noch zu den geringsten Folgen – allerdings mit langfristigen Hypotheken für kommende Generationen. Die Sowjetunion driftete, als der Ölpreis fiel, ins imperiale Endspiel und riss das Imperium mit sich. Im Westen war zuvor, als der Ölpreis stieg, wie schon einmal 1973/74, eine Trendwende in Gang geraten, doch diesmal noch ernster: In der Bundesrepublik Deutschland blockierte sich die Regierung Schmidt/Genscher bis zum Sturz. Großbritannien unter Labour geriet ins Taumeln, bis Margaret Thatcher dem Land schmerzhafte Medizin verordnete. In den USA wagte aus Furcht vor den Wählern niemand mehr, Präsident Carter zu zitieren, der 1976 das Energiesparen im Abend-TV *the moral equivalent of war* genannt hatte, hellsichtig vielleicht, aber ein sicheres Rezept, um in *Gottes eigenem Land* Wahlen zu verlieren. Im Oktober 1983 musste der französische Franc, ausgehöhlt von sozialistischer Spendierlaune, von der Bundesbank vor Ölscheichs und der französischen Linken gerettet werden – was der Banque de France auf die nächsten anderthalb Jahrzehnte ihre monetäre Souveränität kostete. Alle Geschichte, so lehrte einst Karl Marx, sei eine Geschichte von Klassenkämpfen. Was die vergangenen Jahrzehnte anlangt, so war sie, zuletzt und vor allem, eine Geschichte des Öls. Nichts spricht dafür, dass künftig die industrielle Welt vor dem Winde segelt.

Steigende Ölpreise verteilen Gewinn und Verlust neu. Nicht nur in Begriffen des Marktes, der den Ölverkäufern Ströme von Petrodollars zulenkte und weiter zulenkt, sondern auch in Begriffen der Macht. Putins Kreml, der die großen Öl- und Gasunternehmen aus der Macht der postsowjetischen Oligarchen wieder unter engste staatliche Kontrolle nimmt – Chodorkowski wurde wegen Steuerhinterziehung ins Straflager geschickt, der sibirische Energiegigant Yukos zerschlagen, die Teile an staatsnahe Unternehmen weitergegeben –, würde bei niedrigen Öl- und Gaspreisen sehr viel vorsichtiger auftreten müssen, ob zu Hause oder in der Welt. Auch der Iran der Mullahs würde es sich hundertmal überlegen, nach der nuklearen Waffe zu streben in Konflikt mit nahezu der ganzen Welt, namentlich den arabischen Nachbarn, der Türkei und dem Sicherheitsrat der Vereinten Nationen.

Es gibt nur einen Weltmarkt für Öl aller Klassen und Qualitäten, und die Preise für Erdgas sind im Wesentlichen daran gekoppelt durch Verträge oder durch den Markt, gewöhnlich durch beides. Die Europäer können, zum Zorn der Araber, auf den Einkaufspreis das Doppelte und Dreifache an Steuern aufschlagen. Russland kann zu Hause billiges Öl als politisches Geschenk an die kleinen Leute nutzen, damit sie richtig wählen, und nach außen Weltmarktpreise als Züchtigungsmittel gegen unbotmäßige Ex-Vasallen einsetzen. Amerika kann, ohne Gedanken an Umwelt und Energiesparen zu verschwenden, ein Viertel des weltweiten Angebots durch die durstigen Vergaser der Offroader aus Detroit jagen. Am Ende des Tages bleibt es dabei, dass alle Teile des Ölmarkts miteinander kommunizieren, vom Bohrloch bis zur Tankstelle. Nirgendwo zeigt sich Globalisierung so schicksalhaft und eingreifend wie in der kritischen Infrastruktur des Öls – den Pipelines, Raffinerien, Verladeeinrichtungen, Schifffahrtswegen und Engpässen zwischen Erzeugung und Verbrauch. Die Ölindustrie hat ein weltweites Netz gesponnen, das indessen durch Terrorangriff so verwundbar ist wie lebenswichtig für die Industriewirtschaften des Westens – und die soziale Stabilität der großen Erzeugerländer.

Erdgas ist eine Alternative, aber nur in Grenzen. Die Preise sind miteinander eng verbunden. Auch für Erdgas gilt, wie für Öl, dass immer mehr des kostbaren Rohstoffs in immer weniger sicheren oder zugänglichen Regionen zu finden ist. Was Erdgas so attraktiv macht, ist weniger der Preis als sehr viel mehr die Umweltverträglichkeit: Keine Kohle, kein Öl kann so sauber verbrennen.

Erdgas indessen hat allerdings heute noch einen entscheidenden Nachteil: Es braucht Leitungssysteme, und die sind wiederum anfällig für technische Störungen, Erdbeben und andere Heimsuchungen, vor allem aber für Terror und Sabotage. Liquified Natural Gas (LNG), verflüssigtes Naturgas, galt lange Zeit als technische Utopie, weil an jeder Stelle hochgradig explosionsgefährdet. Seit einem Jahrzehnt aber ist die Technik des Transports, ob Tanker oder Taxi, ausgereift und sicher – aber auch zu Lande und zu Wasser enorm teuer. Was bisher Investitionen in die großen Kugeltanks und großtechnische Anwendung abgebremst hat. Algerien ging voraus. Der Golfstaat Katar hat in LNG die Lösung seiner Exportprobleme gefunden und ist heute führend. Norwegens und Russlands Norden, aber auch die USA folgen. In Europa wird es Zeit für einen Pakt zwischen EU und Energiewirtschaft, der den Aufbau der LNG-Technologien fördert, indem er die investierenden Unternehmen, namentlich die Reedereien, gegen das Risiko vorübergehender Einbrüche des Ölpreises absichert.

Sichere Energieversorgung, ob die Politik dies begreift oder nicht, ist und bleibt lebenswichtig für die industriellen Wohlfahrtsstaaten. Die EU-Kommission insistiert gegenüber den Regierungen, es müssten die Jahre bis 2010 eine Wendezeit der Energiepolitik werden, wagt aber nicht, eine europäische Energiepolitik jenseits der frommen Wünsche der Energiecharta aus den neunziger Jahren vorzulegen, und ist sehr vorsichtig, das Wort Atom in den Mund zu nehmen. Man weiß indes in den Brüsseler Bürotürmen, dass es ohne Rückkehr zur Nuklearenergie – ein Drittel des gesamten Energiebedarfs soll daraus gedeckt werden – früher oder später zu ernstem Mangel kommen wird. Es fehlt nicht an Einsicht, wohl aber an Durchsetzungsfähigkeit. Ähnliches gilt für die meisten nationalen Regierungen. Im Berliner Auswärtigen Amt kennt man die Gefahren und die langen Trends – von Treibhauseffekt bis Öl- und Gaspreisexplosion –, aber das Wort »Atom« wagt niemand in den Analysen auch nur zu erwähnen. Karrieren kommen sonst in Gefahr.

Die EU-Kommission proklamiert als Ziel, die Energieversorgung zu gewährleisten, warnt vor steigenden Gas- und Ölpreisen, ist aber zu schwach, die nationalen Regierungen zur Vorsorge zu bewegen. Sie will einen Binnenmarkt für Energie schaffen und setzt auf Wettbewerb, aber auch auf Energie-Solidarität der Mitgliedstaaten, von der man bisher wenig gesehen hat. Und sie will die CO_2-Emissionen verringern. Selten sind strategische Ziele so bescheiden formuliert, die offenkundigen Konflikte so timide ausgesprochen worden. Die Prioritäten heißen Energieeffizienz, Binnenmarkt, erneuerbare Energien, Ausgleich zwischen Energiepolitik und Umwelt- und Forschungspolitik, Verbesserung der nuklearen Sicherheit und der Sicherheitsüberwachung, dazu Verbreiterung und Absicherung der energiepolitischen Außenbeziehungen.

Doch die Zeit arbeitet gegen die Europäer. Die Energierohstoffe der Europäischen Union gehen zur Neige, zugleich steigt in allen Bereichen die Nachfrage jährlich um ein bis zwei Prozent. Geschieht nichts, so sagt die EU-Kommission voraus, wird die Importquote der EU von 55 Prozent im Jahr 2005 auf 80 Prozent im Jahr 2030 ansteigen. 90 Prozent des Erdöls und 70 Prozent des Erdgases kommen dann von außen, im besten Fall aus dem Meer vor Norwegen, im schlimmsten aus den Labyrinthen des Mittleren Ostens.

Die EU kann selten mehr Gewicht ins Spiel bringen als die Summe ihrer Teile. Und deshalb ist der wichtigste Teil der Zukunftssicherheit in Europa auch der unbestimmteste. Schwäche und Zerstrittenheit in Sachen Nuklearenergie sind so groß, dass Nichtstun in Brüssel und den meisten Hauptstädten, auch wenn die Optionen immer enger werden, Strategie des politischen Überlebens bleibt. Die strategische Bedeutung sicherer Energieversorgung steht in öffentlichen Reden wie in besorgten Analysen außer Frage. Aber was geschieht, wenn Verträge, Geld und gute Worte nichts mehr nützen? Die Kommission fasst das Atom mit spitzen Fingern an, weil sie die tödliche politische Strahlung fürchtet. Sie überweist das Dossier auch nicht an ihren Hohen Repräsentanten für Außen- und Sicherheitspolitik, zu dessen Ressort es eigentlich gehören müsste, sondern überlässt es sich selbst, den Amerikanern, der NATO – und Kassandra. Das geht so lange gut, wie das Rendezvous mit dem energiepolitischen Ernstfall ausbleibt.

Die Zukunft? Das Kräftespiel des Ölmarkts liegt heute zwischen vier Polen der Unsicherheit. Es handelt sich um geostrategische Risiken, makroökonomische Wellenbewegungen, die Gefährdungen der Rohstoffe und die ungewissen Kapazitäten gegenwärtiger und künftiger Ölförderung.

Aus dem Center for Strategic and International Studies in Washington (CSIS) kommen Analysen, welche die Gefährdung der Infrastruktur des Öls – Förderung und Transport – durch Proliferation und Terror hervorheben. Außerdem ist schon heute abzusehen, dass die USA bei den Raffineriekapazitäten zurückhängen und dass kaum noch Reservekapazitäten vorhanden sind. Beides wird den Ölmarkt auf mittlere und lange

Sicht immer wieder strapazieren. Dazu kommt, dass es in den meisten Öl produzierenden Regionen – vom Mittleren Osten über Nigeria bis Venezuela – an politischer Stabilität fehlt, damit an der Voraussetzung langfristiger Investitionen. Pipelines in Nigeria leiden unter Sabotage, Streiks lähmen Venezuela, Korruption und technische Unverantwortlichkeit schwächen das russische Angebot, die Staaten zwischen Kaspischem Meer und Zentralasien sind alles andere als stabil.

Diese geopolitischen Unsicherheiten erhöhen die wirtschaftliche Risikoprämie auf Öl: Ein Bericht des israelischen Geheimdiensts aus dem Spätjahr 2005 stellt fest, dass die nahezu 300 Terroranschläge auf Pipelines und Ölquellen im Irak den Ölpreis um etwa zehn US-Dollar pro Barrel hochgetrieben haben: Genau kann das niemand wissen, aber zwischen Wall Street und Kreml war es, als der Preis erstmals über 60 US-Dollar stieg, Konsens, dass er vernünftigerweise bei etwa 50 US-Dollar liegen sollte – ein frommer Wunsch, wenn man denn die Angst vor Terror und politischen Zusammenbrüchen und das Börsenspiel der Terminmärkte herausrechnen könnte.

Steigende Preise für Öl und Erdgas – eine zweite ostasiatische Krise allerdings könnte, wie 1997/98, alle Berechnungen durchkreuzen. Praktisch aber bleibt Unsicherheit in den ölreichen Regionen das größte Hemmnis für Investitionen. Seit dem Sturz des Schahs von Persien 1979 suchten die Nachbarstaaten durch fantasievolles Hochrechnen ihrer Ölreserven ihr Gewicht zu verstärken, zugleich lernten sie, diese als politisches Instrument zu nutzen. Es fehlt an harten Daten aus standardisierten Untersuchungen. Weder die OPEC (Organisation of Petroleum Exporting Countries) noch die europäische IEA (International Energy Agency) haben dafür verbindliche Maßstäbe durchsetzen können: Dafür steckt zu viel Powerplay in den Geheimnissen des Öls.

Weiterhin gilt, was die IEA in ihrem World Energy Outlook 2004 konstatierte: »Fossile Rohstoffe sind natürlich begrenzt, doch haben wir sie noch lange nicht erschöpft. Die Welt ist gegenwärtig nicht am Ende des Öls. Die meisten Schätzungen gesicherter Ölreserven sind hoch genug, um die gesamte Weltnachfrage über die nächsten drei Jahrzehnte zu decken. Unsere Analysen laufen darauf hinaus, dass die Weltproduktion konventionellen Öls ihren Höhepunkt noch vor 2030 erreicht, sofern die notwendigen Investitionen getätigt werden.«

Je höher der Ölpreis, den die Produzenten durchsetzen können, desto größer die Prämie auf Energieeinsparung auf Seiten der Verbraucher. In dieser Regel liegt die Erklärung, warum die Herren des Saudi-Öls, ob Regierung oder der global operierende Energieriese Aramco (Arabian-American Oil Company), immer wieder ausgleichend in den Markt eingreifen. Aber sie operieren längst am oberen Ende ihrer Möglichkeiten – Investitionen müssen nachgeholt werden. Aber sie brauchen glatte politische Fahrbahn und Stetigkeit der Marktperspektive. Am 5. April 2005 bereits warnte der damalige Chairman der Federal Reserve Bank, der legendäre Alan Greenspan, die Märkte: »Steigende Peise in den zurückliegenden Monaten haben die Ölnachfrage verlangsamt, aber nur in geringem Maß.« »Geopolitische Ungewissheiten« in Öl produzierenden Staaten seien im Spiel. Und dann: »Der Stand der weltweiten Raffineriekapazitaten gibt zu Besorgnissen Anlass.« Das war, für Greenspans Verhältnisse, schon eine ernste, und zutreffende, Warnung vor kommenden Preisanstiegen.

Die IEA hält, soll der Bedarf gedeckt werden, Investitionen von hunderten von Milliarden Dollar für notwendig und hält diese Aufwendungen für möglich, allerdings nicht ohne ein ernstes politisch-strategisches *caveat* anzuhängen: »Das globale Finanzsystem hat die Fähigkeit, die notwendigen Mittel aufzubringen; doch das hängt davon ab, dass die Bedingungen richtig sind.« Diese Bedingungen aber sind nicht nur technischer und finanzieller Art, sie umfassen auch Sicherheit vor Umsturz, Terror, Proliferation; mit anderen Worten: Weltordnung und Vertrauen in ihre Dauer. Beides aber sind mehr und mehr knappe Güter.

Fällt der Ölpreis langfristig wieder auf 25 US-Dollar, so lauteten die Voraussagen der Energy Information Administration (EIA) aus der Jahresmitte 2005, wird Öl bis 2015 zu etwa 39 Prozent am globalen Energieverbrauch beteiligt sein. Unter gleichen Bedingungen werden die USA, China und Indien für 60 Prozent des Zuwachses der Nachfrage verantwortlich sein.

Würde dagegen der Ölpreis über 35 US-Dollar pro Barrel liegen – zur

Jahresmitte 2006 liegt der Konsensus der Voraussagen schon erheblich darüber –, dann würde der Anstieg des Verbrauchs deutlich langsamer ablaufen.

Was unterdessen ein Ölpreis bei mehr als 60 US-Dollar dauerhaft zur Folge hat, sei es für Einschränkung des Verbrauchs, sei es für Investitionen und Exploration, ist bisher weder in Modellen erfasst noch in nationale Strategien umgesetzt und in Investitionsplänen niedergelegt.

Voraussagen, die auf niedrigen Preisen gründeten, sind längst widerlegt von der Wirklichkeit. Aber auch die Preisprognosen, die über 100 US-Dollar hinausgehen, können sich irren. Denn die Nachfrage muss sich verlangsamen, wenn die Preise steigen, und die Größenordnung dieses Bremsprozesses hängt davon ab, wie viel Elastizität in der Nachfrage steckt. Diese aber wird, weil die Bäume auch in Asien nicht in den Himmel wachsen, stets weitgehend unvorhersagbar bleiben.

Jedenfalls gehen alle Analysten davon aus, dass die strategische Abhängigkeit vom Mittleren Osten weiterhin wächst, jedoch umso langsamer, je teurer das Öl. Die Analyse von Cordesman und Al-Rodhan vom CSIS aus dem Jahre 2005 sagt: »Die USA und andere Importeure können und müssen auf lange Sicht Ersatz für MENA Petroleum finden, doch das wird Jahrzehnte brauchen. Bis dahin werden die USA wie die gesamte Weltwirtschaft ständig stärker abhängig von importierter Energie, am meisten von Energiezufuhr aus der Golfregion.« Wie es in der zweiten Hälfte des 19. Jahrhunderts unter den europäischen Großmächten den *scramble for Africa* gab, so zu Beginn des 21. Jahrhunderts unter den neuen *global players* den Kampf um die Ölressourcen überall auf der Welt. Dieser Kampf ist nicht weniger konfliktträchtig als die Ausdehnung der älteren Imperien. Waren die Kolonien von Hongkong bis Kapstadt, von Indochina bis Marokko, von Abessinien bis Libyen, von den Philippinen bis Puerto Rico, vom Kongo bis Angola Kräfteverstärker der großen Mächte, so ist der sichere Zugang zu Öl heute existenziell. Keine Industriewirtschaft kann Wirtschaftswachstum, soziale Stabilität und politische Handlungsfähigkeit erhalten, ohne über den schwarzen Stoff zu bezahlbaren Preisen zu verfügen. Die Knappheit macht aus einem Käufermarkt immer mehr einen Anbietermarkt. Dieser Prozess verläuft als unvorhersagbare Wellenbewegung, doch in langer Sicht in Richtung steigender Preise. Dagegen wehren sich indessen die Weltmächte, die dazu finanziell, technisch und strategisch in der Lage sind, vor allem die Vereinigten Staaten, mehr und mehr aber auch die Volksrepublik China. Es kann nicht ausbleiben, dass sie dabei einander in die Quere kommen.

Öl auf dem Weltmarkt einkaufen zu müssen, war immer das Los der Schwachen. Die stärkeren Mitspieler sicherten sich, wo immer sie konnten, das Öl an der Quelle. Am besten zu Hause, am zweitbesten durch direkten kolonialen Zugriff, am drittbesten durch langfristige Verträge, Kapitalverflechtung und politische Allianzen. Die Briten hatten, als am Ende des Ersten Weltkriegs die Petroleumwirtschaft aufstieg, sich die Ölquellen von Mossul und Kirkuk aus dem Erbe der Osmanen gesichert und aus dem Zweistromland einen Staat namens Irak geschaffen, mit einem haschemitischen Abkömmling des Propheten Mohammed an der Spitze, garantiert durch gelegentlichen Einsatz britischer Waffen. Die Warnung des Premierministers Asquith, das Land des verlorenen Paradieses sei *a hornets' nest of Arab tribes*, blieb ungehört: Verfügung über das Öl des Golfs erschien als Schlüssel zur Zukunft des Empire. Dieselbe Erkenntnis leitete auch noch den Coup, mit dem der amerikanische und der britische Geheimdienst 1953 den iranischen Premierminister Mossadegh aus dem Sattel hoben, der die Nationalisierung der Ölgesellschaften angestrebt hatte. Bereits 15 Jahre zuvor hatten sich die Amerikaner im saudischen Königreich eingekauft. Es entstand, ob Krieg oder Frieden, eine Symbiose zwischen östlichem Öl und westlicher Macht, die bis heute dauert, wenngleich Nine-Eleven die fragilen Grenzen sichtbar gemacht hat.

Auch die Volksrepublik China folgt mittlerweile den Rezepten der älteren Ölmächte. Die Emissäre der staatlichen und halbstaatlichen Energiegesellschaften kaufen nicht mehr einfach Öl ein, wo immer es zu finden ist. Sie sichern sich, bewaffnet mit Bündeln amerikanischer Treasury Bonds, wenn möglich ganze Unternehmen, eingeschlossen deren Technologie, Schürfrechte und unternehmerisches Know-how, und sie tun dies weltweit, von Kasachstan bis Kalifornien. Manchmal gibt es Rückschläge, wie 2004, als Chinas Off-Shore-Bohrgesellschaft ein kalifornisches Unternehmen mit langer Erfahrung in dieser Technologie und Öl-

und Gasfeldern in Indonesien und Malaysia kaufen wollte, der amerikanische Kongress mit gesetzlicher Blockade drohte und schließlich Chevron das Angebot der Chinesen noch einmal übertrumpfte. Zum Trost kamen die Chinesen wenige Monate später in Kanada zum Zuge, wo sie sich in die Gewinnung der schweren Ölsände einkauften. Zur selben Zeit brachten sie langfristige Verträge mit Saudi-Arabien in Sicherheit, versprachen dem Iran der Mullahs Investitionen in Ölanlagen am Golf in einer Größenordnung von 100 Milliarden US-Dollar, kauften sich in Nigeria ein und taten dasselbe in Venezuela. Die Strategie setzt auf Liefersicherheit, Wachstum, wirtschaftlich-politische Querverbindungen und Schonung der eigenen, geringen Ressourcen – gar nicht so anders, als es bisher die Amerikaner hielten, mit dem Unterschied, dass die USA schnell die militärische Dimension ins Spiel bringen – ob am Golf oder im Kaukasus –, die Chinesen hingegen weitgehend darauf verzichten: Ihr Interesse am Schelf des Spratly-Archipels im Südchinesischen Meer ist bisher noch durch Vorsicht gekennzeichnet. Das kann sich indessen ändern, wenn geologische Untersuchungen das Versprechen des Öls erhärten.

Die Nordamerikaner sind in einer Lebensform gefangen, die ohne das Automobil und billiges Benzin nicht aufrechtzuerhalten, aber eben deswegen auch auf Termin gestellt ist.

Keine Regierung kann es wagen, die Stunde der Wahrheit einzuläuten, bevor es zu spät ist. Die Ankündigung des Präsidenten George W. Bush in der »State of the Union Message« 2006, die Abhängigkeit vom Golf-Öl von den gegenwärtig 25 Prozent des amerikanischen Bedarfs zügig zu reduzieren, ist ein frommer Wunsch – und für die Saudis ein Alarmsignal, solange sie nicht begleitet wird von scharfer Wendung zu Sparsamkeit und Energieeffizienz zu Hause. Vorerst sucht die Administration die Stärkung der heimischen Ölbasis durch Exploration in Alaska, obwohl die Vorkommen wahrscheinlich gering sind. In ganz anderen Größenordnungen dagegen liegen die Potenziale der Kaspischen Region, wo seit dem Ende der Sowjetunion amerikanische Ölgesellschaften zunehmend engagiert sind, nicht nur mit Kapital und Technologie, sondern auch durch Politik und Strategie. Vorübergehend bestand sogar nach Nine-Eleven eine stille Allianz mit Putins Russland gegen die Taliban in Afghanistan, die Drohung des islamischen Terrorismus aus Tschetschenien und den Zerfall der neuen, fragilen Staatenwelt im postsowjetischen Zentralasien. Doch die Amerikaner blieben länger, als sie willkommen waren, unterstützten die georgische »Rosen-Revolution«, während Moskau große Stücke wie Abchasien und Südossetien aus dem wehrlosen georgischen Staatsverband herauszubrechen suchte, und gaben Staatsgarantien für den Bau der Ölpipeline von Baku am Kaspischen Meer zum türkischen Terminal in Ceyhan am Mittelmeer. Diese Pipeline, die im Frühjahr 2006 erstmals Öl durchleitete, durchquert auf ihrem Weg 1768 Kilometer politisch und geografisch unwegsames und gefährliches Gelände. Um sie zu schützen, investiert das amerikanische Militär in den kommenden Jahren an die 100 Millionen US-Dollar in die *Caspian Guard*, ein Netzwerk aus verdeckt operierenden Special Forces und Gendarmerie, welches Erpressung, Terror, Stammesfehden und andere ortsübliche Widrigkeiten verhindern soll. Auch ist offensichtlich, dass die russischen Ölbarone es nicht gern sehen, wie die neue Pipeline die älteren russischen Leitungen vom Kaspischen Meer nach Noworoissisk am Schwarzen Meer umgeht. Die schutzbedürftigen Objekte umfassen auch die gesamte On-Shore- und Off-Shore-Technik auf der aserbaidschanischen Seite des Kaspischen Meeres. Bereits 2003 nahm die *Caspian Guard* ein mit weit reichenden Radars ausgestattetes Befehlszentrum in Baku in Betrieb, um Erdölgewinnung und Export-Infrastruktur zu überwachen.

Zwar geht der Export bisher größtenteils in Richtung Europa, das zu ähnlicher Machtprojektion wie die Amerikaner weder willig noch fähig ist. Doch würde – das ist aufgeklärtes Eigeninteresse der Amerikaner – jede Unterbrechung des kaspischen Ölstroms schädliche Rückwirkungen auf die amerikanische Energiesicherheit haben. Auch an dieser strategischen Arbeitsteilung zeigt sich, dass es für Öl nur einen Weltmarkt gibt, dass Europa für seine Versorgungssicherheit nicht selbst sorgen kann und dass, was Energie anlangt, der weitere Mittlere Osten den Schlüssel birgt für Wohl und Wehe der industriellen Wohlfahrtsstaaten.

Die kleinen Kriege nach dem großen nuklearen Frieden: Terrorismus

> »So sehen wir also, dass der Krieg nicht bloß ein politischer Akt, sondern ein wahres politisches Instrument ist, eine Fortsetzung des politischen Verkehrs, ein Durchführen desselben mit anderen Mitteln … Die politische Absicht ist der Zweck, der Krieg ist das Mittel, und niemals kann das Mittel ohne den Zweck gedacht werden.«
>
> CARL VON CLAUSEWITZ, *Vom Kriege*, 1832

Es war ein Blitzkrieg, wenn es jemals einen gab, als im April 2003 die schweren amerikanischen Abrams-Panzer in den Irak des Saddam Hussein rollten. Ein Sieg indessen, der diesen Namen verdient, folgte nicht, noch weniger ein Frieden. Die amerikanischen Politiker hatten die klassische Mahnung des Generals von Clausewitz übersehen, dass Krieg Fortsetzung der Politik unter Beimischung anderer Mittel ist. Die *Joint Chiefs of Staff* im Pentagon hatten vergeblich gewarnt. Sie waren gewiss, alle Schlachten zu gewinnen, aber gewiss auch, dass danach, weil es an Planung, Soldaten und Administratoren fehlte und der gestürzte Tyrann nur gewalttätiges Chaos hinterließ, kein Friede folgen konnte. Sieg bedeutet quer durch die Zeiten – noch einmal Clausewitz –, dass ein Wille den anderen besiegt.

Während die Briten in der südlichen Region um den Hafen Basra einen Krieg von weniger technischer Perfektion, doch mit mehr Bodenhaftung führten, konnten die US-Kommandeure zu Wasser, zu Lande, in der Luft und im Weltraum agieren, wie sie wollten. So gewannen sie den Krieg und verloren dennoch den Sieg. Niemals wieder, so lautet die Schlussfolgerung, werden ihre Truppen finden, was das Pentagon in seiner seltsamen Sprache *a cooperative enemy* nennt: einen Feind, der nach den von Amerika gesetzten Regeln kämpft auf einem Schlachtfeld, das Amerika definiert, und der deshalb verlieren muss. Denn welcher Feind wird jemals so töricht sein, die stärkste Militärmacht, die die Welt je sah, mit gleichen Mitteln herauszufordern? Das war in Vietnam nicht so – und auch nicht im Irak. Der Krieg des Schwächeren gegen den Stärkeren kann nur von dieser Art sein: Partisanenkrieg aus dem Hinterhalt oder aber, in der hochtechnischen Variante der Zukunft, Cyberwar aus dem Universum des Cyberspace. Der Kämpfer, der ohne Uniform und barfuß im Schutz des Dschungels oder aus den Labyrinthen der Innenstädte kämpft, kann nicht siegen. Aber er kann dem Stärkeren den Sieg verweigern, seinen Willen schwächen, die Bevölkerung auf seine Seite bringen, mit Gewalt oder Überredung oder einer Mischung aus beidem. Auch der Cyberwarrior kann nicht siegen, doch er kann die globalen elektronischen Nervenstränge der industriellen Gesellschaft lähmen, verwirren, blockieren.

Der asymmetrische Krieg – »die Guerilla« der napoleonischen Kriege in Spanien, die afghanischen Stammeskrieger gegen die britische Invasion zur Zeit der Queen Victoria oder die Partisanen in den Wäldern Russlands im Abwehrkampf gegen die Wehrmacht – ist so alt wie die Menschheit und so jung wie Massenvernichtungswaffen und Terror. Der Hirtenknabe David mit der Schleuder besiegte den ungeschlachten Krieger Goliath und schnitt ihm den Kopf ab. Ein Terrorist? Nein. Wohl aber ein Glaubenskrieger, von Gott erwählt und strahlend, der dem Feind den Turm nahm und damit den Mut.

Der Kalte Krieg in seiner *rough balance* der Arsenale und der von den USA auf Europa durch Raketen mit nuklearen Gefechtsköpfen »erweiterten Abschreckung« hat die Ankunft der neuen Kriege den Blicken verborgen. Er brachte die große Schachpartie zum Stehen. Seitdem aber gibt es keine Schachanalogie mehr, keine Symmetrie, sondern nur Auseinandersetzungen in anderer Gestalt und ohne klar umrissene Grenzen – doch nicht ohne Logik. Nicht mehr Territorium wird angegriffen, sondern das Gewebe der Gesellschaft, ihre kritische Infrastruktur, ihr moralischer Zusammenhalt. Je komplexer die industriellen Demokratien sich organisieren, desto verwundbarer sind sie auch.

Und deshalb ist auch Cyberwar die moderne Variante der alten Guerillakriegführung. Der Kampf der Computer verweigert sich dem regelunterworfenen Zweikampf und zielt, wie David mit der Schleuder, auf die

Nervenzentren. Dieser Kampf ignoriert den Unterschied zwischen Krieg und Frieden, zwischen Spiel und Ernstfall. Er kann aus den Zentren moderner Kriegführung kommen, um satellitengesteuerte Zielsysteme zu verwirren, oder aus einem Vorort von Manila, wo ein bebrillter Student nur einmal seinen Freunden zeigen will, was er kann – und einen Virus streut mit Schäden, die in die Milliarden gehen. Krieg ist das nicht, Frieden aber auch nicht – nach konventionellen Begriffen.

Die Revolution des Krieges begann, als die nukleare Waffe denkbar wurde, in den letzten Monaten des Zweiten Weltkriegs. Da traf sich im zerbombten Berlin die »Mittwochgesellschaft«. Am 13. Juli 1944 – eine Woche vor dem Attentat auf Hitler – hielt der Physiker Werner Heisenberg, so das Protokoll, einen Vortrag über die Physik der Sterne. Das war Tarnung gegen die allgegenwärtige Gestapo des Regimes. In Wahrheit ging es um Möglichkeit und Bedeutung der nuklearen Waffe. Denn Generaloberst Beck – Generalstabschef der Wehrmacht, der 1938 im Zorn wider Hitlers Kriegspläne zurückgetreten war – konstatierte lakonisch, die Bombe bedeute künftig die Revolution aller Strategie. Tatsächlich endete der alte Stil der Kriegführung mit dem Hitzeblitz der Bombe über Hiroshima.

Vielleicht war es Zufall, vielleicht politischer Regieeinfall, dass das Pentagon just am Vorabend der Potsdamer Konferenz – die das Schicksal Nachkriegseuropas bestimmen sollte – in der Wüste von New Mexico den ersten heißen Test der Atombombe anordnete. Truman erhielt die Meldung, und Stalin gratulierte mit der bemerkenswerten Formulierung, das eröffne ja der Artillerie erfreulich erweiterte Möglichkeiten. Der Sowjetherrscher, der seit Jahren Spione, Forscher und Militärs in Gang gesetzt hatte, um sich des nuklearen Geheimnisses zu bemächtigen, muss gewusst haben, dass es nicht um technische Größenordnungen ging, sondern um die künftige Machtverteilung zwischen den Siegern des Zweiten Weltkriegs. Amerika hatte die Waffe aller Waffen. Doch es dauerte nur wenige Jahre, bis die Sowjetunion nachzog, Nuklearwaffen testete und Interkontinentalraketen in den erdnahen Weltraum schickte. Dieses Jahrzehnt wurde schicksalhaft für Europa und die Welt. Seit 1945 wurden nukleare Waffen nicht mehr im Zorn abgefeuert. Das aber bedeutete nicht, dass sie wirkungslos geworden wären.

Im Formierungsprozess des Kalten Krieges nutzten die USA die nukleare Waffe niemals deutlicher als 1948/49, um die sowjetische Umklammerung der Berliner Westsektoren aufzubrechen. Zwei nuklearfähige Bomber des Hiroshima-Typs wurden, immer wieder in der Luft aufgetankt, auf eine Erdumrundung geschickt. Die Medien wurden ausführlich informiert, und die Botschaft ging nicht verloren für Stalin. Seitdem wurde am Sitz der Vereinten Nationen in New York verhandelt, und nach zehneinhalb Monaten endete die Berliner Blockade, ohne scharfen Schuss und durch diplomatisches Übereinkommen. Dahinter aber stand die düstere Drohung, dass Amerika eine Niederlage in Berlin und Deutschland nicht hinnehmen würde. Die Welt lernte damals die strukturbildende Kraft des Nuklearen zu begreifen, geleitet von Denkern wie Raymond Aron, Editorialist und Berater de Gaulles, auf der philosophischen, Henry Kissinger, damals noch junger Harvard-Professor, auf der politischen Seite.

Während die Protagonisten des Kalten Krieges, die USA und die Sowjetunion, jene Technologien entwickelten, die ihnen taktische und strategische Überlegenheit versprachen, nahmen die Konflikte in der Welt nach dem Zweiten Weltkrieg eine neue, unerwartete Gestalt an. Revolutionäre Bewegungen und Terrorgruppen verbargen sich in der Zivilbevölkerung – »Fische im Wasser«, nach Mao Tse-Tungs Lehre des revolutionären Krieges – und machten traditionelle militärische Operationen schwierig, oft unmöglich, ohne dass große zivile Verluste entstanden, die dann wiederum die Terroristen für sich ausschlachten konnten. Feindaufklärung und Nachrichtenwesen gewannen höhere Bedeutung als je zuvor, garantierten aber keineswegs den Sieg der an Zahl und Ausrüstung überlegenen Armeen alten Stils, ob die der Franzosen in Dien Bien Phu 1954 oder die der Amerikaner in Saigon zwanzig Jahre später.

Der Kalte Krieg war modern und unmodern. Modern, indem er die ganze Breite politisch-ideologischer Konfrontation entfaltete, von Propaganda und Spionage bis hin zu Einflussagenten und gekauften Politikern und

Journalisten. Aber auch unmodern, indem er Panzer gegen Panzer, Rakete gegen Rakete, Bombe gegen Bombe setzte. Diplomaten und Militärs wussten das drohende Armageddon zu zähmen. Die große Konfrontation endete, als der Kommunismus an seinen inneren Widersprüchen erstickte und erstarrte, nicht durch militärischen Sieg. Damit zerbrach nicht nur der Eiserne Vorhang, sondern auch die alte Vorstellung von Natur und Bedeutung des Krieges. Es begann die Epoche der kleinen Kriege nach dem Krieg. Zynisch klang es, wenn einer im Jahr 1990 sagte, wir würden uns noch einmal zurücksehnen nach den berechenbaren Gewissheiten des Kalten Krieges. Mittlerweile ist daraus eine Art von Gewissheit geworden.

Die Großen und die Guten in Europa verkünden, Terror sei das Ergebnis von Armut. Für die Lenker Amerikas dagegen ist es der Mangel an Demokratie, der alles erklären soll. Beide Predigten sind Spiegel der vorherrschenden Weltbilder, in Europa der Umverteilungs-, Beruhigungs- und Wohlfahrtsstaat, der wie eine große Säugamme alle Konflikte in Kissen erstickt, in den Vereinigten Staaten der American Way of Life. Mit der Wirklichkeit hat beides so gut wie nichts gemein. Beide Diskurse suchen rational nach Ursachen, die von ganz anderer Art sind, und verfehlen den irrationalen Rest: Das junge Feuer der alten Religionen, soziale Verwerfungen und moralische Kränkung, Entfremdung, Zorn der jungen Männer und Blutdurst der Alten, die früher den Dolch führten, dann die Kalaschnikow und neuerdings nach der Atombombe streben. Wer aber weder Demokratiedefizit noch Armut anzuführen weiß, dem bleibt immer der Kampf um das Heilige Land als Ursache aller Ursachen – so, als ob die arabische Welt ansonsten der Ort wäre, wo die Löwen mit den Lämmern grasen.

Terror ist Kampfmethode des Schwächeren, die dem Krieg des Stärkeren ausweicht. Uralt ist der Stoff, aus dem der Terror ist: Glaubensstärke, Fanatismus und Suche nach Erlösung, aber auch Machthunger, Gier und Neid. Im Übrigen ist Terror nicht der Feind, sondern nur dessen Mittel, eine Kampfmethode mithin, irregulärer Krieg gegen regulären Krieg, um den Gegner zu zermürben und das Volk zu gewinnen. Terror ist nicht ein Staat, der sich durch Bedrohung seiner Schlüsselinvestitionen abschrecken lässt, oder eine soziale Klasse, die zu kaufen oder zu begütigen wäre. Nach Nine-Eleven dauerte es nicht lange, bis die Aktivisten ausgemacht waren: Von den 19 jungen Arabern in den vier entführten Linienmaschinen kamen 15 aus Familien der saudischen Bourgeoisie. Keinem hatte es materiell jemals an etwas gefehlt. Was nicht von Hause kam, aus Clan und Familie, oder aus arabischen Stiftungen, die neben dem Glauben auch den Terror fördern, kam aus westlichen Stipendien: Weder war Armut die Antriebskraft noch Hunger nach Freiheit. Osama bin Laden und seine Obristen haben das auch nie behauptet. Die Armen, so kann man ihren sorgsam formulierten Bekundungen und TV-Auftritten entnehmen, sind ihnen gleichgültig. Demokratie ist ihnen, weil Erhebung des Menschen über Allahs Willen, verhasst. Ihr Zorn kommt aus dem Feuer der Religion.

Dem 11. September 2001 in New York und Washington folgte der 11. März 2004 in Madrid. Die aus Marokko stammenden Araber, die die Vorortzüge zeitlich genau koordiniert in die Luft sprengten, waren angepasste Kleinbürger. Die Nachbarn beschrieben sie als freundliche Geschäftsleute, nett, strebsam, unauffällig. Auch sie kämpften nicht für Demokratie und nicht für die Bedürftigen. Sie kämpften für etwas, was der Westen seltsamerweise nicht versteht, indessen mit geringer Anstrengung des Erinnerns durchaus begreifen könnte. Wie lange ist es denn her, dass Katholiken und Protestanten um der Religion willen einander den Schädel einschlugen in deutschen Landen wie anderswo, in Frankreich oder auf den britischen Inseln? Wie lange ist es her, dass auf dem Balkan Katholiken, Orthodoxe und Muslime einander massakrierten? Die Religion war immer eine Hauptpotenz der Geschichte – man hat sich nur in Europa für aufgeklärtes Vergessen, Nichtverstehen und materialistische Erklärungen entschieden, die immer nur einen Teil der Antriebskräfte erfassen können. Wir leben, ob wir es wollen oder nicht, im Zeitalter neuer Religionskriege, die keineswegs nur »Islam gegen Westen« bedeuten, sondern auch Sunni gegen Shia, Muslime gegen den Staat Israel und die Juden.

Und warum sollte denn ein freundliches allgemeines Wohlstandsniveau alle Leidenschaften ersticken? Die historische Erfahrung spricht gegen materialistische Patentrezepte dieser Art. Es ist noch keine hundert Jahre her, Europa war auf dem Weg zu breiter Prosperität wie nie zuvor, demokratische Institutionen allenthalben im Wachsen, dass ein abgründiges Unbehagen an der Zivilisation entstand und in zügellosen Gewaltfantasien seinen Ausdruck fand, eingeschlossen die fatalistische Gewissheit der Generalstäbe, dass der Krieg kommen würde. Sigmund Freud diagnostizierte damals den Todeswunsch der europäischen Zivilisation, der Schriftsteller Stefan Zweig begriff als Kernursache des Großen Krieges das ungeheure Kraftgefühl, das nach Entladung drängte. Das Stahlbad sollte den Ennui der bürgerlichen Gesittung ausbrennen. Die Welt vor 1914 barg Schrecken in ihrem Schoß. Die totalitären Bewegungen des 20. Jahrhunderts, von Lenin über Hitler bis Mao Tse-Tung, von geringeren Mordbuben zu schweigen, kamen wahrhaftig nicht aus einem heiteren Himmel. Klassenmord, Rassenmord und Massenmord wurden Signatur der Epoche. Individueller Terror arbeitete ihnen vor. Staatlicher Terror wurde ihr Lebensgesetz. In Russland waren es vor 1914 die schönen Töchter der Bourgeoisie, in Deutschland danach die abgedankten jungen Offiziere. Im Terrorjahrzehnt der Bundesrepublik waren es nicht die Kinder der Armut, die sich aufs Terrorhandwerk verlegten, sondern die des Bürgertums, des Pfarrhauses, der Industrie. Man unterschätzt die Schreckensmänner, wenn man ihnen ihren Zorn abkaufen will durch milde Gaben, Stipendien oder Einladung zum multikulturellen Dialog. Die Zeit der *End of History*-Fantasien ist vorbei. Die Analyse muss stimmen, sonst können auch Strategie und Kampfmittel nicht stimmen. Die Niederlage ist danach nur eine Frage der Zeit.

Von New Yorks World Trade Center bis zur Londoner Underground: Diese Angriffe bedeuten nicht den Sieg, wohl aber eine Schlacht im asymmetrischen Krieg, der aus Hass und Bitternis des militanten Islam vorgetragen wird gegen alle, die sich nicht vorauseilend unterwerfen – auch in der arabischen Welt. Die Toten und Verwundeten sind immer nur Mittel zum Zweck, zufällige Opfer, Mr. Jedermann und Mrs. Jederfrau. Eben das ist die Absicht. Jeder soll sich ängstigen, niemand immun sein. Dies ist kein Zuschauersport wie zu den Zeiten, als der Terror in den Metropolen sich die Symbolfiguren zum Ziel erkor. Die Symbolfigur, die hier bedroht ist, sind Menschen wie du und ich.

Asymmetrischer Krieg: Auch wenn Regierungen im scheinbar fernen und friedlichen Europa sich scheuen, die Sache vorerst beim Namen zu nennen – dies ist der Ernstfall, wenngleich in anderer Form als jemals zuvor. Regierungen tun gut daran, die Wirkung des Terrors abzufangen und zu dämpfen durch beruhigende Reden. Seit Nine-Eleven aber ist das nicht mehr genug. Gegen den »neuen Totalitarismus« – so der damalige deutsche Außenminister Fischer – hilft kein Appeasement, kein bemühtes Wegschauen, keine Selbstbezichtigung – und leider auch nicht die bemühte Differenzierung zwischen Islam und Islamismus. Kalte Analyse, gefolgt von mutiger Entschlossenheit sind geboten, und dazu gehört zuerst und vor allem begriffliche Klarheit. In diesem Krieg geht es nicht mehr darum, die Streitkräfte zur Verteidigung des Territoriums einzusetzen, sondern darum, Leben und Freiheit zu sichern und unsere Lebensform.

Ein knappes Jahr nach Nine-Eleven legte das Pentagon, um auf den Schock zu antworten, die neue amerikanische National Security Doctrine vor. Ohne Umschweife nannten die Militärs drei Bedrohungen, die in der Theorie begrifflich zu trennen sind, in der Wirklichkeit aber jederzeit sich miteinander verbinden zu explosiver Mischung:

– Massenvernichtungswaffen, am häufigsten Nuklearwaffen in neuen Konfigurationen: Rucksackbomben (mininukes), schmutzige Bomben (dirty bombs) oder vagabundierende Nuklearwaffen (loose nukes) aus älteren Beständen, namentlich der Sowjetunion, oder auch Waffen, die aus den Depots neuer Nuklearstaaten durch Korruption, Schlendrian oder als Waffe des Stellvertreterkriegs in Terrorkanäle geraten. Libyen hat mittlerweile, als den Diktator die Angst vor Entdeckung packte, aufgegeben. Aber Iran und Nordkorea werden mit Grund als unberechenbare Händler des Weltuntergangs genannt;

- islamistischer Terrorismus, alias »neuer Totalitarismus«, der sich gegen den Westen richtet, aber auch gegen alle Regime der arabischen Welt, die es mit dem Westen halten, allen voran Ägypten und Saudi-Arabien. Doch reicht es auch in vielen islamischen Ländern für ein Todesurteil aus Terrorhand, nur an der wörtlichen Geltung der Scharia als allgemeines Straf- und Sittengesetz zu zweifeln. Der islamistische Terror ist ein Krebs der muslimischen Staatenwelt, dessen Metastasen überallhin reichen, nach Madrid und Hamburg, nach Boston und Berlin, wahrscheinlich auch nach Bosnien und in den Kosovo;
- Chaosstaaten, die jegliche Kontrolle verlieren über das, was auf ihrem Territorium vorgeht. Afghanistan gehört in den südlichen Teilen noch immer dazu, der Sudan, wahrscheinlich das bergige Tschetschenien. Es gehörte und gehört zur Strategie der Al Kaida, in jeder Region das schwächste Glied zu durchdringen. Wenn die staatlichen Strukturen zerfallen, so breitet sich Al Kaida aus wie ein Krebs. Das gilt heute für den Irak und morgen für das Eindringen in Jordanien und Saudi-Arabien.

Diese drei zeitgenössischen Reiter der Apokalypse – der vierte kommt aus dem Cyberspace – sind immun gegen Abschreckung, weil sie keine staatlichen Einrichtungen zu verlieren, kein Volk zu schützen, keine Ordnung zu bewahren haben. Sie sind genuiner Ausdruck eines militanten Nihilismus, der den religiösen Mummenschanz kultiviert, und auch für sie gilt das höhnische Wort der nordirischen IRA-Partisanen an die britische Armee: »Ihr müsst immer Erfolg haben, wir nur einmal!« Die Bush-Administration stellte sich dieser düsteren Logik und folgerte, ungeachtet aller Kritik vom höheren moralischen Gelände Europas, dass im Ernstfall angesichts der »clear and present danger« notfalls auch Präemption zu den legitimen Mitteln der Gefahrenabwehr und des Schutzes der nationalen Existenz gehören müsse.

Die mit Außen- und Sicherheit befassten Europäer in Brüssel, namentlich der zwischen Europäischem Rat und EU-Kommission operierende kleine Stab des »Hohen Repräsentanten für Außen- und Sicherheitspolitik«,

Javier Solana, lasen die E-Mails aus Washington und sahen das ähnlich. Ihr Katalog der neuen Apokalypse, wenngleich die globale Perspektive eingeschränkt blieb, beschrieb im Prinzip dieselbe Gefahrenlage, scheute aber die Konsequenz. Im Entwurf vom Sommer 2003 war noch, dem Pentagon folgend, die Folgerung einbezogen, die im Extremfall Präemption bedeutete. Die Endfassung wurde dann *ad usum delphini*, um das Publikum nicht zu erschrecken, moralisch gereinigt. Auf dringenden Wunsch des deutschen Außenministers wurde strategische Deutlichkeit Opfer der Political Correctness. Schmerzhafte konkrete Folgerungen stehen bisher weitgehend aus. Zwar hat sich die EU theoretisch auf das martialisch klingende Konzept der *battle groups* geeinigt: 60 000 Mann, aus allen Teilstreitkräften der beteiligten Staaten konfiguriert, jeweils auf sechs Monate im Einsatz zu halten. Das ist schon angesichts der unterschiedlichen Einsatzrichtlinien, Waffen und Rechtsregime schwierig genug. Doch ohne Rekurs auf die NATO – und das heißt auf die höheren militärischen Künste der USA – geht es auch dabei nicht. Sonst wären die *battle groups* blind, taub und nicht eskalationsfähig. So bleibt es bei Halbheiten: Europa tut so, als sei es aktionsfähig. Doch jeder weiß, dass es damit im Ernstfall ohne die US-Kavallerie nicht weit her ist. Tatsächlich kann sich kaum jemand in den Stäben der EU oder der NATO einen ernsthaften Einsatz vorstellen, den von Anfang bis Ende die Europäer durchführen können – oder auch nur wollen. Die spätgaullistische Fraktion ist nicht nur schwach, sie ist auch nicht auf die Wirklichkeit der neuen Bedrohungen eingestellt.

Im Jahr 1999 – Zeit des Kosovokrieges gegen Belgrads starken Mann – hatte der NATO-Rat letztmals strategische Richtlinien beschlossen. Nach der öffentlichen Bekundung wichtiger Botschafter gab es seitdem nur noch *operations, operations, operations*. Es ist auch nicht schwer zu sehen, warum Diplomaten nicht ihre Karriere riskierten und Minister nicht ihren Anhang, indem sie darauf drängten, Klarheit zu schaffen über Gefahren und Bedrohungen, global und regional, und daran Folgerungen zu knüpfen für Streitkräftestruktur, Rüstungsprioritäten und ihre Kosten, Transformation und Zusammenarbeit der Dienste, um dem internationalen Terror zu begegnen. Dazu die Frage, zuletzt und vor allem, wie denn die verschiedenen Europäer auf dem Niveau der *Revolution in Military Affairs* mit den Amerikanern wieder *interoperability* finden können: Jene Synergien, die im Bereich der privaten Industrie als lebenswichtig gelten, merkwürdigerweise aber dort, wo es – auf dem Balkan, in Afghanistan, am Roten Meer – um Tod und Leben geht, von den Staaten, genau genommen von den Politikern, als entbehrlich behandelt werden. Lord George Robertson, zuvor Labour-Verteidigungsminister und dann NATO-Generalsekretär und ob seines bissigen Humors geliebt und gefürchtet, beschrieb einmal seine Position in der Mitte der westlichen Allianz wie die eines unter grauem Himmel verlorenen Seglers: »Mid-Atlantic: Cold, wet, and very much alone.«

Robertson predigte immer *capabilities, capabilities, capabilities*, ließ dafür eindrucksvolle Listen aufstellen und schwor die Verteidigungsminister auf seine Linie ein. Aber Papier ist geduldig, und genützt hat es wenig. Die nationalen Mitglieder des NATO-Rats, obwohl von den Militärs zu Hause und aus dem Hauptquartier in Mons durchaus informiert über den Ernst der neuen terroristischen Bedrohungen und die absehbaren Zerreißproben des Bündnisses, brachten es weder fertig, den Prozess der Transformation zügig und parallel voranzutreiben, noch legten sie Wert darauf, den NATO-Rat wieder zum zentralen Treffpunkt strategischer Analyse und Strategie zu machen. Konkret entstand die NATO-Response Force, ein Rahmen von etwa 20 000 Mann, zu dem die einzelnen Staaten jeweils Kontingente zusagen wollen – weiterhin aber unter der Bedingung unterschiedlicher nationaler Vorbehalte, Rechtsregelungen und technischer Ausstattung.

Automatik nach Artikel 5 des Nordatlantischen Vertrags – kollektive Verteidigung bei Angriff auf einen der Bündnispartner – wird es nach jetzigem Kenntnisstand nicht mehr geben: Sie ergab sich auch im Kalten Krieg mehr durch die Aufstellung der amerikanischen und britischen Truppen am Eisernen Vorhang und ihre nukleare Abdeckung aus den Eingeweiden der Erde und den Tiefen der Ozeane als durch die papierenen Verpflichtungen des Vertrags. Artikel 5 definierte in der Tradition von Verteidigungsallianzen Angriff auf die Landesgrenzen oder auf Truppen und Schiffe der Verbündeten als die rote Linie, die Frieden von Krieg trennte.

Eine solche rote Linie gibt es heute, im Falle der neuen Kriege, nicht mehr. Das Bündnis – genauer gesagt: die Nationen, die es bilden – muss in jedem einzelnen Fall erst einmal prüfen, ob Artikel 5 aktivierbar ist – und das Ganze möglichst einstimmig und nicht im dissonanten Chor. Nach dem Schrecken von Nine-Eleven – die Amerikaner sprachen vom »zweiten Pearl Harbor«, der deutsche Bundeskanzler vom »Angriff auf die Zivilisation« – brauchte es kaum 24 Stunden, bis die NATO-Botschafter in Brüssel dem Robertson-Vorschlag folgten und – erstmals in der Geschichte der Atlantischen Allianz – den Verteidigungsfall nach Artikel 5 feststellten. Robertson wollte damit die Amerikaner an Existenz und Bedeutung der NATO erinnern. Aber was dann daraus folgen sollte, wusste er auch nicht. Es war den Europäern so unklar wie den Nordamerikanern. Die politische Geste war zwar in sich selbst wertvoll und wichtig, aber eher von symbolischer als von praktischer Wirkung. Nach ein paar Tagen wurden AWACS-Flugzeuge (Airborne Warning and Control System) aus NATO-Beständen über den Atlantik entsandt, um den amerikanischen Luftraum zu überwachen, und amerikanische Maschinen gleichen Typs flogen in Gegenrichtung, um über dem Weiteren Mittleren Osten nach dem Rechten zu sehen. Es folgte der Schlag gegen Afghanistans Taliban-Regime, das den Fehler begangen hatte, für die blutgierigen Glaubenssoldaten der Al Kaida den Gastgeber zu machen.

Artikel 5 des Nordatlantischen Vertrags war seit 1949 Sinnachse der Atlantischen Allianz. Dieser Artikel zog die Linie zwischen Freund und Feind, bestimmte die wechselseitigen Verpflichtungen, gab den Maßstab ab für Abschreckung, Verteidigung und Rüstung und, zuletzt und vor allem, erinnerte immer wieder an die brutale Frage: »What if deterrence fails?«. Für diesen Fall gab es Pläne, minutiöse Abwehr- und Verteidigungskonzepte, Stationierungen und Bereitstellungsräume, aber auch die absichtsvolle Ungewissheit über die amerikanische nukleare Antwort auf östlichen Angriff. Doch am Ende galt auch für Artikel 5 das Wort des älteren Moltke, alle strategische Planung reiche bis zur ersten Feindberührung.

Mit anderen Worten, auch in der Epoche der großen Ost-West-Konfrontation hörte bei Artikel 5 die Politik nicht auf – schon deshalb nicht, weil jede einzelne Nation für sich entscheiden musste, was daraus folgen sollte. Die amerikanische Garantie für Europa lag nicht in den Buchstaben des Vertrags, sondern in der Dislozierung von mehr als 300 000 amerikanischen Soldaten mit allem Tross, mit Familien, Schulen und Klein Amerika in Heidelberg, Stuttgart, Schweinfurt, Bamberg, Hersfeld, Fulda und Fulda Gap und an vielen anderen Orten, keiner wichtiger als die Westsektoren der geteilten Stadt Berlin.

Die Wirkung von Artikel 5 hielt länger an als die Existenz des Eisernen Vorhangs. Zunächst waren noch bis 1994 russische Truppen im östlichen Deutschland und wickelten ohne Enthusiasmus ihre Rückreise ab in ein Land, das nicht wusste, wohin mit ihnen. Aber bevor nicht die letzte Garnison geräumt war, sahen die westlichen Alliierten und unausgesprochen auch die deutsche Bundesregierung ein Restrisiko, dass der Kreml oder die Armee oder der Geheimdienst sich alles noch einmal anders überlegen könnten. Gleichzeitig begannen schon die Staaten, die aus der Kälte kamen, unter den Schutz der NATO zu drängen, angeführt von Polen, kaum dass der Zwei-plus-Vier-Vertrag unterzeichnet war. Polen, Balten, Tschechen und Ungarn meinten auch nach 1990 noch wie selbstverständlich die territorialen Garantien des Artikel 5, und sie meinten zuerst und vor allem das Bündnis mit Amerikas Bataillonen. Es kann sie nicht gefreut haben, als der amerikanische Senator McCain, eine maßgebliche Figur im Verteidigungsausschuss des Senats, bei der im Jahre 1994 noch »Wehrkundekonferenz« genannten Münchener Konferenz zur Internationalen Sicherheit die Frage stellte, was Artikel 5 heute noch bedeute, und die Antwort gleich mitlieferte: »Anything, from a nuclear response to a postcard, with regrets.«

Seitdem ist nicht viel klarer geworden, welche Sicherheitspolitik, welche Garantien und welche wechselseitige Solidarität die NATO noch zusammenhalten. Nach wie vor gibt es Artikel 5, vorbereitet durch Artikel 4, der heute möglicherweise mehr Bedeutung hat – wenn die NATO-Häupter sie ihm nur geben wollen: »Die Parteien werden einander konsultieren, wenn nach Auffassung einer von ihnen die Unversehrtheit des

Gebiets, die politische Unabhängigkeit oder die Sicherheit einer der Parteien bedroht ist.«

Der Text wurde 1949 weit genug gefasst, um auch die terroristischen Bedrohungen zu umfassen, die sich auf das Gewebe der Gesellschaft richten, nicht aber auf Territorium zielen. Die UN- und Bündnisdebatte der Jahre 2002 und 2003 um Intervention oder Nichtintervention im Irak hat stattdessen die Ungewissheiten noch vergrößert.

Die Regierungen der Bündnisstaaten haben es strikt vermieden, Artikel 5 in der Welt nach dem Kalten Krieg Verbindlichkeit zu geben. Dann das hieße eine Frage aufwerfen, deren Antwort ihnen nur Schwierigkeiten bereiten kann, zu Hause wie in Brüssel, dazu Kosten und politische Begründungszwänge.

Die große Ausnahme waren die Amerikaner, deren Zweifel an der NATO auch aus dieser Denk- und Strategieschwäche genährt wurde und weiter genährt wird – bis zur kalten Verachtung der Europäer auf mittleren Rangstufen des Pentagon und in den Schreibstuben der Neocons: *Of Paradise and Power*, so oder ähnlich lauteten die zornigen Buch- und Aufsatztitel der Jahre 2002 und 2003. *Mars and Venus* war nicht viel anders gemeint – aber in verzeihlicher Unkenntnis der notorischen Liebesaffären zwischen der Liebesgöttin und dem Kriegsgott der Römer in den Computer diktiert. Von alledem aber ist die Tragweite von Artikel 5 nicht klarer, die Verbindlichkeit des Bündnisses nicht verlässlicher, die Sicherheit nicht sicherer geworden.

Niemand hat bisher ernsthaft versucht, Artikel 4, der dies durchaus zuließe, zur Basis einer Neuorientierung zu machen. Das Problem ist nicht juristischer Natur, sondern eine Frage von Realismus, Willenskraft und Führung. Daran aber fehlt es – bis es eines Tages zu spät ist.

Denn in Wahrheit fehlt den Europäern der Begriff dessen, was Krieg in der Welt nach dem Kalten Krieg bedeuten kann. Wer aber den Ernstfall nicht denken kann, oder will, ist wahrscheinlich dazu verurteilt, ihn zu erleben. »Was wäre, wenn Krieg nicht länger mehr wäre, was wir glauben, dass er ist?« So formuliert der frühere britische Viersternegeneral Sir Rupert Smith – 1991 Divisionskommandeur am Golf und später UN-Oberkommandierender in Bosnien – die entscheidende Frage: Wenn es den klassischen Krieg, wie er noch Einsatzrichtlinien und Rüstungen der NATO-Staaten im Kalten Krieg bestimmte, nicht mehr gibt, der allgemeine Friede sich aber auch nicht einstellen will, wie sieht dann die Zukunft aus? Dann stellt sich nicht nur die Frage nach den neuen Bedrohungen, sondern auch die nach Einsatz und Nutzen, Ziel und Grenzen von Streitkräften und militärischer Gewalt.

Was schafft noch Sicherheit in einer unsicheren Welt? Streitkräfte können nur Teil der Antwort sein, notwendig, aber nicht ausreichend. Alle Staaten werden die Antwort schwierig finden, die meisten aus Mangel an Geld, Imagination und dem Willen, den neuen Ernstfall zu denken. Die Vereinigten Staaten aber, die vor anderthalb Jahrzehnten die *Revolution in Military Affairs* erfanden, um ihren technischen Vorsprung auf allen Gebieten auszuspielen, und seitdem im Prozess immerwährender »transformation« durchsetzen, werden die Anpassung am schwersten finden. Denn seit dem Sieg der Nordstaaten über die Südstaaten gilt von Washington bis West Point die Meinung, bestätigt durch die Weltkriege des 20. Jahrhunderts, dass es vor allem technische und industrielle Überlegenheit war, die den Norden am Ende befähigte, *unconditional surrender* gegen den Süden durchzusetzen. Der neue Feind von heute aber ist durch Abschreckung nicht abzuschrecken. Verteidigung kann nicht überall sein. Aufklärung kann nicht alles sehen, hören und verstehen. Dem Krieg folgt kein Sieg, allenfalls Stabilisierung. In jedem Fall aber wird Abschließung der offenen Gesellschaften folgen. Misstrauen wird zum allgemeinen Medium. Sicherheit wird über Freiheit siegen – was dem Triumph der Gegenseite schon sehr nahe kommt.

Wahrscheinlich empfiehlt es sich, politisch wie theoretisch, eher vom neuen Ernstfall als vom Krieg zu sprechen, um das Überall und Nirgendwo, das Unerwartete und Unplanbare der neuen Lage zu erfassen. Sir Rupert Smith zählt zu den radikalen Denkern – und Praktikern – des neuen Ernstfalls. Zugleich aber greift er zum besseren Verstehen auf die Lehre *Vom Kriege* (1832) des preußischen Generals Carl von Clausewitz zurück. Dessen Warnung, Krieg sei nichts als die Fortführung der Politik unter Beimischung anderer Mittel – woraus der Vorrang der Staatskunst vor dem Kriegshandwerk zwingend folgt –, ist ebenso oft missbilligend zitiert wie missverstanden worden. Tatsächlich war diese Lehre nie so zutreffend wie heute, da der traditionelle Krieg sich erledigt hat zwischen der Bombe und dem Terroristen.

Drei Lehren des alten Preußen vor allem sind es, die aus der revolutionären Situation der napoleonischen Kriege entstanden und weit in die Zukunft reichen. Die erste, dass ein Staat im Krieg als Dreiheit von Regierung, Streitkräften und Volk zu begreifen ist – im Verhältnis eines gleichseitigen Dreiecks. Verkürzt sich eine Seite – schwache Regierung, inadäquate Armee oder Zweifel der Menschen –, dann stürzt das Dreieck in sich zusammen. Die zweite Lehre für den Ernstfall von heute liegt in der Betrachtung, dass das Ergebnis der Auseinandersetzung – Clausewitz spricht von der Schlacht – Ergebnis eines Messens der gegensätzlichen Kräfte und eines Vergleichs der eingesetzten Willensstärke ist. Die Moral der Truppe reicht nicht aus, wenn Regierung und Bevölkerung nicht mitmachen. Der politische Wille wird von der Regierung formuliert. Aber er gründet sich im Volk. Letzteres vor allem unterschied vor zweihundert Jahren Clausewitz von der friderizianischen Kriegstheorie. Die dritte Lehre aber ist die der spanischen Guerilla von 1808 und 1809 geschuldete Erfahrung des »kleinen Krieges«: Die Bevölkerung machte ihren eigenen Krieg, in Ausrüstung und Stärkeverhältnis war sie den Franzosen und ihren Zwangsverbündeten weit unterlegen, nicht aber im Zusammenprall des Willens. Der Partisan greift nur dort an, wo das Gelände Hinterhalt oder schnellen Zugriff erlaubt. Niemals lässt er sich auf einen Kampf um Bodengewinn ein, den er nicht gewinnen kann. Und er verlässt sich auf materielle und moralische Unterstützung der Landbevölkerung. Er reiht Taktik an Taktik und lässt die Strategie der Besatzungsarmee ins Leere laufen. Solche Aktionen waren im Kampf gegen Napoleons Soldaten nicht entscheidend. Aber sie schufen eine offene Wunde, banden Hunderttausende Soldaten der regulären Armee und gaben den Kämpfern Selbstbewusstsein und nationale Identität. Als zur selben Zeit der preußische

Generalstabsoberst von Scharnhorst dem Monarchen in Berlin die allgemeine Wehrpflicht vorschlug, eingebettet in ein künftiges System der Bürgerfreiheit, antwortete der, durchaus zutreffend, dies sei der »Griff ins Zeughaus der Revolution«.

Es ist diese dritte Clausewitz-Lehre, die abseits der Konfrontation des Kalten Krieges die Nachkriegsjahrzehnte am meisten bestimmte. Aufständische aller Art, Kommunisten oder Nationalisten oder, wie in Vietnam, die Kombination aus beidem, bedienten sich der Provokation, um den Gegner zur Überreaktion zu verführen und gleichzeitig daraus die Ideologie zu nähren und Rekruten zu gewinnen. Dazu kam die Propaganda der Tat: Die Guerilla erhob sich zum Faktor mit Vetomacht, eroberte die Medien und gewann Verhandlungsgewicht und Unterstützung. Endlich aber sollte der Wille der Regierung und ihrer Truppen ermatten. Auf Verluste darf es dem Partisanenführer nicht ankommen. In Dien Bien Phu übertrafen die Verluste der angreifenden Vietminh bei weitem die der französischen Verteidiger des Flughafens und der Außenforts – dennoch gaben die Franzosen, die Generäle in Indochina und die Politiker in Paris, am Ende auf: ratlos, entnervt, *l'esprit de la defaite*. Solche Kriege haben seit 1945 an vielen – gemessen am Zentralkonflikt des Kalten Krieges peripheren – Schauplätzen stattgefunden, und nur in Ausnahmefällen gestatteten sie dem Verteidiger den Sieg, wie den Briten in Malaysia. Der industrielle Krieg dagegen hat seit 1945 nicht mehr stattgefunden, außer am Golf, wo Irak und Iran à la 1914 einander bekämpften. Den industriellen Krieg im Zentrum verbot einerseits die Existenz der Bombe. Andererseits ging fast alle auf Veränderung durch Gewalt gerichtete Energie in die verschiedenen Bürgerkriegs-, Aufstands- und Freiheitsbewegungen, die im unkonventionellen Krieg – Clausewitz' »kleiner Krieg« – das Versprechen des Erfolges und des Sieges sahen. Unterdessen galt in den Metropolen des Westens weiterhin Frieden als Abwesenheit des Krieges, und die Eskalationsleiter von Frieden zu Krise zu Krieg und Entscheidung blieb die für Diplomatie und Strategie vorherrschende Denkform. Nur die sowjetischen Stäbe verlegten sich auf beides, konventionelle Überrüstung, an der sie sich am Ende übernahmen, und zugleich Anfachung und Unterstützung – mit Dollars, Waffen, Indoktrination, Ausbildung und internationaler Abdeckung in den UN und anderswo – von Partisanenbewegungen, von Kuba über Algerien bis Angola und Mosambik, an der sie sich indes, als die Petrodollars weniger wurden, ebenfalls übernahmen. Zugleich überdauerten die Institutionen des alten Kriegsbilds, von den Stäben bis zu den Industrien, die für die Führung des industriellen Krieges geschaffen worden waren: Sie bewährten sich an der in auffallender Symmetrie aufgereihten »Central Front« in Mitteleuropa im Sistieren und im Management der Konflikte. Aber sie waren längst Teil, ohne es zu wissen, einer vergangenen Zeit, eines älteren Konfliktmusters, eines obsolet gewordenen Paradigmas.

Wir befinden uns heute in einer Welt permanenter Konfrontation, auch wenn der Gedanke ängstigt und wir die Wirklichkeit des unaufhebbaren permanenten Ernstfalls nicht wahrhaben wollen. Mars ist in vielerlei Verkleidung auf die Markplätze gegangen, in die Untergrundbahn, in die alufarbenen Hochhäuser der Banken und Dienstleistungen und übt dort sein Handwerk aus, substrategisch. Sir Rupert Smith nennt das *War amongst the People*: ohne Fronten, ohne Rückzugsräume, ohne die noch in den diplomatischen und militärischen Manualen verzeichneten Übergänge von Frieden zu Krise zu Krisenmanagement zu Krieg. Als der industrielle Krieg noch denkbar schien, waren die Zielvorgaben für den Gebrauch militärischer Gewalt, das Kräftemessen im Sinne des Generals von Clausewitz, hart und einfach: nehmen, halten, zerstören, besiegen. »Im War amongst the People sind die Ziele flexibel und komplex, sie beschreiben Bedingungen, die es erlauben, Absichten zu ändern oder sie durch andere Mittel zu erreichen, bespielsweise der Auftrag, eine gesicherte und verlässliche Umgebung zu schaffen.« (Sir Rupert Smith)

Macht ist, nach Michel Foucault, »eine Beziehung, nicht ein Besitz«. Es gibt absolute Macht so wenig wie den Auflagepunkt, den Archimedes forderte, die Welt aus den Angeln zu heben. Der Einsatz nuklearer Waffen, strukturbildend im Kalten Krieg, war damals in Sowjetmanövern wie in NATO-Übungen durchaus denkbar. Dennoch waren sie keine Waffen der Kriegführung. Ob das aber heute noch gilt? Sie helfen Israel nicht gegen Hamas, den Amerikanern nicht gegen Al Kaida, den Russen nicht gegen die Krieger des Kaukasus. Wohl aber wären sie in der Hand ruchloser

Regime oder gar von Terroristen ohne Land und Staat die ultimative Waffe. Sie nicht nur zu haben, sondern auch einzusetzen, wäre unwiderstehliche Versuchung. Ob Nordkoreas Generäle, ob der Iran der Mullahs mehr wollen als, im einen Fall, Handelsware und Erpressungsmittel oder, im anderen Falle, eine Vetowaffe, ist eine offene Frage. Vieles spricht bisher dafür, dass die Bombe mehr als politischer Trumpf gesehen wird denn als militärisches Einsatzmittel. Aber auch Nordkoreas Herrscher verstehen sich auf die absichtsvolle Ambiguität, zu der der Besitz der Waffe einlädt. Terror-Traum aller Träume – Al-Kaida-Propheten haben oft genug darüber pontifiziert – bleibt es, über die Waffe zu verfügen. Kein Zweifel, dass sie dann in der einen oder anderen Form eines bösen Tages eingesetzt wird. Es wäre die Revolution aller Revolutionen – und die Erde ein schauerlicher Ort.

Noch ist es nicht so weit. Doch die nukleare Terrorhypothese hängt über der Zivilisation, seitdem im Oktober 1993 das World Trade Center erstmals angegriffen wurde. Damals handelte es sich um eine halbe Tonne konventionellen Sprengstoffs im Kofferraum eines Leihwagens, den eine islamistische Gruppe in der Parkgarage abgestellt hatte und per Zeitzünder in die Luft jagte. Seitdem waren westliche Geheimdienste – vermutlich auch russische – der Überzeugung, das nächste Mal würde das Feuer nuklear sein, die Folgen für New York und das Weltfinanzsystem unabsehbar. So ist es bisher nicht gekommen. Aber Nine-Eleven, wie General Wolfgang Schneiderhan, der Generalinspekteur der Bundeswehr, in öffentlicher Rede sagte, war noch lange nicht der denkbare »worst case«. Was er meinte, ist das denkbar gewordene Kontinuum des Terrors vom jungen Selbstmordattentäter in den Labyrinthen der Städte bis zum strategischen nuklearen Angriff.

Die künftigen Konflikte werden, solange die nukleare Hypothese nicht wahr wird, auf der substrategischen Ebene ablaufen, taktisch, irgendwo zwischen Krieg und Frieden alter Prägung, in einem Ernstfall ohne Pause, ohne Peripherien, ohne Mitleid und ohne Gnade. Sir Rupert Smith hat dafür sechs Trends ausgemacht, deren erster die Bevölkerung betrifft. Ihren Willen zu gewinnen ist das oberste Ziel. Die Terroristen müssen sich verbergen, sie brauchen Infrastruktur, moralische Unterstützung und Information. Das alles spielt sich in der Regel vor den Medien der Welt ab, zugleich in den Wohnstuben der Massen und auf den Feldern und Straßen der Kampfzonen. Aber die Medien verstehen großenteils nicht, um was es geht. Sie zeigen konventionelle Hardware, Panzer und Hubschrauber, wo es um *hearts and minds* geht. Nur in den Medien überlebt noch der industrielle Krieg der Vergangenheit, nicht mehr in den Führungsstäben. Für sie ist der Informationskrieg ebenso wichtig wie der militärische Einsatz.

Der zweite Trend: Die Ziele, um die es geht, verändern sich. Es geht nicht um Territorium und Kontrolle über Staaten, sondern um weiche, formbare Ziele. Im Irak ging es zunächst um Massenvernichtungswaffen und die Staatsmaschine, die sie früher genutzt hatte und wahrscheinlich, würde sie von den UN sich selbst überlassen, wieder nutzen würde. Dann ging es um Menschenrechte. Endlich um Demokratisierung der Region. Humanitäre und politische Zwecke werden sich immer mehr verflechten, aber auch die Aufrechterhaltung dessen, was von der Kontrolle über Massenvernichtungswaffen noch übrig ist. Am Ende wird nur noch selten das Diktat des Siegers stehen – wenn es ihn denn gibt –, sondern vielmehr die Herstellung einer Lage, in der sinnvoll verhandelt werden kann. Die Konflikte werden zeitlos sein.

Im industriellen Krieg ging es darum, möglichst schnell die Vernichtungsschlacht zu erzwingen und zu eigenem Vorteil zu beenden, im Sinne des *unconditional surrender*, dem Staat und der Gesellschaft aufgezwungen. In Zukunft sind Abwehr der Bedrohung und Kontrolle des Ernstfalls Dauerzustand, den der Staat, wenn er seine Schutzfunktion ernst nimmt, gestalten muss. Das kann endlos dauern.

Im Kampf wird es mehr als je darum gehen, die Streitkräfte zu schützen, nicht mehr darum, die Streitkräfte notfalls ohne Rücksicht auf Verluste einzusetzen. Jede Operation ist mit offenem Ende zu denken. Daher muss die Streitmacht bewahrt werden vor Abrieb oder Verlust. Diese Operationen – *ad usum delphini* in der Regel zu Friedensmissionen verniedlicht – müssen schon deshalb mit großer Vorsicht geführt werden, weil die meisten Truppeneinheiten für viele Eventualitäten vorgesehen sind:

national, europäisch, NATO, UN. Es sind aber nicht viermal so viele Soldaten vorhanden, sondern immer nur dieselben unter verschiedenen Helmen, und dasselbe gilt für ihre Ausrüstung. Sind sie einmal in einem bestimmten Einsatz, so fehlen sie für andere Funktionen an anderer Stelle. Eigentlich sind sie am wirksamsten in der klassischen Rolle der »force in being«.

Politiker haben vor nichts so viel Angst wie vor den »Zinksärgen«, auf Amerikanisch *body bags*, in denen tote Soldaten – oder was von ihnen übrig blieb – heimtransportiert werden. Selbst die Sowjetunion in ihren letzten Jahren reagierte auf die Todesnachrichten aus Afghanistan empfindlich: eine »blutende Wunde«. Ein technisches Handicap kommt hinzu. Die eingesetzten Waffen kommen großenteils noch aus der Zeit industrieller Kriegführung und sind für den Krieg inmitten der Bevölkerung nahezu untauglich. Die Terroristen aber führen ihren Kampf unterhalb dieser Schwelle und lassen die Ungetüme des Kalten Krieges ins Leere laufen. Aber auch die Operationsführung hat erhebliche Schwierigkeiten. Die Einsätze via EU oder NATO sind in aller Regel multinational, so dass die C4I-Systeme (Command, Control, Communication, Computer and Intelligence) nicht miteinander kommunizieren, die Soldaten einander nicht verstehen können. Die Koalitionen umfassen Organisationen wie die OSZE, die UN, den UNHCR oder auch Nichtregierungsorganisationen aller Art. Die Gegner sind ohnehin nicht staatlich organisiert, allenfalls von Sponsor-Staaten wie Iran oder Syrien unterstützt. Wer soll da am Ende mit wem verhandeln? Der Krieg findet nicht statt, aber Ernstfall ist überall und immer. Von neuen Machtwährungen war seit 1990 die Rede, hoffnungsvoll, und am meisten in der »Zivilmacht Bundesrepublik«. Die amerikanische Variante war *End of History* – und den Menschen ein Wohlgefallen. Die Erfahrungen seitdem, ob im Mittleren Osten oder in Mittelafrika, haben von solchen Illusionen nur Asche übrig gelassen.

Militärische Gewalt ist noch immer eine starke Machtwährung. Warum sonst würden wir Nuklearwaffen außerhalb des Nonproliferationsregimes fürchten, oder Warlords in Somalia oder »ethnische Säuberungen«, wie das zynische Wort heißt, arabische Freibeuter in Sudan oder den Terror der Al Kaida? Waffengewalt bringt Nutzen. Man mag das bedauern, allein es ist so. Die Gegner scheinen das besser zu verstehen und in ihre Operationen umzusetzen, mit langem Atem, als die industriellen Demokratien.

Nur wenn wir die Struktur, die Antriebskräfte und die Ziele verstehen, um die es in der wahrscheinlich niemals endenden Konfrontation geht, und zugleich wissen, welches Ergebnis wir erstreben und notfalls erzwingen wollen, können wir auch entscheiden, welchen Anteil militärische Gewalt daran haben soll. Davon sind dann Art, Aufbau und Zusammenwirken der Streitkräfte abzuleiten, die wir dagegensetzen, nicht zu viel, aber schon gar nicht zu wenig. Schwäche zieht das Desaster an.

Der Einsatz von Streitkräften ist auch künftig eine Funktion des Nutzens von Gewalt. Dieser Nutzen aber entscheidet sich danach, wie die Absichten des Gegners zu vereiteln oder zu verändern sind. Das setzt den Einsatz militärischer Gewalt in ein Umfeld sozialer, politischer, rechtlicher, wirtschaftlicher Faktoren, von denen keiner notwendigerweise den Vorrang beanspruchen kann. Wo der Konflikt auf der strategischen Ebene zu entscheiden war, lag die Führung wie von selbst in den Händen des Militärs. Wo aber die Entscheidung auf der taktischen Ebene bleibt, hört dieser Vorrang auf. Stattdessen muss jede militärische Operation sich einfügen in den größeren Kontext.

Das wirft die bisher völlig unbeantwortete Frage auf, wer denn diese Zuordnung der Rollen und die Gewichtung der Funktionen steuern soll: schwerlich die Nationalstaaten jeder für sich. Das würde selbst die Supermacht aller Klassen überfordern. Für die NATO und ihre künftigen strategischen Richtlinien wird es die oberste aller Aufgaben sein, den modernen Ernstfall zu begreifen, das irreguläre Kontinuum vom Selbstmordattentäter bis zur »dirty bomb«, den Krieg inmitten der Bevölkerung. Daraus müssen ernste und tief greifende Veränderungen folgen, darin eingeschlossen der Sicherheitsdialog der demokratischen Öffentlichkeit, der sich mit den politischen Lenkungsstrukturen ebenso wie mit den militärischen Mitteln beschäftigen muss. Andernfalls wird die Ära des Ernstfalls den atlantischen Nationen dauerhafte Sicherheit verweigern.

Strategische Asymmetrie: Nuklearwaffen

> »You have to take chances for peace, just as you must take chances in war ... The ability to get to the verge without getting into the war is the necessary art. If you try to run away from it, if you are scared to go to the brink, you are lost.«
>
> JOHN FOSTER DULLES, *US-Außenminister*, 1956

Brüssel, im Frühjahr des Jahres 2004, auf der breiten Avenue Leopold III, unmittelbar vor dem diplomatischen NATO-Hauptquartier, fliegt ein Lastwagen in die Luft. Die Ladung war eine *dirty bomb* großen Formats. So nennt man im Jargon die Bombe einer Machart, die um einen konventionellen Kern einen Gürtel aus strahlendem Material gepackt hat. Bauanweisungen finden sich im Internet. Nuklearer Abfall ist an vielen Stellen zu sammeln oder gegebenenfalls auf dem Weltwaffenbasar zu kaufen. Die Sprengkraft war nicht groß, wohl aber der Fallout. 40 000 Menschen waren auf der Stelle verstrahlt; Hunderttausende hatten Strahlung abbekommen; Panik brach aus, eine weltweite Wirtschaftskrise folgte.

Zum Glück war alles Theorie, Inszenierung, simulierter Schrecken. Es handelte sich um eine mit NATO, Interpol und der Wiener International Atomic Energy Agency sorgsam vorbereitete Stabsrahmenübung, koordiniert vom Center for Strategic and International Studies in Washington, D.C. Niemand erlitt größeren leiblichen Schaden. Doch eines wurde klar: Aus Spiel kann jederzeit Ernst werden. »We are in a race between cooperation and catastrophe«, sagte im Sommer 2004 der frühere US-Senator Sam Nunn, der über viele Jahrzehnte auf der demokratischen Seite des Senats der führende Fachmann – und Treiber – für Rüstungskontrolle gewesen war. Er hatte das Frühjahrs-Manöver vorbereitet und geleitet.

In der ersten Phase dieser makabren Übung waren NATO-Diplomaten gefragt worden, wie sie die Information verarbeiten würden, dass Al-Kaida-Partisanen an nukleares Material gekommen seien. Die zweite Phase war die Computer-Simulation des Angriffs. »Es ist durchaus in Al Kaidas Vermögen, die technische Expertise zu rekrutieren und eine krude nukleare Waffe zu konstruieren«, sagte Senator Nunn. Der schwierigste Teil für die Terrormänner sei es vorerst noch immer, an die nuklearen Materialien heranzukommen. »Das aber machen wir nicht annähernd schwierig genug.« Die Europäer sollten, so mahnte Nunn, ihren finanziellen Zusagen Taten folgen lassen. Javier Solana, der Außenpolitik-Dirigent der EU, steuerte die Warnung bei, apokalyptischer Terror sei nicht auf den Mittleren Osten, die USA oder Russland beschränkt. »Die neuen terroristischen Bewegungen sind bereit, unbegrenzte Gewalt anzuwenden und uns massive Verluste beizubringen.«

Der lange nukleare Friede ist vorbei, es beginnt ein langer Winter der Sorge vor neuen Nuklearwaffen-Staaten, vor *loose nukes* und *dirty bombs* – Waffenhandel auf dem Schwarzmarkt und Bomben aus strahlendem Abfall. Noch immer sind die massiven Systeme in den Händen der Großen Fünf eine Klasse für sich. Doch der Unterschied zwischen Nuklearwaffen und anderen Waffen wird zunehmend unscharf. Dabei fehlt es auch nicht an den üblichen Verdächtigen. Die Kathedrale der Rüstungskontrolle, aus Furcht und Vernunft in den Zeiten des Kalten Krieges errichtet, beherrscht nicht mehr die umliegenden Landschaften.

Zwar haben die Supermächte – China, Großbritannien und Frankreich waren immer nur Zuschauer beim großen nuklearen Schach – seit Mitte der achtziger Jahre begonnen, die exzessiven, drei Jahrzehnte lang wie im technologischen Wahn unablässig vermehrten Raketen zu vermindern, die INF (Intermediary Nuclear Forces), die im Zentrum der letzten großen Konfrontation des Kalten Krieges gestanden hatten, seit 1987 sogar weitgehend vernichtet. Nach dem Zusammenbruch der Sowjetunion – wo auch Verlust der Kontrolle über nukleare Materialien drohte – hat der amerikanische Kongress schon zu Beginn der 1990er Jahre mit dem Lugar-Nunn-Programm Jahr für Jahr Hunderte von Millionen Dollar bereitgestellt. Ziel war, Russland zu helfen, nukleare Experten vor der Lockung von Forschungs- und nuklearen Entwicklungsaufträgen aus unkontrollierbaren Staaten abzuhalten und die buchstäblich unüberschaubaren Bestände an Waffen und Materialien in Russland und den postsowjetischen Nachbarstaaten Ukraine und Kasachstan unter Kontrolle zu bringen und, so weit wie möglich, systematisch zu entschärfen. Die Anstrengung ist auch nach mehr als 15 Jahren noch lange nicht am Ziel. Je spannungsreicher aber mittlerweile das Verhältnis Moskau–Washington wird, desto weniger ist auf Kooperation auf diesem strategischen Feld zu rechnen.

Unverändert gilt indessen, dass die fünf Vetomächte des UN-Sicherheitsrats, was immer sie sonst trennt, ein überragendes gemeinsames Interesse haben: minderen Mächten nukleare Waffen vorzuenthalten. Das wurde 1968 im Atomwaffensperrvertrag (Nuclear Non Proliferation Treaty) nach der abgründigen Erfahrung der Doppelkrise um Berlin und Kuba 1961/62 in Vertragsform gebracht. Das Kartell der aus 45 Staaten bestehenden Nuclear Suppliers Group (alles potenzielle Nuklearstaaten) und das Missile Control Regime wurden ergänzend in die Existenz gerufen. Präsident Kennedy hatte noch befürchtet, binnen 25 Jahren würde es mehrere Dutzend nuklear bewaffneter Staaten geben. Auf sowjetischer Seite hatte man ähnliche Sorgen: Was immer die Sowjetführer ihren Verbündeten und Schützlingen lieferten, nukleare Waffen und Materialien waren nicht darunter.

In der Tat waren seit Mitte der 1950er Jahre von der Schweiz bis Südafrika nukleare Studien im Gang, die nicht nur platonischen Charakters waren. Das alles endete nach einem Jahrzehnt mit dem NPT – aber nicht ganz. Indien, Pakistan und Israel blieben von vornherein außerhalb des Systems. Sie trauten sich den eigenen, unabhängigen Weg zur Bombe zu, sahen dafür hinreichend strategische Gründe und nahmen auch in Kauf, dass sie nukleare Erkenntnisse und Technologien aus eigener Kraft entwickeln oder über den sich alsbald entwickelnden schwarzen Markt – Pakistan und Nordkorea gingen mit Nukleartechnologie und Raketen-Wissen unauffällig in Führung – einkaufen mussten.

Israel entwickelte schon in den 1970er Jahren die Politik der *constructive ambiguity*, was bedeutete, dass der Besitz der nuklearen Waffe weder verneint noch bestätigt wurde: Schon die Möglichkeit, dass Israel nukleare Waffen hatte, sollte auf arabische Nachbarn abschreckend wirken. Dazu passte es, dass man die Anlage von Dimona am Nordrand der Negev-Wüste offiziell zur Textilfabrik erklärte, gleichzeitig aber einen so weiten Perimeterzaun zog, dass ernsthafte Zweifel daran gerechtfertigt waren. Von der unfernen Verbindungsstraße nach Süden in Richtung Eilat kann auch ein ungeübtes Auge die Kuppel über dem Reaktorkern ausmachen. Die *military balance* des Londoner International Institute for Strategic Studies wiederholt seitdem Jahr um Jahr ihre Einschätzung, dass der jüdische Staat etwa 200 Gefechtsköpfe in verschiedener taktischer Konfiguration besitze: Raketen, Cruise-Missiles, Flugzeuge – vielleicht auch Langrohr-Artillerie und U-Boot-gestützte Sea-Launched Cruise-Missiles (SLCM).

Dass die Israelis in den letzten Jahren die am Ende der 1990er Jahre aus Deutschland gelieferten drei – in Zukunft wohl insgesamt fünf – U-Boote der Delphin-Klasse (Typ 800 im israelischen Dienst) mit nuklear bestückten Cruise-Missiles ausgerüstet haben, wurde weder bestätigt noch dementiert. Die Umwelt soll im Unklaren bleiben. Das wird von den Israelis im Schattenspiel der existenziellen Abschreckung als nützliche strategische Unschärfe betrachtet – und als Mittel zur Erweiterung des strategischen Raumes. Eines der Boote – sie können in flachen Gewässern wie Ostsee oder Golf operieren und sind, von Brennstoffzellen angetrieben, schwer auszumachen – patrouilliert wahrscheinlich im Golf, da die Israelis den Iran der Mullahs als Hauptbedrohung sehen, eines ist im Dock, und das dritte ist en route.

Indien und Pakistan kamen sehr viel später zum nuklearen Rendezvous. Beide Seiten trieben militärische Nuklearforschung voran. Pakistan tauschte Nuklearwissen gegen Raketenwissen mit Nordkorea. Beide, Indien und Pakistan, blieben immer bei der letzten Schraubenzieherdrehung vor dem Finish stehen, um sich das Wohlwollen der Amerikaner und Russen nicht restlos zu verscherzen. 1998 war es damit vorbei: Zuerst Indien und dann Pakistan testeten die Bombe – zur großen Überraschung der Amerikaner, deren elektronischen Argusaugen und -ohren entscheidende Vorgänge auf dem Boden entgangen waren. Ob die Waffe seitdem auf dem indischen Subkontinent zwischen den beiden über die Zugehörigkeit Kaschmirs seit dem Ende Britisch-Indiens verfeindeten Staaten die Lage stabilisiert oder nicht, ist keine akademische Frage, sondern entscheidet über Krieg und Frieden in Südasien. Bisher ist es gut gegangen, und tatsächlich sind nach dem Vorbild der Rüstungskontrolle der 1970er und 1980er Jahre erste Vertrauen und Sicherheit bildende Maßnahmen (VSBM) in Gang gekommen – so zum Beispiel Mitteilungen über Raketenstarts und Tests, zusammen mit Gesten des Verhandlungswillens. Ob das reicht? Gäbe es nicht den Streit um Kaschmir und die »Line of Control« im Hochgebirge, so fände sich immer noch genug religiöser Fanatismus, um den Konflikt am Brennen zu halten.

Ein weiterer Staat außerhalb des NPT war die verfemte und unter UN-Sanktionen stehende Republik Südafrika in der Zeit des Apartheidregimes, das 1989 aufzuweichen begann und 1994 endete. Zwar war die Nuklearwaffe gegen die innere Bedrohung denkbar ungeeignet. Doch sahen sich die Südafrikaner mehr und mehr aus Richtung Mosambik und Namibia unter Druck, wo bis in die Spätzeit der Sowjetunion kubanische Truppen operierten – »Freiwillige« im weltweiten Kampf um Sowjetexpansion und Weltrevolution, ausgerüstet mit Jets aus Sowjetarsenalen und möglicherweise anderem, ernstem Equipment. Wer konnte dessen so sicher sein? In der Endphase verfügten die südafrikanischen Streitkräfte, wie der letzte weiße Präsident F. W. de Klerk einmal im kleinen privaten Kreis zu erkennen gab, über »sechseinhalb« nukleare Gefechtsköpfe. Schon in der ersten Phase des Umbruchs wurden sie aufgegeben – freiwillig oder nicht, jedenfalls vernünftigerweise. Weder wollte man sie einer schwarzen Nachfolgeregierung in die Hände geraten lassen, noch bestand, nachdem die Kubaner abgezogen waren, strategischer Bedarf. Vielmehr war die Preisgabe der Nuklearrüstung in Richtung USA und Vereinte Nationen wichtige vertrauensbildende Maßnahme.

Zuletzt hat 2003 Libyens exzentrischer Staatschef, »Revolutionsführer« Muammar al-Gaddafi, demonstrativ auf jene nuklearen Ausrüstungen und Bauteile verzichtet, die er aus den Labors des Dr. Abdul Kadir

Khan in Pakistan zuvor bestellt hatte – nach einer Art Mailorder-Katalog. Als die amerikanischen Geheimdienste diesen Versandkatalog auf die Titelseite der *International Herald Tribune* gelangen ließen, wusste Gaddafi, dass das nukleare Spiel verloren war und er fortan gefährlich lebte. Er muss sich wohl an Präsident Reagans Zorn im Jahr 1986 erinnert haben, als er amerikanischen Raketen, im Tiefflug vom Meer her anfliegenden Stealth-Jägern abgefeuert, nur um Haaresbreite entgangen war. In Zusammenarbeit mit europäischen Geheimdiensten, namentlich Briten, Deutschen und Italienern, hatten die Amerikaner herausgefunden, dass ein Frachter mit harmlos deklarierter, in Wahrheit aber nuklearer Ladung in Richtung Libyen unterwegs war, und das Schiff abgefangen. Danach konnte Gaddafi nicht schnell genug Inspektoren der Wiener Aufsichtsbehörde IAEA ins Land holen, um die neu gewonnene Tugend zertifizieren zu lassen.

Ungeachtet solcher Erfolge für den Status quo zwischen Nuklearbesitzern und nuklearen Habenichtsen ist die Zukunft des Nonproliferationsvertrags heute weniger gewiss als zu jedem Zeitpunkt seit den Anfängen. Eine Säule der Weltordnung gerät ins Wanken. Mit dem NPT war das Verhandlungsfeld der Rüstungskontrolle genau beschrieben. Es gab fünf legitime Atommächte, die Vetomächte des UN-Sicherheitsrats. Der Rest der Welt sollte aus Habenichtsen bestehen. Diese indessen wurden für ihren dauerhaften Verzicht auf nukleare Waffen dadurch entschädigt, dass die Nuklearmächte Abrüstung versprachen und die Nichtnuklearmächte Know-how und nukleare Brennstoffe erhalten sollten. Der Vertrag hatte Schwächen, namentlich fehlte es an ernsthaften Sanktionen gegen Vertragsverletzungen – was das finstere Regime Nordkoreas seit den frühen 1990er Jahren nutzt, um sein internationales Gewicht zu vergrößern, Schutzgeld zu erpressen und die Weltmächte, eingeschlossen China, zu narren. Passiert ist den Nordkoreanern nichts Nennenswertes. Im Gegenteil: Um das Regime des »lieben Führers« Kim Jong Il von Abenteuern abzuhalten, wurden Nordkorea seit 1994 unter Führung Amerikas und Chinas Nahrungsmittel, Öl und zwei Nuklearkraftwerke zugesichert – alles von den Nachbarn Japan und Südkorea zu bezahlen. Im Gegenzug sollten die Nordkoreaner wieder Inspektionen zulassen und die Waffenentwicklung anhalten. Doch was, außer der unklaren Drohung, haben sie sonst, um gehört zu werden? Die Nordkoreaner lernten, dass Investment in nukleare Waffen, auch ohne sie abzufeuern, fette Zinsen bringt. Der Rest der Welt lernte mit.

Nordkorea erklärte tatsächlich zehn Jahre später hohnlächelnd, dass man nicht so töricht sein werde, das Einzige aus den Händen zu geben, was das trostlose Regime erst zum Verhandlungspartner macht: nukleare Waffen. Amerika wiederum ist, schon mangels militärischer Alternativen, zu Zugeständnissen bereit, fordert aber erneut den vollständigen Verzicht der Nordkoreaner auf Raketen und Nuklearwaffen, und dazu ständige Inspektionen nach den Regeln der Wiener IAEA. Wie groß die Angst vor Krieg ist, an der falschen Stelle und zur falschen Zeit, zeigen die sich dahinschleppenden Verhandlungen um den Sechseck-Tisch in Peking in der neuen Verbotenen Stadt, zu denen China einlud und die Nordkorea alsbald verließ, dann wiederkam und dann wieder verließ – und so weiter. Sanktionen des UN-Sicherheitsrats sind gegen Nordkorea kaum denkbar. Man werde sie, so pokern die Abgesandten aus Pjöngjang, als feindliche Handlung entsprechend beantworten. Das heißt Krieg, und wie die militärische Lage auf der koreanischen Halbinsel nun einmal seit dem Waffenstillstand von 1953 ist – Seoul nur 70 Kilometer südlich des 38. Breitengrades –, kann der Norden die Hauptstadt des Südens, wie nordkoreanische Militärs gern ausmalen, zum »Flammenmeer« machen und das Unternehmen durch Mittelstreckenraketen und nukleare Gefechtsköpfe abdecken. Das ist ein schauerliches, aber nicht undenkbares Szenario für ein Regime, das nichts mehr zu verlieren hat. Auch zeigt es, dass nukleare Waffen ihren Nutzen haben, lange bevor sie abgefeuert werden. Sie treten schon durch ihre bloße Existenz in Aktion, in Ostasien wie, rund um den Iran, im Weiteren Mittleren Osten.

Nukleare Waffen, deren Logik einst die festen Strukturen des Kalten Krieges formte und verfestigte, treten mittlerweile in einen anderen, halbflüssigen Aggregatzustand ein. Was das zu bedeuten hat, und wie das nukleare Monster noch einmal zu zähmen ist, wird die diplomatisch-strategische Aufgabe aller Aufgaben werden. Mit frommen Wünschen nach einer Welt des Friedens und vollständiger nuklearer Abrüstung wird es da nicht getan sein. Die amerikanische und die russische – und ebenso die chinesische, britische und französische nationale Sicherheitsdoktrin, wo sie auf Präemption gegen nuklearen Terror setzen, nähern sich dem Problem auf ihre Weise, während die Mehrzahl der Europäer sich darauf beschränkt, es wegzuwünschen. Einer neuen Weltordnung wird das nicht in die Existenz verhelfen.

Die zerfallende Ordnung des Kalten Krieges war, seitdem die Sowjets 1949 die erste Atomwaffe, 1953 die H-Bombe und 1957 Interkontinentalraketen testeten, über mehr als vier Jahrzehnte nuklear, bipolar und global. Sie stand, wie kein politisch-strategischer Konflikt der Weltgeschichte zuvor, unter einem Kriegsverbot, das von der Existenz der Nuklearwaffen ausging. Denn die beiden Supermächte – und nur sie zählten in diesem Kontext – lernten spätestens seit den nuklearen Konfrontationen über Berlin und Kuba in den frühen 1960er Jahren, dass diese Waffen zur Kriegführung nicht geeignet waren. Sieg wäre kein Sieg gewesen. Die unzerstörbaren Zweitschlagskapazitäten hätten ihn ununterscheidbar gemacht von Niederlage und Unbewohnbarkeit des Planeten Erde. Es waren die viel verteufelten »Overkill«-Kapazitäten, die die »Kill«-Kapazitäten fesselten. So kam es, dass Furcht und Vernunft den langen nuklearen Frieden erzwangen, der selbst noch Niedergang und Fall der Sowjetunion unter die Disziplin des Nuklearen zwang.

Ist auf diese Logik der strategischen Zurückhaltung auch heute und auf absehbare Zukunft noch Verlass? Die Antwort, ob aus Nordkorea, dem Iran oder aus den unbestimmten Richtungen von Al Kaida, ist beunruhigend, ja muss die Welt alarmieren. Dies nicht nur deshalb, weil die Vernichtungsrhetorik durchaus glaubwürdig klingt, sondern weil

- erstens unausweichlich andere Staaten, um nicht in Kapitulation getrieben zu werden, nach Abschreckung aus eigener Kraft suchen,
- weil zweitens Rüstungskontrolle in einer weitgehend nuklearisierten Welt unmöglich wird und weil
- zuletzt und vor allem, nukleare Waffen auch dann politisch einschüchternde Wirkung haben, wenn sie nicht abgefeuert werden. Es reicht, wie Nordkorea beweist und auf andere Weise auch der Staat Israel, wenn alle an ihre Existenz glauben.

Die Welt steht, wenn nichts geschieht, vor einer politisch-militärischen Revolution durch nukleare Waffen. Man kann ohne Übertreibung von einer möglichen Wendung ins Apokalyptische sprechen. Die Entscheidung über diesen strategischen Bruch aber fällt nicht in fernen Jahrzehnten, sondern hier und jetzt. Es ist der düsterste Aspekt der Globalisierung und, wenn der Ernstfall denn eintritt, unumkehrbar und gänzlich unentrinnbar. Das Ende des globalen Nonproliferationsregimes, trotz all seiner erkennbaren Schwächen, Lücken und Widersprüche, wäre der Anfang vom Ende jeder Art von Weltordnung.

Die schönen Tage der selbst gewährten Denkpause, die dem Kalten Krieg folgte, sind vorbei. Träume von prästabilierter Harmonie durch Demokratie und Marktwirtschaft und Visionen vom Ende der Geschichte *made in the USA*, in der westlichen Hemisphäre allenthalben begierig geglaubt und in fröhliche Friedensdividenden umgesetzt, werden verdrängt durch Albträume einer ganz anderen Version. In Zeiten des apokalyptischen Terrors und der Massenvernichtungswaffen und jeder denkbaren Kombination beider kann passives Warten auf den Angriff, der von außen oder von innen kommt, in die Katastrophe führen. Der Aufstieg der durch Verträge und Abschreckung nicht mehr gezähmten Nuklearwaffen verändert die Regeln der Weltpolitik nicht nur theoretisch, sondern lange vor dem ersten Einsatz auch praktisch-politisch. Denn wohin der düstere Schatten der Nuklearwaffen fällt, verändert er Politik und Sicherheitsgefühl. »Souverän ist, wer über Atomwaffen verfügt« – so brachte der deutsche Staatsrechtslehrer Carl Schmitt, als die gaullistische Nukleardoktrin Gestalt annahm, die NATO veränderte und den deutschen Bündnispartner auf Abstand setzte, die neue Lage auf den Begriff. In diesem Wort aber liegt beides beschlossen, Wahrheit und Illusion. Wahrheit, denn Nuklearstaaten hüteten sich bisher, einander militärisch zu nahe zu treten, aus Staatsräson und Überlebensinstinkt. Aber auch Illusion, denn Nuklearwaffen können Sicherheit nicht verbürgen, und Terror oder apokalyptische Regime, wenn sie Armageddon inszenieren wollen, sind kaum abzuschrecken und nur begrenzt und wenig verlässlich abzuwehren. Daraus entsteht die grimmige Logik der politischen Prävention, ja der militärischen Präemption.

Nukleare Waffen sind noch immer die Waffe aller Waffen, unerbittliche Gleichmacher, aber auch Mittel der politischen Strukturbildung und Medium strategischer Kommunikation. Sie lassen sich mit anderen Waffen auf keinerlei Weise verrechnen. Sie gehören, von den Gefechtsköpfen interkontinentaler Raketen bis zur schmutzigen Bombe – konventioneller Kern, strahlende Verpackung –, in eine strategische und politische Kategorie besonderer Art. Machen sie unverwundbar? Die Strategen des Kalten Krieges sahen das anders. Sie wussten, dass nukleare Waffen die Versuchung zum großen Vernichtungsschlag in sich tragen und dass es wirksame, verlässliche Raketenabwehr nicht gab. Stattdessen setzten sie auf *Mutually Assured Destruction* (in brutaler Ironie »MAD« abgekürzt), wechselseitig gesicherte Zerstörung. Dafür bedurfte es der Zweitschlagskapazitäten in den Tiefen der Ozeane, unter der vereisten Nordpolarkappe, im unmütterlichen Schoß der Erde und in der Stratosphäre, wo die USA Tag und Nacht Bomber Patrouille fliegen ließen, um niemals überrascht zu werden. Krieg der Giganten wäre dem Ende der Geschichte verteufelt nahe gekommen. Die Antagonisten des Kalten Krieges wussten das, in den Rüstungskontrollverhandlungen sprachen sie darüber wie andere über eine Börsenwette. Deshalb waren sie auch füreinander berechenbare, gleichsam symmetrische Gegner, verbunden im strategischen Kartell der Kriegsvermeidung. Dazu passte nicht die Entfesselung der Apokalypse; nicht der terroristische Massenmord, und schon gar nicht die Gefahr, durch periphere Kriege in die Konfrontation an der *Central Front* gezogen zu werden, wie sie im Nordatlantikvertrag 1949 markiert worden war, allen Interessenten jederzeit als Erinnerung gegenwärtig. Es gab verlässliche Regeln, weshalb die Sowjets darauf verzichteten, sich, wenngleich oft geübt, der Westsektoren Berlins zu bemächtigen, und die Amerikaner den Dramen in Berlin 1953, Budapest 1956, Prag 1968 und Warschau 1981 zuschauten, ohne über militärische Teilmobilisierung hinauszugehen.

Es war die in solchen Krisen gewonnene Erfahrung des Kalten Krieges und Teil seiner geschriebenen und ungeschriebenen Regeln, dass Nuklearwaffen nicht Mittel der Kriegführung waren, sondern *force in being*, wie die Royal Navy im 19. Jahrhundert. Die Logik war von brutaler Einfachheit: Es bedurfte der Waffen des Weltuntergangs, um den Krieg der Weltmächte zu verbieten – jedenfalls den großen Krieg in der Mitte des Weltgeschehens. An peripheren, aber immer sorgsam eingedämmten und isolierten Kriegen hat es indessen niemals gefehlt.

In den frühen Jahren des Kalten Krieges stellten für die Dauer des strukturbildenden ersten Jahrzehnts nukleare Waffen, die Amerika hatte und die Sowjetunion nicht hatte, jenes grobe Gleichgewicht her, das weder in der Geografie des sowjetischen Landimperiums und der amerikanischen Seeallianz ruhte noch in der Konfiguration der Waffensysteme, sondern zuerst und zuletzt in der unerbittlichen Disziplin des nuklearen Weltuntergangs: Ihn suchten die beiden Weltmächte, was immer sie sonst gegeneinander zu stellen hatten, gemeinsam zu verhindern. Sie waren verbunden in einem Kartell der Kriegsvermeidung und in der – wenngleich wechselseitig unvereinbaren – Gewissheit, dass sie die Erde erben würden: auf alle Zeit Lenins Idee vom Weltfrieden durch Weltrevolution gegen Wilsons Idee vom Frieden der Demokratien. Beide Seiten waren füreinander, wie Schachspieler, rational verstehbar.

Der Kalte Krieg war nuklear strukturiert: Die Sowjetmacht Panzer gegen Panzer und Rohr gegen Rohr einzudämmen – »a rearguard action on the shores of the Atlantic Ocean«, wie Präsident Truman schrieb – war 1945 und danach niemals denkbar. Nukleare Waffen mussten die strategische Lücke füllen und die grobe Balance herstellen. Man sprach von *extended deterrence*, der von den kontinentalen USA auf Westeuropa erweiterten Abschreckung. Ohne das Jahrzehnt des amerikanischen Monopols, das bis in die 1950er Jahre dauerte – 1949 testeten die Russen die Atombombe, 1953 die Wasserstoffbombe, und 1957 zeigte der Sputnik, dass sie die Technologie interkontinentaler Raketen meisterten –, hätte es nach der Blockade 1948/49 weder ein freies westliches Berlin gegeben noch die Bundesrepublik Deutschland, weder den Nordatlantikpakt noch die Europäische Wirtschaftsgemeinschaft.

Als der Kreml nukleare Parität erreichte, testete er deren politische Wirkung seit 1958 in der zweiten Berlin-Krise, die mit dem Patt des Mauerbaus endete, und 1962 in der Raketenkrise um Kuba. Die Supermächte traten an den Rand des nuklearen Abgrunds und sahen darin ihren eigenen Untergang. Das Ergebnis war, in einem halben Dutzend umfangreicher Verträge niedergelegt, die nukleare Rüstungskontrolle. Grundlage war der Atomwaffensperrvertrag, indem er die Zahl der legitimen Nuklearbesitzer auf die etablierten fünf permanenten Mitglieder des UN-Sicherheitsrats beschränkte: Der Rest der Staatenwelt nahm seinen Minderstatus hin oder begab sich – Israel, Indien, Pakistan, Südafrika – auf einen Sonderweg.

Der Kalte Krieg – zuerst Machtkonkurrenz, dann Machtkartell – hat nahezu ein halbes Jahrhundert gedauert, und überall stehen noch die nuklearen Kulissen. Aber er ist vorbei, und mit ihm die strukturbildende Kraft nuklearer Waffen, die am Ende noch dazu beitrug, dass die Sowjetunion nicht mit einem Knall die Weltbühne verließ, sondern mit einem Seufzer. Unverändert aber gibt es nukleare Waffen, informierte Schätzungen nennen an die 27 000, die meisten davon noch immer im Gewahrsam der beiden Führungsmächte des Kalten Krieges, die indessen bei der technisch aufwändigen und überaus kostspieligen Entsorgung zusammenarbeiten. Dazu die Volksrepublik China (etwa 400 Sprengköpfe) sowie die mit den USA verzahnten britischen und die französischen Systeme.

Die Frage bleibt, was nukleare Waffen im postnuklearen Zeitalter bedeuten, seitdem sie minderen und unberechenbaren Mächten zugänglich wurden und der Partisan als Hauptdarsteller die Weltbühne betrat. Eine europäische Nukleardoktrin gibt es noch weniger als eine belastungsfähige europäische Sicherheitsdoktrin. Beides bedingt einander. Die kleineren europäischen Staaten, soweit sie überhaupt eine weltpolitische Gefahrenanalyse wagen, schauen auf die NATO und hoffen, dass der Schirm der Abschreckung über ihnen hält. Die deutsche Politik will sich innenpolitisch nicht die Finger verbrennen und scheut als Nichtnuklearstaat, in politische Vorlage zu gehen. Die Briten haben ihre nukleare Waffe so eng mit den USA verbunden und verzahnt, dass in diesem Punkt der Atlantik schmaler ist als der Ärmelkanal. So setzte sich der französische Staatspräsident Jacques Chirac an die Tete. Er gab am 19. Januar 2006 auf dem U-Boot-Stützpunkt Brest eine Antwort in der Tradition des Generals de Gaulle, der in der Verfassung der Fünften Republik die Sicherheitspolitik in die Mitte der *domaine reservée* des Staatspräsidenten rückte, und in die Mitte der Sicherheitspolitik die nukleare Waffe. »Alles entwickelt sich in Abhängigkeit vom Nuklearen« – hatte de Gaulle, von seinem alten Berater und Kampfgefährten Raymond Aron beeinflusst, einst gelehrt. Und, im Blick auf Großbritannien und Deutschland: »Man muss den Rang halten.« Aber de Gaulle hatte auch in Richtung der minderen NATO-Alliierten übertriebene Hoffnungen abgewehrt: »Le nucléaire se partage mal« – das Nukleare ist unteilbar. De Gaulle wusste, was alle seine Nachfolger wussten: Es ist die Verfügung über Nuklearwaffen, die Macht und Charisma des Staatspräsidenten im Palais de l'Élysée ausmacht. Kein »Vierzehnter Juli« ohne Parade der Raketen auf den Champs-Élysées. »Moi je suis la dissuasion« (Die Abschreckung bin ich) – sagte einst François Mitterrand in Anspielung auf Ludwig XIV. und den Staat.

Chirac sprach an jenem kalten Januartag 2006 zu den Seeleuten in Brest und den Stabsoffizieren in Paris, die die künftige Verteidigungsdoktrin auszuarbeiten haben. Man werde sich von Terroristen und Verbrecherstaaten nicht drängen lassen in die unmögliche Entscheidung zwischen Nichtstun und Vernichtung. Werde Frankreich durch einen anderen Staat terroristisch bedroht, so sei der präzise nukleare Schlag gegen die Führer möglich und denkbar. Auch Chirac wusste, dass Terroristen zumeist ortlos agieren und ihre Förderer sich unsichtbar machen. Gleichwohl wollte er beides, und jeder Nachfolger muss es genauso halten: Abschreckung und die Fähigkeit, den Konflikt hochzureißen und ihn dadurch zu ersticken.

Den Rang halten: Der französische Präsident bringt Frankreich wieder ins Spiel auf gleicher Höhe wie Russland, wo Putin längst Ähnliches aussprach, und den Vereinigten Staaten. Er markiert aber auch Distanzen zu den europäischen Alliierten, darunter Deutschland: Ihnen wird Schutz verheißen unter gleichen Bedingungen wie Frankreich, doch zu minderem, nichtnuklearem Rang. Als die *pre-emption*-Theorie der amerikanischen Sicherheitsdoktrin nach Nine-Eleven im Jahr 2002 auf Ähnliches hinauslief, sparte die damalige rot-grüne Bundesregierung, während London und Paris sich bedeckt hielten, nicht mit gerechtem Abscheu und besetzte unter breitem Applaus in Deutschland das höhere moralische

Gelände. Es wird nicht einfach sein, in Medien und Politik die Anpassung an die neue Wirklichkeit zu vollziehen – aber notwendig. Wenn terroristische Regime erst einmal straflos mit dem Weltuntergang spielen, dann ist es auf immer zu spät. Einen Nuklearstaat gegen seinen Willen zu denuklearisieren ist ein Sprung ins Dunkle – oder ins Feuer.

Wird es unter solchen Bedingungen möglich sein, den Nichtverbreitungsvertrag zu erhalten – wenigstens noch für eine Weile? Die USA haben Pakistan wegen der Allianz im *war on terror* und den Indern wegen China den nuklearen Aufstieg vergeben. Ohnehin waren beide, wie Israel, dem Vertrag ferngeblieben. Anders steht es um Nordkorea und um den Iran, dessen Regime todesbesessen ist, auf die Wiederkehr des »Verborgenen Imam« hofft und den Weltuntergang als Erlösung der Welt von allem Übel offen herbeiwünscht. Testen sie die Bombe, Nordkorea oder Iran oder beide, wird das die Region, ja die Welt verändern. Kein Gleichgewicht des Schreckens wird dann noch, wie im Kalten Krieg, die Hölle unter Verschluss halten. Im Gegenteil, andere Staaten werden folgen, im Mittleren Osten Saudi-Arabien, die Türkei und Ägypten, mit Iran durch viele Jahrhunderte der Rivalität und des Kampfes verbunden, in Fernost mit Sicherheit Japan. Vielleicht werden auch Taiwan und Südkorea in praktische Überlegungen eintreten, ob der amerikanische Schutz noch verlässlich ist. Dann sind Nonproliferation, der Vertrag und das Regime und die geringe Sicherheit, die darin einmal lagen, buchstäblich beim Teufel.

Nuklearwaffen sind ohnmächtig gegen den kleinen Krieg des Partisanen, wie die russischen Truppen im Kaukasus und die US-Marines im Irak lernten, und zugleich Inbegriff strategischer Übermacht. In diesem Widerspruch bleiben den Nuklearwaffen indes Funktionen besonderer Art. Sie erhöhen Rang und Status eines Landes, wie an den permanenten Mitgliedern des UN-Sicherheitsrats zu sehen. Sie machen nicht unverwundbar, wie die Führer des Iran zu glauben scheinen, doch setzen sie für den Angreifer den Preis ins Unberechenbare: Milošević mit Atomwaffen hätte sich sicher fühlen können, und desgleichen Saddam Hussein in Bagdad. Sie bilden einen Schirm der Abschreckung, auch über Verbündeten – was früher »erweiterte Abschreckung« hieß. Indem sie Nichtnuklearwaffenstaaten Sicherheit in Aussicht stellen, halten sie den Kreis der Nuklearbesitzer klein – das ändert sich indessen, seitdem der Iran nach der Waffe greift. Die nukleare Drohung kann auch außerhalb des eigenen Gebiets vitale Interessen schützen, so wie die USA 1990 durch atomare Drohung die Chemiewaffen des Irak am Boden hielten.

Nuklearwaffen entfalten Wirkung, indem sie da sind. Die Weltgeschichte seit 1945 bietet dafür Belege. Die Blockade der Westsektoren Berlins durch die Rote Armee kam nach zehneinhalb Monaten an ihr Ende, nachdem Präsident Truman der amerikanischen Luftwaffe Befehl gegeben hatte, zwei B-29 – der Bombertyp von Hiroshima – einmal um den Globus fliegen zu lassen, ohne jemals auf dem Boden aufzutanken. Erstaunliche Publizität begleitete das gewagte, technisch überaus anspruchsvolle Unternehmen. Die Botschaft war für den Mann im Kreml bestimmt, und die Straßen, Bahnlinien und Kanäle von Westdeutschland in Richtung Berlin waren an einem Maientag im Jahr 1949, als sei nichts geschehen, wieder offen. Die zweite Berlin-Krise, die 1958 mit dem Ultimatum Chruschtschows begann und 1961 mit dem Mauerbau und dem seltsamen Ballett der Panzer am Checkpoint Charlie endete, war einerseits der Versuch der Sowjetführer, die neu gewonnene Nuklearmacht in Veränderung der strategischen Landkarte umzusetzen, Berlin vollständig zu schlucken und Westeuropa ins Wanken zu bringen. Andererseits waren es nukleare Waffen, die Militärs und Politiker unerbittlich daran mahnten, dass, wenn die erste Nuklearwaffe gezündet war, der Weltuntergang folgen könne. Nach ähnlichen Regeln spielte sich 1962 die Kuba-Krise ab: Auf den groben Klotz der Sowjets, die Mittelstreckenraketen auf der Zuckerinsel stationieren wollten, setzte Kennedy den groben Keil. Zugleich bot er gesichtswahrende Gesten an, insbesondere Rückzug der amerikanischen Mittelstreckenraketen des Typs Jupiter aus der Türkei. Zum Ergebnis beider strategischen Lektionen zählten der *heiße Draht*, der fortan die Lagezentren in Moskau und Washington verband, der Atomtest-Verzicht in der Atmosphäre, der Nonproliferationsvertrag und, darauf aufbauend, die Konstruktionen der Rüstungskontrolle, beginnend mit SALT I und dem ABM-Vertrag 1973.

Aber nicht nur die beiden Supermächte des Kalten Krieges dachten und handelten nuklear. Großbritannien nutzte die enge Zusammenarbeit mit den USA – Bereitstellung von Luft- und U-Boot-Basen gegen Lieferung nuklearer Hardware und Einbeziehung in Aufklärung und Zielplanung –, um Großmachtstellung zu borgen und die *special relationship* aus den beiden Weltkriegen zu erneuern.

Frankreich unter de Gaulle nutzte die Waffe, die auf stillen Wegen amerikanische Unterstützung fand, um eine Art nukleares Veto zu erwerben: Niemals wieder sollte eine französische Regierung in die Lage von 1940 kommen, allein gelassen auf den Stränden von Dünkirchen. Die *force de dissuasion*, zu Wasser, zu Lande und in der Luft, fraß zwar Panzern und Infanterie einen großen Teil des Militärhaushalts weg, gab aber Frankreich die Chance, im Kriegsfall einem Angreifer, wie de Gaulle es drastisch sagte, »den Arm abzureißen«. Das bedeutete Abschreckung, militärisch gegen die Sowjetunion, politisch aber eine Warnung in Richtung Washington, es mit Supermacht-Alleingängen niemals zu weit zu treiben. De Gaulle nutzte die *bombinette*, um den Rang zu halten und am Tisch der Großen Platz zu finden: »s'asseoir à la table des grands«. Das sicherte Abstand, namentlich zu Deutschland. Es bedeutete wenig für späte Kolonialkriege in Afrika, viel aber für das europäische und atlantische Gefüge.

Der Staat Israel, als er Ende der 1960er Jahre auf die Benefizien der Mitgliedschaft im Nonproliferationsvertrag verzichtete, arbeitete längst an der Bombe. Dafür nahmen die Israelis – der Nichtmilitär Shimon Peres gilt als Architekt dieser Strategie – kaltblütig amerikanisches Stirnrunzeln hin. Im Verteidigungsministerium in Tel Aviv wusste man, dass die USA es sich, seitdem die Sowjetunion Nuklearmacht geworden war, nicht leisten konnten, Israel jemals diplomatisch oder militärisch fallen zu lassen. Geistige Verwandtschaft mit dem Gaullismus war nicht zufälliger Art. Die Nuklearwaffe gab dem winzigen Land mehr strategische Optionen, als ihm die enge Geografie des Heiligen Landes und die Ergebnisse der Kriege seit der Unabhängigkeit 1948 erlaubt hatten. Außerdem lag in der Nuklearwaffe eine Warnung an die arabischen Nachbarn, die Bedrohung Israels niemals in die existenzielle Dimension hochzutreiben. Seitdem Ägypten unter Nasser das Megaprojekt des Assuan-Staudamms in Angriff genommen hatte, war der Staat der neuen Pharaonen ohnehin gezwungen, mit Israel vorsichtig umzugehen – Assuan gehörte zu den Gründen, warum Anwar as-Sadat nach dem Jom-Kippur-Krieg 1973 die Sowjets verdrängte und die Amerikaner als Schutzmacht suchte. Assuan war vor allem ein Grund für ihn, 1977 nach Jerusalem zu fliegen, in der Knesset zu sprechen und Friedensverhandlungen anzubieten – die 1979 in Camp David mit einem Vertrag endeten, der bis heute gilt.

Die israelischen Militärs haben in den letzten vierzig Jahren stets darauf verzichtet, mit dem Besitz der Atomwaffe zu prahlen. Es war wirkungsvoller, sie im Halbdunkel der *deliberate ambiguity* zu halten: ein dauerndes »Vielleicht ja, vielleicht nein«, bewusste Unschärfe über die Ultima Ratio. Die Israelis nutzten die atomare Waffe als Mittel strategischer Kommunikation. Das geschah militärisch gegenüber angriffslustigen und von der Sowjetunion mit Waffen und Ausbildung vollgepumpten arabischen Staaten. Und es geschah politisch gegenüber den Vereinigten Staaten niemals deutlicher als im Oktober 1973. Da hatten am Jom-Kippur-Tag die Araber von Nord und Süd angegriffen, Israel hatte schwere Verluste hinnehmen müssen, und die militärische Führung wusste, dass es kaum noch Reserven gab. In dieser Situation rollten Lastwagen mit Raketen von den Bunkern an die auf den Flugfeldern südlich Tel Aviv stationierten leichten Bomber. Das geschah stets zu jener Zeit, wenn die amerikanischen Satelliten sich über Israel befanden, und hat die amerikanische Militärhilfe außerordentlich beschleunigt – die im Übrigen zum großen Teil aus westdeutschen Depots kam. Auf lange Sicht war die Folge, dass die Amerikaner Israel stets das modernste Kriegsmaterial lieferten und liefern, um die israelische Militärführung von vorzeitigen nuklearen Gedanken abzubringen. Das sicherte der israelischen Luftwaffe einen steten Zustrom an »cutting edge«-Technologien und Material für Aufklärung und Luftkampf, die die Israel Aircraft Industries dann noch nach Kräften weiterentwickelten.

Seit 1945 sind nukleare Waffen nicht mehr im Zorn abgefeuert worden. Sind sie deshalb belanglos und unwirksam? Ob sie existieren oder nicht existieren – solange Menschen und Mächte an ihre Existenz glauben, haben sie Wirkung in Krieg und Frieden. Und deshalb werden einzelne Staaten, ob sie sich bedroht fühlen oder ihre Nachbarn in Schach halten wollen, oder beides, weiterhin nach Nuklearwaffen streben.

Zwei Staaten vor allem sind es, die seit Ende des Kalten Krieges die nukleare Revolution nach Kräften betreiben, halb im Verborgenen und halb in erpresserischer Offenheit: Nordkorea und Iran. Aber die Lage in Fernost ist auch in diesem Punkt unübersehbar anders als die im Mittleren Osten.

Bezüglich Nordkorea ist die Volksrepublik China in der Schlüsselrolle. Peking hat kein Interesse daran, dass der kleine kommunistische Drache vor der Haustür eines Tages nukleares Feuer spuckt. Denn dann würde nichts und niemand Japan, wahrscheinlich auch Südkorea und vor allem Taiwan daran hindern können, die Fesseln des Nonproliferationsvertrags abzuwerfen, auf amerikanisches Wohlwollen zu verzichten und Schutz in eigener Abschreckung durch Atomwaffen zu suchen. China würde sich in einem unübersichtlichen, weil weitgehend nuklearisierten Mächtesystem wiederfinden. Am sechseckigen Verhandlungstisch (mit den USA, Nord- und Südkorea, Japan und Russland) hat China deshalb immer wieder Lösungsmöglichkeiten sondiert, die Nordkorea im Spiel halten, zugleich aber seine Entfaltungsmöglichkeiten eindämmen. Zugleich nutzt China die nordkoreanische Karte, um den USA zu beweisen, wer Herr in Ostasien ist und dass Washington gegen das Reich der Mitte nichts ausrichten kann, sondern besser auf Ausgleich setzt.

Im Weiteren Mittleren Osten ist die Lage ungleich dramatischer. Angst geht um vor dem Iran. Nukleare Bewaffnung für morgen oder übermorgen vor dem Hintergrund apokalyptischer Hasspredigten und einer undurchschaubaren Mullah-Diktatur, Massenarbeitslosigkeit der Jugend und wirtschaftlicher Stagnation, zudem Sponsoring des internationalen Terrorismus – ein Land, um das Fürchten zu lernen. Die Vernichtungsrhetorik gegen Israel und die Hasstiraden auf den »Großen Satan« USA sollen die Araber mundtot machen. Die aber erinnern sich an Jahrhunderte persischer Dominanz und wollen die Erfahrung nicht wiederholen.

Dass die Iraner meistenteils Schiiten sind – wie die im südlichen Zweistromland lebenden Stämme –, macht sie den Sunniten verdächtig.

Kein Wunder, dass die Führungen so gut wie aller arabischen Staaten und die Regierung in Ankara sehr genau beobachten, wie die fünf permanenten Mitglieder des UN-Sicherheitsrats und – via EU-Drei – die deutsche Regierung weiter verfahren. Sie müssen den Griff der Iraner nach nuklearen Waffen stoppen und sie auf den Tugendpfad des Nonproliferationsvertrags zurückbringen, ohne dabei untereinander in heillosen Streit zu geraten oder einen chirurgischen Schlag – Landkrieg ist ohnehin undenkbar – gegen die Schlüsselanlagen der Iraner offen anzudrohen. Ein solcher Schlag wird zwar in Washington nicht rundweg ausgeschlossen. Auch suchen die USA dafür, eingedenk der Lehren aus dem Irakkrieg, Unterstützung im Sicherheitsrat der Vereinten Nationen, um den Druck zu erhöhen. Russland soll aufhören, das Nuklearkraftwerk in Buschir zu bauen und auf Anschlussaufträge zu setzen. Alles ist besser als militärische Präemption gegen mehrere Hundert verbunkerte oder in den Tiefen der Berge versteckte Ziele – Experten sprechen von 400 kritischen Punkten der Nuklearentwicklung im Iran. Alle kennen den Preis: Ölpreisexplosion, Wirtschaftskrise und islamische Raserei. Wer hat dafür die Nerven?

Die dem Iran benachbarten Araber haben viele Jahrhunderte des Konflikts nicht vergessen. Sie fürchten iranisch-schiitische Hegemonie über den Fruchtbaren Halbmond, den iranischen Griff nach dem Öl und das schiitische Leitbild ihrer kulturellen und wirtschaftlichen Entwicklung. Mit der islamischen Solidarität der Araber ist es daher nicht weit her. Laut wird nicht gesagt, was leise jeder versteht: Ein nuklear triumphierender Iran wäre weit schlimmer als die fortdauernde Machtprojektion der amerikanischen Supermacht in die Region.

Seltsam bei der ganzen Operation bleibt, dass die Europäer, repräsentiert durch das EU-Verhandlungsteam aus London, Paris und Berlin, überwiegend der Meinung sind, dass sie vor allem den Amerikanern, nebenbei auch den Israelis, einen Gefallen tun, wenn sie mit dem Iran Tacheles reden – was lange Zeit viel Zuckerbrot und wenig Peitsche bedeutete. Dabei geht es in Wahrheit, wie um die Sicherheit der Araber, vor allem um die der Europäer. Die Iraner sind auf dem besten Wege, ihren Schahab-2-Raketen zu Reichweiten zu verhelfen, die den größten Teil des europäischen Kontinents abdecken. Die USA nuklear zu bedrohen erfordert technische Mittel, die sie nicht haben, und wäre zudem sichere Selbstzerstörung. Das ist die Botschaft der amerikanischen Verteidigungsdoktrin auch in der jüngsten Fassung aus dem Jahr 2006, und Amerika hat auch die Mittel, aus Drohung Ernst zu machen. Was Israel betrifft, so sieht es ähnlich aus. Das bedeutet: Nächst den Arabern haben die Europäer und die Türkei – und wahrscheinlich auch Russland – das größte Interesse an wirksamer Eindämmung und Rüstungskontrolle.

Tatsächlich haben sich die Iraner bisher verrechnet. Sie meinten lange Zeit, Moskau und Peking würden sie der Demütigung entheben, im UN-Sicherheitsrat als vertragsbrüchig vorgeführt zu werden: Moskau wegen der Atomkraftwerke, die Russland liefert und noch liefern will; Peking wegen Öl und Gas. Doch Russland und China mögen tausend Differenzen haben mit dem Westen, in einem sind sie sich einig: Es soll keine neuen Atommächte geben, schon gar nicht der Iran, dessen religiöse Untergangsfantasien den kühlen Machtpolitikern in Moskau und Peking unheimlich sein müssen.

Diktaturen haben es an sich, dass sie oftmals die schlimmsten Feinde ihres Volkes sind und, um sich an der Macht zu halten, äußere Feinde brauchen. Nach jeder Staatsvernunft braucht der Iran dringend moderne Technologien, die es nur im Westen gibt, sowie Kapital und Know-how, um der einen Million junger Menschen, die jedes Jahr auf den Arbeitsmarkt drängt und meist nichts findet, eine Zukunft zu bieten. Das Land ist seit 1979 so heruntergewirtschaftet, dass selbst Benzin und Diesel importiert werden müssen, weil es an Raffinerien fehlt. Die Erdölwirtschaft wird nicht ewig Bestand haben und die Regierung an der Macht halten. Das Land braucht eine sanfte Landung. All das aber erfordert zuallerletzt Atomwaffen und zuallererst Entspannung und Vertrauen im Verhältnis zum Westen. Die Europäer haben es an Entspannung nicht fehlen lassen, die Amerikaner nicht an Abschreckung. Jetzt sind alle am Ende ihres zivilen Lateins. Auf Regimewechsel im Iran zu hoffen und danach auf friedliche Verständigung, ist die weiche Option. Aber es ist die Rechnung ohne den Wirt. Zwischen Moschee und Folterkammer ist das Regime fest eingegraben, auch wenn die Korruption der Regierenden und die Frustration der Jungen unübersehbar sind.

Die europäischen Angebote sind ausgereizt. Der Kompromiss, den Moskaus Diplomaten bieten – Urananreicherung in Russland –, wäre eine für alle gesichtswahrende Lösung. Ähnlich steht es mit dem Vorschlag von Brent Scowcroft, unter Bush dem Älteren Chef des Nationalen Sicherheitsrats: Er sieht die Linie des Kompromisses darin, dass der Nonproliferationsvertrag weiter gilt, Iran Hilfe findet für zivile Nutzung des Atoms, die Anreicherung aber unter internationaler Kontrolle anderswo stattfindet. Da kommen wieder die fünf Präsidiumsmächte des Nuklearen ins Spiel. Dagegen bewirkt die Forderung der Iraner, solches unter internationaler Beteiligung in Teheran selbst vorzunehmen, nach allen Täuschungen nur ein müdes Lächeln. Die harte Option – sie möchte man sich ungern vorstellen. Aber gänzlich auszuschließen ist sie nicht – und als Element ernster Diplomatie ist sie ohnehin im Spiel.

Der Kalte Krieg war, Aron noch einmal zu zitieren, nuklear, global, bipolar. Noch halten die Strukturen, die aus den abgründigen Erfahrungen der Berlin- und Kuba-Krisen entwickelt wurden, aber nur noch mühsam. Die fünf permanenten Mächte des UN-Sicherheitsrats, wie auch immer sie sonst rivalisieren, verteidigen ihr Oligopol, und die große Mehrzahl der Unterzeichner, die Verzicht auf nukleare Waffen leisteten, schauen angstvoll zu und wagen sich nicht vorzustellen, was nukleare Anarchie für Weltwirtschaft und Weltordnung bedeutet. Doch neue Faktoren sind längst im makabren Spiel. Der Partisan mit der schmutzigen Bombe, das apokalyptische Regime mit nuklearen Gefechtsköpfen auf weittragenden Raketen, der Angreifer, der das Nuklearkraftwerk in eine Bombe verwandelt – wem gehört die Zukunft?

Es gab einmal den Nuklearwaffensperrvertrag NPT, Rahmen der globalen »rough balance«, Säule der Weltordnung, Garantie gegen die nukleare Rebellion minderer Mächte. Es ist bittere Ironie, dass anno 1995, als die

UN-Vollversammlung die Geltungsdauer des Vertragswerks mit überwältigender Mehrheit unbegrenzt verlängerte und einen neuen Äon nuklearer Tugend mit hallenden Fanfaren und schönen Reden begrüßte, Nordkorea längst auf anderen Wegen war, und ebenso der Iran. Jetzt muss sich der Sicherheitsrat der UN mit dem Iran befassen, seit 1970 Mitglied und Benefiziär des Vertrags, der nicht nur den Brennstoffzyklus in eigener Verfügung will – und damit Zugang zu waffenfähigem Uran –, sondern auch kein Geheimnis mehr macht aus seinen militärischen Absichten. Dass die öffentliche Vernichtungsrhetorik hauptsächlich gegen Israel gerichtet ist, soll Angst und Misstrauen der Araber ruhig stellen. Beruhigen kann sie das mörderische Geschrei nicht, weil die Araber von jeher gewohnt sind, Persien, ob der Schah regierte oder die Mullahs an der Macht sind, mit Argwohn zu betrachten. Der religiöse Gegensatz zwischen den mit übergroßer Mehrheit sunnitischen Arabern und den schiitischen Persern gibt den traditionellen Machtrivalitäten zusätzliche Schärfe. Pläne für Nuklearrüstung – so behaupten Eingeweihte in Washington – hatte seinerzeit, vor 1979, auch schon der Schah. Doch das war noch Teil traditionellen Großmachtstrebens. Die Mullahs wollen schiitische Revolution und Gottesstaat – und dafür brauchen sie die Bombe, das Öl und die Petrodollars. Dass sie ihre Rüstungspläne über mehr als 18 Jahre verheimlichten, bis die Mudschaheddin aus dem inneren Widerstand zuerst die Israelis und diese dann die USA und die Wiener IAEA alarmierten, musste das Misstrauen abgrundtief machen.

Zur selben Zeit kam Bushs »Passage to India«, wie der Londoner *Economist* literarisch titelte. In Neu-Delhi feierte der amerikanische Präsident mit dem indischen Premier Singh ein Abkommen, das Indien de facto als Atommacht anerkennt – wiewohl weiterhin außerhalb des NPT. Indien ist nie beigetreten und war von den Amerikanern deshalb auf Distanz gehalten worden. Die neue Intimität der Shanghai Political Organization zwischen Peking und Moskau hat dazu geführt, dass das Weiße Haus nunmehr gegenüber Indien fünfe gerade sein lässt und ein neues weltpolitisches Spiel à quatre eröffnet. Seitdem Indien 1998 der Welt in einer kurzen Testreihe zeigte, dass das Land unter dem Himalaya über Atomwaffen verfügt, musste Washington reagieren – und es konnte nicht

Bestrafung sein. Schon Präsident Clinton sprach voller Respekt von der Atommacht Indien. Es brauchte dann noch fast ein Jahrzehnt, den Schrecken von Nine-Eleven und die Annäherung zwischen Moskau und Peking, um einen Zwischenweg pragmatisch zu erkunden und dann durch einen Liefervertrag für atomaren Brennstoff abzustecken – der indes im Kongress auf erhebliche Bedenken trifft. Zwar sehen die Fachleute es als wünschenswert an, die Beziehung zu Indien zu stärken – in der Phase des Kalten Krieges war die Sowjetunion Schutzmacht für Indien, während die USA die Hand über Pakistan hielten –, aber zugleich wird das nukleare globale Gleichgewicht verschoben, und was die Bedeutung für die künftige Geltung des NPT ist, weiß niemand zu sagen.

Jedenfalls hat früher schon das Abseitsstehen von dem Vertragswerk Israel nicht geschadet. Nunmehr wird Indien die Abweichung vom rechten Pfad vergeben. Nur Pakistan befindet sich noch in der Kälte – gemildert allerdings durch die unentbehrliche Rolle im Kampf gegen die in den unzugänglichen Grenzprovinzen eingegrabenen Kader der Al Kaida – und wird auch auf absehbare Zeit darin bleiben: Denn niemand weiß, was aus Pakistan wird, wenn eines Tages der starke Mann von Islamabad, General Musharraf, der mehreren Attentaten nur knapp entging, schwach wird.

Mit anderen Worten: Die klare Geometrie des Nonproliferationsvertrags und seiner Nebensysteme wie die Nuclear Suppliers' Group existiert nicht mehr: oben die Nuklearmächte, unten die nuklearen Habenichtse und seitab in einer Nebelzone Israel, Indien und Pakistan. Es ist richtig, dass der NPT entstand als Machtkartell der Nuklearbesitzer gegen die Nichtbesitzer – mit gewissen kompensatorischen Regelungen wie Zugang zu ziviler Atomtechnik. Jetzt zeigt sich, dass die USA, über Jahrzehnte selbstbewusster Hüter des NPT, unter Bush anderen geostrategischen und machtpolitischen Interessen folgen.

Der Nichtverbreitungsvertrag ist heute praktisch universell gültig – auf dem Papier. Er hat dazu beigetragen, die Entwicklung zur nuklearen Multipolarität, sogar zur Anarchie zu verlangsamen. Dass er sie gänzlich verhindern könne, war immer Illusion. Dies schon deshalb, weil zivile und militärische Nuklearforschung und Technik die längste Strecke des Weges parallel laufen, ja identisch sind. Die Verbreitung der Kernenergie – die infolge der langfristig steigenden Ölpreise und der Treibhausgase weltweit Rehabilitation erfährt – vergrößerte von Anfang an Versuchungen und Möglichkeiten der Proliferation. Auf den Austritt Nordkoreas aus dem NPT, zuerst 1994 und dann 2003, haben die Mächte des UN-Sicherheitsrats keine adäquate Antwort gefunden. Die Volksrepublik China nutzte das Falschspiel des Pjöngjang-Regimes, um sich als Vormacht Asiens gegen Amerika zu positionieren, und die USA wollten weder den Konflikt mit China noch das schwer einschätzbare Risiko, dass Nordkorea gegen den Süden losschlug. Das musste Schule machen. Die Tatsache, dass die USA im Irak alle Hände voll zu tun hatten, ermutigte das Regime in Iran, Nordkorea zu folgen.

Es hat sich im Verlauf der nunmehr fast vier Jahrzehnte des NPT immer wieder gezeigt, dass die Realität anders war als der Buchstabe des Vertrags. Als 1981 die Israelis, über Jordanien und Syrien anfliegend, gegen geltendes Recht den mit Hilfe Frankreichs gebauten irakischen Reaktor Osirak bombten, hatten sie gute Gründe. Zehn Jahre später zeigte sich, dass Saddam Hussein erneut – während die Inspektoren der IAEA ihm Wohlverhalten attestierten – den Bau der Bombe betrieben hatte. Die Kontrollen der IAEA, großenteils auf Freiwilligkeit beruhend, sind schwach; der Vertrag hat keine Zähne und enthält keine über moralische Missbilligung hinausgehenden, ernstlich abschreckenden Sanktionen. Auch die Maßnahmen der Nuclear Suppliers Group können die schwachen Sicherungen nicht verteidigen. Das Safeguard-System wurde zwar durch ein Zusatzprotokoll verstärkt. Die Zweifel blieben indes. Das gehört zu den Gründen, warum im Vorfeld des Irakkrieges 2002/2003 den Befunden der Inspektoren wenig, zu wenig Gewicht beigemessen wurde. Sie hatten sich einmal geirrt – warum nicht, so wurde in London und Washington gefragt, ein zweites Mal?

Die USA, letzte und einzige Supermacht, setzen auf den Pragmatismus der Macht, die ihre eigenen Regeln einmal so setzt und einmal anders, und auf bilaterale Arrangements. Es hat die amerikanische Neigung zum Alleingang verstärkt, dass gegen Nordkorea China, gegen den Irak Russland nicht mit von der Partie waren. Der Atomwaffensperrvertrag aber war multilateral angelegt und kann heute und in alle Zukunft nur multilateral funktionieren. Er verfällt zunehmend an den Rändern, und zwar aus zwei Gründen: Zum einen wegen der Rivalität der Großmächte, die Kunden und Klienten pflegen, zum anderen aufgrund der Tatsache, dass zivile Atomkraft mehr und mehr wieder aufgebaut wird – mit unscharfen Rändern. Die globale Nuklearenergie-Partnerschaft, die der amerikanische Präsident vorschlägt, soll darauf die Antwort sein, indem die entscheidende Anreicherung wie auch die Weiterverarbeitung verbrauchten Materials unter internationale Aufsicht kommen und möglichst in Gewahrsam der etablierten Atommächte bleiben.

Solange das gemeinsame Interesse der etablierten fünf Atommächte an ihrem Machtkartell größer ist als das Spiel mit neuen Konkurrenten, ist der Atomwaffensperrvertrag nicht völlig verloren. Aber wie wichtig ist Indien für Washington, Nordkorea für Peking, Iran für Moskau? Weder lässt sich die Atomrüstung dieser Staaten ignorieren, noch lässt sie sich im Rahmen des NPT akkommodieren. Nordkorea bewegt sich, wie Iran, in einer Zone jenseits des NPT. Beide erhalten keine sensible Technologie von außen und laufen das Risiko schmerzhafter Sanktionen – nicht weniger, aber auch nicht mehr. Indien bedeutet nicht nur eine andere Größenordnung und einen machtvollen Faktor im Großen Spiel der Weltmächte, sondern war auch, um seine Anlagen nicht Kontrollen von außen unterwerfen zu müssen, niemals Mitglied des NPT. Wenn Indien jetzt gleichwohl von den USA als Quasimitglied des Clubs behandelt wird, ist das noch nicht das Ende des NPT, wohl aber entsteht ein Präzedenzfall ersten Ranges, den andere zitieren werden.

Wem gehört die Atomkraft? Noch immer bestimmt das Atom in beiderlei Gestalt, Versprechen des Überflusses und Drohung der Vernichtung, die Architektur der Welt. Aber mit dem Ende des Kalten Krieges trat auch darin eine fundamentale Veränderung ein. Hatte die nukleare Bipolarität seit den 1950er Jahren die Hierarchie der Mächte und der Konflikte weltweit strukturbildend bestimmt, so hat der Verfall dieser Hierarchie und der Aufstieg konkurrierender Gleichgewichte auf Erwerb und Besitz der Bombe Prämien gesetzt wie nie zuvor. Eine religiös bestimmte Mittelmacht wie Iran, eine verrottende Diktatur wie Nordkorea können Vetomacht erwerben, und weil sie es können, müssen sie es auch tun. Weltordnung ohne Eindämmung der Macht, die aus dem Atom kommt, ist nicht denkbar und wahrscheinlich nicht möglich.

SCHLUSS

Wer wird die Erde erben?

»The privilege of absurdity;
to which no living creature
is subject but man only«

THOMAS HOBBES, *Leviathan*, 1651

»The Earth is flat«, so überschreibt Thomas Friedman ein viel beachtetes Buch. Der amerikanische Starkolumnist predigt damit nicht Rückkehr zum mittelalterlichen Weltbild der Kirche – Gott oben, der Teufel unten, der sündige Mensch dazwischen –, sondern Ordnung und Unordnung dessen, was seit zwei Jahrzehnten Globalisierung genannt wird. Informationen sind das wichtigste Produktionsmittel, forschende Intelligenz die strategische Ressource. Daten und Dateien gehen in Sekunden *real time* um den Globus und verbinden Menschen und Märkte. Irgendwo ist immer Bürozeit, und mit ihr wandert die Arbeit. Distanzen verkürzen sich. Konkurrenz verdichtet sich. Jeder steht mit jedem im Wettbewerb um Absatz, Löhne, Arbeitsbedingungen, Preise und Qualitäten. Großunternehmen suchen sich Standorte, Steuersysteme und Regierungen – nicht umgekehrt. Geschichte und Geografie verlieren viel von ihrer herkömmlichen Prägekraft. China ist nicht mehr der ferne Ferne Osten, Europa nicht mehr Nabel der Welt. Amerikas *soft power* ist überall – bald aber auch chinesische Waren fortgeschrittener Technologie, nicht mehr Holzspielzeug, sondern Computer.

Die Welt ist flach – in der Betrachtungsweise der weltweit sich öffnenden Märkte für Kapital, Rohstoffe, Waren und Dienstleistungen hat dieses Paradox viel an Wahrscheinlichkeit für sich. Gilt es aber auch für Macht und Ohnmacht der Staaten? Das ist offenkundig nicht der Fall. Die überlieferte Staatenordnung, die noch den Buchstaben der internationalen Regeln und Geschäftsordnungen bestimmt, löst sich auf und bewegt sich in zwei gegenläufige Richtungen: Anarchie auf der einen, Vernetzung auf der anderen Seite. Nur eine Minderheit von Staaten folgt noch den Regeln traditioneller, ursprünglich in Europa entwickelter *good governance*, was die alten Deutschen *gute policey* nannten und schätzten. Das »Westfälische System«, wie der britische Diplomat Robert Cooper die traditionelle Begrifflichkeit von Staat und Weltordnung beschreibt, hört einfach auf. Wir stehen an der Abbruchkante der Postmoderne, und was wir sehen, ist beides: optimierte Systeme internationalen Austauschs und die Logik langfristiger Machtkompromisse auf der einen, dysfunktionale Territorien für Warlords und Abenteurer auf der anderen Seite, und zwischen beiden Seiten, zuletzt und vor allem, die Auflehnung des Terroristen und dessen, der auf Massenvernichtungswaffen setzt, von der *dirty bomb* bis zur Mittelstreckenrakete. Was sich in solchen Dissonanzen ankündigt, ist die Welt ohne Weltordnung.

Von den mehr als 190 Mitgliedstaaten der Vereinten Nationen bedeuten viele kaum mehr als ein Namensschild in der Vollversammlung in New York, einen fantasievollen Briefkopf und dahinter Anarchie, Recht des Stärkeren, käufliche Staatlichkeit. *Failing states*, versagende Staaten, die niemals eine ordentlich konstituierte Staatsgewalt entwickelten und nach innen durchsetzten, werden mehr und mehr zum Problem, nicht nur als Sozialfälle, sondern auch als Terrorherberge, wie das Afghanistan der Taliban, als Hort ethnischen Massenmords und millionenfacher Vertreibung, wie der Sudan, als Schauplatz von Kämpfen um Rohstoffe und strategische Ressourcen, wie große Teile Zentralafrikas. Diese dysfunktionalen Territorien existieren gewissermaßen hinter dem Horizont, wie in einem Gegenuniversum, aber ihre Schockwellen, wie Nine-Eleven bewies, erreichen die Welt der Computer und der klimakontrollierten Büros in der 50. Etage. Es ist eine großenteils nachkoloniale, wieder ins Vorstaatliche treibende hobbesianische Welt, wo das Leben den düsteren Gesetzen des Naturzustands gehorcht: »Solitary and poor, brutish, nasty, and short.« (Thomas Hobbes, Leviathan)

Entwicklungshilfe bleibt ein Tropfen auf den heißen Stein. Ein »Marshall-Plan« für Afrika ist, wo alle Voraussetzungen von einst fehlen, ewige Selbstberuhigung sensibler Geister auf der Nordhalbkugel. Militärische Exkursionen – die Briten in Sierra Leone, die Franzosen im Tschad, die

Deutschen hier und da ein bisschen und nirgendwo wirklich – erfolgen schlechten Gewissens, ohne Nachhaltigkeit, Operation am lebenden Körper ohne Narkose und ohne Nachsorge. Manchmal kommen Vortrupps der Armen aus der Nacht halb ertrunken an die Gestade Europas oder werden als Leichen angespült, wenn die Passage misslang, die Schlepper ihre Last einfach abwarfen oder Unwetter der Qual ein Ende machten. Dann werden die Passagiere des Luxusdampfers Europa aufmerksam, dass irgendwo da draußen etwas nicht stimmt – um sich dann wieder dringenderen Geschäften zuzuwenden. Diese Welt hat mehr und mehr Mittel, an ihr Leiden zu erinnern: Elend und Armut, Flüchtlingsströme, Seuchen und Terror.

Globalisierungen hat es immer wieder gegeben, und sie kamen in Wellen, und am Ende konnte sich seit 1867 das Japan der Meiji-Kaiser den Gesetzen der Geostrategie und der Weltwirtschaft so wenig entziehen wie das müde gewordene China der letzten Dynastien. Beide hatten vergeblich versucht, sich der Europäisierung – Globalisierung von gestern und vorgestern – zu verweigern. Die Weltkriege waren mächtige Beschleuniger und reduzierten die Entfernung zwischen dem sich verkämpfenden europäischen Mächtekonzert und den vormodernen Teilen der Welt und sprengten die Kolonialreiche. Die Kämpfe der Dekolonisierung verbanden sich schon vielfach, von Vietnam bis Angola, mit dem Kalten Krieg, weil jede der Supermächte der Gegenseite die Herrschaft über den letzten Erdenwinkel verweigern musste: Noch einmal Globalisierung militärisch, ideologisch, politisch. Eine andere, zeitlich geringfügig verschobene Globalisierungswelle hatte zur Folge, dass die ölreiche arabische Welt aus der ewigen Vormoderne in einen Zwischenzustand von politischer Verzweiflung und ökonomischer Verschwendung geschleudert wurde. Der Reichtum aus dem Öl versprach den Regimen ewiges Leben und den Massen Brot und Spiele – und die Moschee als Ort, ihre menschliche Würde zurückzugewinnen. Die Globalisierung der jüngsten Phase, gestützt vor allem auf einander überholende Informationstechnologien, World Wide Web und offene Märkte für Waren und Kapital, hat vielen, nicht nur in Ost- und Südostasien, noch einmal ungeahnten Wohlstand gebracht. Zugleich aber kommen mit den Wellen der Globalisierung, je länger, desto mehr, kulturelle Entfremdung, Verlorenheit und neue Armut, politische Brüchigkeit und bedrohliche Nachbarschaften.

Sprengkräftige Asymmetrien bauen sich auf. Das Bild friedlichen Ausgleichs durch die Märkte ist Teil einer neoliberalen Wall-Street-Welt, die der Rest der Welt nicht teilt. Eine Legitimitätskrise der globalen Wirtschaft wäre unausweichlich, wenn jede Art von Ausgleich zwischen den Benachteiligten und den Begünstigten misslingt, die Folgen für Wohlstand und Wohlfahrt katastrophal. Während Europa und die Vereinigten Staaten noch machtvolle Bekenntnisse zu freiem Welthandel abgeben, treten die Regierungen zugleich, unter Druck von bedrängten Industrien, Gewerkschaften und namentlich der seit mehr als einem Jahrhundert zunehmend geschützten Landwirtschaft, auf die Notbremse. Denn eines ist klar: Auf der ebenen Fläche des weltweiten Marktplatzes kann der europäische Arbeiter zu 15 US-Dollar die Stunde nicht auf Dauer konkurrieren mit dem chinesischen Arbeiter zu fünf Dollar am Tag. Dasselbe gilt für den IT-Fachmann, den Ingenieur, die Stimme aus Bangalore am Ende der Servicekette. Doch auch westliche Regierungen können auf Dauer nicht zusehen, wie große Teile der Industrie übernommen werden, rationalisiert und gegebenenfalls abgebaut, weil der globale Marktplatz es erzwingt. So besteht die größte aller Asymmetrien zwischen den alt gewordenen Industrien und Labors in Europa und den angriffslustigen, jungen Gesellschaften in Ost- und Südasien, China, Indien. Amerika kann aufgrund seiner rüden Flexibilität nach oben und unten und in alle Himmelsrichtungen diesen Wettbewerb länger aushalten als Europa, das seinen Bürgern Schutz und Bewahrung verspricht und dieses Versprechen, obwohl die wachsenden Staatsschulden die Schmerzen noch eine Weile mildern, Tag für Tag weniger einlösen kann – jeder Verständige ahnt und sieht es und weiß doch nicht anders zu handeln.

Nächst den Brüchen und Teilungen infolge Globalisierung enthält keine der großen globalen Asymmetrien mehr Sprengkraft als das ungleichmäßige Wachstum der Menschenzahl in den einzelnen Weltregionen. Die arabische Welt erlebt eine Bevölkerungsexplosion, derer die Regierungen nicht Herr werden, die alles wirtschaftliche Wachstum sogleich wieder neutralisiert und die alle politische Stabilität untergräbt.

Das saudische Königreich hatte zu Zeiten der ersten großen Ölpreisexplosion 1974/76 rund sieben Millionen Einwohner, dazu ein Durchschnittseinkommen von 24 000 US-Dollar. Dreißig Jahre später hatten 22 Millionen Menschen ein Durchschnittseinkommen von rund 7000 US-Dollar. Die darin angelegten sozialen Verwerfungen sind kaum vorstellbar, auch wenn der steigende Ölpreis den Regierungen der Ölländer vorübergehend noch einmal eine Atempause der sozialen Beschwichtigung schenkt.

Im Konflikt zwischen Israel und den Palästinensern geht es von jeher um Land, Jerusalem, Grenzen und Flüchtlinge – vor allem aber um die unaufhörliche Bevölkerungsexplosion unter den Palästinensern, nirgendwo stärker als in dem Höllenloch Gaza. Das ist der Grund, mehr als alle Intifadas und Terroranschläge, warum Israel gegen Ende 2005 Gaza aufgab und – mangels Verhandlungspartner – nach einseitigen Lösungen und Trennungen sucht. Das aber ist auch der Grund, warum die Radikalen unter den Palästinensern sich sicher sind, dass ihnen die Zukunft gehört.

Den meisten arabischen Regimen ist die Rache der Wiegen längst unheimlich geworden. Aber gegen die Predigt der Moschee kommen sie nicht an, und die wenigsten haben den Mut, die überkommenen Lebensformen in Frage zu stellen durch Gesetzgebung und praktische Maßnahmen in Richtung Besser- und Gleichstellung der Frauen. Das wäre wahrscheinlich ein Schlüssel, nach dem Konzept des früheren Mossad-Chefs Ephraim Halevy wohl der langfristig wichtigste, für eine stabilere Zukunft der Region. Aber gegen die islamische Tradition anzugehen ist für die Regierungen lebensgefährlich – so geht der Kindersegen nahezu ungebremst weiter und wird zur Lawine, die über der gesamten Region hängt. Der chinesische Weg zur Stabilisierung, die städtische Ein-Kind-Familie, erfordert eine Diktatur, die fest im Sattel sitzt und Macht über die intimsten Lebensvorgänge ausübt und später gewaltige Probleme der Altersversorgung zu lösen hat. Davon sind arabische Regierungen weit entfernt. Im Iran indessen haben, nachdem der Ayatollah Khomeini den Kindersegen noch für fromme Pflicht erklärt und als patriotische Reserve begünstigt hatte, die Nachfolger das Fürchten gelernt vor einer jungen Generation, dic das frömmlerische Gefängnis hasst, die Fenster zur Welt aufstoßen will und für Amerika schwärmt. Die Rache der Wiegen wendet sich gegen ihre Erfinder, und es liegt in ihrer Natur, dass sie kaum besiegbar ist. Indien wird, was die Menschenzahl angeht, bald China überflügeln, und es wird auf mittlere Sicht eine Bevölkerung haben, die jünger ist, kreativer und stärker als alle anderen.

Die dritte große Asymmetrie ist die Verteilung von Erdöl und Erdgas. Immer mehr von dem kostbaren Stoff wird via Pipeline und Tanker aus den Feldern des Mittleren Ostens nach Amerika, China und Europa kommen müssen, bei zunehmender Instabilität der Region und wachsender Konkurrenz der Käufer. Das gibt den Lieferländern eine Schlüsselposition, die die Saudis in den letzten zwei Jahrzehnten für Mäßigung und Ausgleich nutzten, die Iraner dagegen für Auf- und Ausbau ihrer Machtstellung am Golf, zur Finanzierung von Waffenimporten und islamistischem Terror wie zur Bezahlung ihrer Atomwirtschaft. Ihr Engpass liegt in der Unwilligkeit des Westens, das amerikanische Embargo zu unterlaufen und dem Iran Kapitalgüter für den Aufbau einer Industriewirtschaft für die Zeit nach dem großen Öl zu liefern. Die Gegensätze der Lieferländer sind unterdessen ebenso groß, wenn nicht größer als die zwischen Lieferanten und Abnehmern. Aber nicht nur der Iran und die arabischen Ölstaaten bauen neue Machtpositionen auf, sondern auch Russland gründet den imperialen Wiederaufstieg statt, wie in der Vergangenheit auf die Panzer der Roten Armee, auf die Lagerstätten Westsibiriens und des Nordmeers, auf Terminals für LNG und auf Pipelines nach Westen und, in absehbarer Zeit, nach Osten. Amerika wird, lange bevor die eigenen Quellen erschöpft sind, zur Geisel seiner eigenen Benzin-Trunksucht, die in Klima und Lebensformen begründet ist, zugleich aber die amerikanische Nahost-, Südamerika- und Afrikapolitik vorantreibt. Für die Europäer ist es nicht eine Doktorfrage, wie man sich mit Russland stellt, sondern eine Lebensfrage. Im 19. Jahrhundert lebte Europa die längste Zeit *sous l'œil des russes*, im 21. Jahrhundert wird Europa in Gestalt der EU immer wieder in Russland um gut Wetter bitten müssen, damit die Lampen nicht ausgehen. Dass der Kreml die Ölwaffe zu nutzen weiß, hat er in sowjetischen Zeiten gezeigt und es seitdem nicht verlernt.

Die vierte große Asymmetrie ist Teil und Mittel des Nonproliferationssystems, Nuklearbesitzer gegen nukleare Habenichtse. Dieses System, das mehr als ein Vierteljahrhundert Bestand hatte und die Welt des Kalten Krieges einigermaßen berechenbar machte, gerät mehr und mehr aus den Fugen. Ob es sich noch einmal richten lässt, im schlimmsten Fall mit dem militärischen Hammer, im besten durch Geld und gute Worte, ist eine Lebens- und Überlebensfrage der globalen technischen Zivilisation. Was aussieht wie ein Vertragssystem beider Seiten – Verzicht auf militärische Nutzung, dafür Teilhabe an ziviler nuklearer Technologie –, ist zugleich Machtkartell der fünf permanenten Mitglieder des UN-Sicherheitsrats. Was immer sie trennt, sie wissen eines: Nukleare Waffen sind unerbittliche Gleichmacher, und im Besitz der Waffe liegt weniger Gestaltungsmacht als vielmehr Vetomacht. Dazu kommt die Natur der nuklearen Waffen: Solange es wirksame Raketenabwehr nicht gibt, stattdessen aber unauffällige Methoden des Schmuggels in Containern und Schiffen, so lange hat der Angreifer einen strategischen Vorteil, und Verteidigung wird auf Abschreckung reduziert. Die war effektiv in den Symmetrien des Kalten Krieges. Ob sie künftig noch Kraft hat, den Schrecken aller Schrecken zu bannen, ist gänzlich offen. Denn Abschreckung wird impotent, wenn der Angreifer sich unsichtbar zu machen weiß oder wenn er die Apokalypse herbeizwingen will. Das eine gilt für den Terroristen ohne Vaterland, das andere für die Herrscher des selbsterklärten Gottesstaates. Niemand kann heute sagen, wie weit die Welt von der Einlösung dieser Hypothese noch entfernt ist. Das Gesetz, nach dem er angetreten ist, muss den Terroristen dazu treiben, die größtmögliche Zerstörung anzurichten, die nukleare. Gelingt es nicht, das Nonproliferationsregime noch einmal zu festigen und einbruchssicher zu machen – die Chancen sind gering –, dann lebt die Welt künftig am Rande des Abgrunds.

Wer wird die Erde erben? Die Antwort scheint einfach, und sie liegt mehr in *soft power* als in militärischer Überlegenheit – die indessen nach wie vor in Machtkonflikten und Entscheidungslagen ein starkes Argument beiträgt. Dennoch und ganz offenkundig hat die Frage, wer die Erde erbt, mehrere Antworten. Wer weltweite Märkte offenhält und sich darin durchzusetzen weiß durch Innovation, Organisation und kompetitive

Preise. Wer über Informationstechnologie verfügt und sich ihrer zu bedienen weiß in Krieg und Frieden und den ungewissen Übergängen zwischen beiden. Wer mehr als genug Energie sein eigen nennt, sei es aus Importen, sei es aus eigener Förderung, sei es gar aus neuen Technologien. Wer genug Menschen hat, vor allem junge. Alle diese Bedingungen sind notwendig, keine ist ausreichend.

Auch ist jeder ein Preisschild angehängt. Informationstechnologie ist beides, Produktivkraft und Mittel der Produktion, aber je komplexer und vernetzter sie wird, desto verletzlicher ist sie auch: Cyberspace ist überall, Cybercrime ist längst endemisch, Cyberwar eine ernste, den Generalstäben nicht unbekannte Hypothese. Energie im Überfluss, wie jeder Reichtum, macht schlapp und unscharf im Denken. Überzahl der Menschen bedeutet nicht nur Segen, sondern noch mehr Verteilungskämpfe und Unregierbarkeit. Die zivilisatorische Bändigung aller dieser Kräfte indes liegt nicht in ihnen selbst, sondern in der politischen Lebensform. Und dafür gilt noch immer das Sir Winston Churchill zugeschriebene Wort: »Democracy ist the worst form of government, except all the others that have been tried.«

Mit anderen Worten, es geht, zuletzt und vor allem, um die Bewahrung beider, der Freiheit und der Sicherheit. Nur im Paradies gibt es beides unbegrenzt. Auf Erden indessen, namentlich seit Nine-Eleven, muss man dazwischen Ausgleich finden. Freiheit bedarf der Sicherheit, sonst wird sie sich selbst zerstören. Sicherheit bedarf der Freiheit, sonst wird sie zum Selbstzweck. Im einen Fall verlieren wir unsere Seele, im anderen unser Leben. Das 1989 aus Amerika verheißene »Ende der Geschichte« hatte man sich einfacher vorgestellt. Wir stehen am Anfang neuer Dramen.

Das Problem ist alt und jung zugleich. Aber ob es bewältigt wird, und wie, bestimmt die Zukunft der demokratischen Lebensform in einer Welt, die mehrheitlich eher zu Anarchie oder Diktatur neigt. Es braucht Ausgleich und Kompromiss zwischen beidem, Freiheit und Sicherheit. Nicht nur kritische Infrastruktur, namentlich Energie und Cyberspace, sind bedroht durch Terror, der seine Möglichkeiten in neue Dimensionen schleudern will: *leveraging* ist das Börsenwort für derlei Kräfteverstärkung.

Bedroht ist das Gewebe der Gesellschaft und damit die zerbrechliche Balance zwischen bürgerlicher Freiheit und öffentlicher Ordnung, wie sie seit den Gräueln und Katastrophen der religiösen Bürgerkriege in Europa etabliert wurde – nicht ohne nachfolgende Rückfälle in die Barbarei.

Die ältere Version des Problems wurde ausgemacht zwischen Thomas Hobbes und John Locke. Zu den Zeiten vor dem Gesellschaftsvertrag Lockes zurückzukehren wäre ebenso misslich wie zu denen vor Hobbes, die der britische Denker als »bellum omnium contra omnes« beschrieb, Leben im Naturzustand, »einsam und arm, brutal, hässlich und kurz«, um es noch einmal zu zitieren. So rechtfertigte er den übermächtigen »Leviathan«, den ungezähmten Ordnungsstaat. Das heutzutage schon in seinem Ableben betrauerte »Westfälische System« (Robert Cooper) der souveränen Staaten, wie es aus dem Dreißigjährigen Krieg in der Mitte Europas hervorging, war die Außenseite, auf dem Kontinent etwas strenger, in England etwas milder.

Die Innenseite war der starke Staat – zu stark, um menschenfreundlich zu sein. Ihn wollte John Locke bewohnbar machen, indem er ihm die Garantie von Leben, Freiheit und Recht auf Eigentum abforderte im Tausch gegen die selbstzerstörerische Form der Freiheit. *Good governance* wurde für Englands Parlamentsherrschaft, was die »Glückseligkeit« der Menschen für den fürstlichen Absolutismus auf dem Kontinent wurde: sittliche Rechtfertigung der Herrschaft. In den »*checks and balances*« der amerikanischen Verfassung, überwölbt vom individuellen »right to the pursuit of happiness«, suchten die amerikanischen Verfassungsväter die Synthese. Die Balance zwischen Hobbes und Locke aufzugeben als sittlichen Rahmen der Politik wäre absurd – doch muss man sich erinnern, dass in Zeiten des Krieges auch die großen Demokratien Einschränkungen ernstester Art verhängten und dass die *imperial presidency* in den USA ein genuines Produkt des Zweiten Weltkrieges und des nachfolgenden Kalten Krieges war und ist. Der *global war on terror* hat alles noch einmal verschärft. Die Sorge vor permanenter Verformung der freiheitlichen Ordnung unter dem Druck des Angriffs von außen ist mithin historisch und politisch wohl begründet. Dieser Gefahr in Zeiten des Terrors und der »*loose nukes*« entgegenzutreten erfordert politische Führung, aber auch Bürgertugend, Kaltblütigkeit, Sinn für Gleichgewicht und Proportion – ebenso wie Parlamentskontrolle und wache Medien.

Die neue Version des alten Problems zeigt sich in doppelter Gestalt. Von außen der Angriff des religiös befeuerten Partisanen, der im asymmetrischen, postmodernen Krieg Terror einsetzt als Waffe des Schwächeren gegen den Stärkeren. Das reicht von den Hasspredigten der Ayatollahs über die afghanischen Taliban bis zu den Netzwerken des Al-Kaida-Typs, die im Franchisesystem arbeiten, Freibeuter des Terrors ohne Hierarchie, die in Hamburg studieren oder in Leeds unverdächtigem Broterwerb nachgehen, bis sie sich, ohne Vorwarnung, selbst ihrem Hass opfern. Die Nachricht vom Ende der Religion, von den Europäern wie ein Naturgesetz geglaubt, hat sich als verfrüht erwiesen. Das hätte man schon lernen können aus den pseudoreligiösen Gewaltherrschaften des 20. Jahrhunderts, von Lenin über Hitler bis Mao. Jetzt aber sprengt sich der »neue Totalitarismus« – so der kühne Sprachgebrauch des deutschen Auswärtigen Amtes –, *djihadism* in NATO-Sprache, in unser Bewusstsein und bedroht Sir Karl Poppers »offene Gesellschaft«. Ihre Offenheit nach innen wie nach außen ist ihre Stärke und zugleich ihre Schwäche. Denn sie wird umso verwundbarer, je komplexer sie Tag für Tag wird, von überall und nirgendwo global angreifbar in ihrer kritischen Infrastruktur. Der Terror kann sich Zeit und Ort aussuchen. Die Abwehr muss immer und überall sein, sie ist ans Recht gebunden und darf die Werte nicht kompromittieren, die sie verteidigt.

Auch nach innen geht es um Verteidigung. Weshalb man die strategischen Zugangswege erkunden und die Verteidigung entsprechend aufbauen muss – und dann so viele Verbündete finden wie immer möglich, ohne allzu wählerisch zu sein. Hauptwaffe in diesem Kampf ist IT. Aber Informationstechnologie ist zweischneidig. Ein alles durchdringendes System elektronischer Überwachung, theoretisch und praktisch in Reichweite, bringt Orwell'sche Elemente und Versuchungen und gerät schnell außer Kontrolle. Wer hütet die Hüter? Der Computer verspricht alles – kein Flüstern bleibt unbelauscht, keine Bewegung unbemerkt –, aber er ist auch sein eigener schlimmster Feind; weil er sich, wenn nicht am Anfang und am Ende auswählende menschliche Intelligenz mit profunder

Kenntnis von Kultur und Geschichte steht, an Datenmassen überfrisst. Wer alles verteidigen will, warnte einmal Friedrich der Große strategische Lehrlinge, wird damit enden, dass er nichts verteidigt. Auch fallen die Sicherheitsdienste, indem sie die Arbeit den Maschinen überlassen, in Halbschlaf – was den Amerikanern am 11. September 2001 zum Schicksal wurde. Die britischen Behörden hatten vor dem 7. Juli 2005, als die Londoner U-Bahn das Ziel war, Entwarnung gegeben. Wiegt, mit anderen Worten, der gewisse Verlust an Freiheit den ungewissen Gewinn an Sicherheit auf? Wer sich auf diese Alternative einlässt, hat schon halb verloren.

Fixiert auf die Bildschirme und die Überwachungssatelliten, müssen wir doch versagen, weil wir fremde und ferne Kulturen, ihre Trauer und ihren Zorn nur durch ein doppeltes Prisma wahrnehmen, das unserer Maschinen und das unserer Selbstbespiegelung. Den Europäern ist die *causa causans* die Armut, den Amerikanern Grund aller Gründe der Mangel an Demokratie, den Arabern der Konflikt um das Heilige Land – alles Erklärungen, die etwas für sich haben, aber Fragment bleiben. Außerdem haben sie sich bisher als dauerhaft resistent gegen alle Lösungen erwiesen. Der Terror bleibt unterdessen unbeeindruckt von wirklichkeitsfremden Theoremen.

Freiheit und Sicherheit bleiben These und Antithese. Ob die Synthese gelingt, entscheidet jedoch über die Zukunft der industriellen Demokratien. Vielleicht wäre weniger mehr? Weniger an Maschinen und mehr an Verstand und Verständnis, Fantasie und geschichtserfahrener Voraussicht? Kein Geheimdienst kommt aus ohne *humint* – human intelligence, zu Deutsch Spionage –, ohne Bestechungen dieser und jener Art und andere Korrumpierungen. Das Militär ist Teil der Anstrengung, nicht mehr, aber auch nicht weniger. Sein Einsatz bleibt zwar, wie seit eh und je unter vernünftigen Leuten, ultima ratio, doch muss dieser letzte Ratschluss von vornherein stillschweigend einbezogen sein in alle Diplomatie und Strategie. Finanzministern sollte man nicht gestatten, den Beamtentraum vom gläsernen Bürger zu etablieren, während sie dem Publikum einreden, alles geschehe ausschließlich gegen den Terror und zum Besten braver Leute. Für solcherlei Spiele ist die Lage zu ernst. Der Bürger wird noch gebraucht. Denn unterdessen hört man – wie ein stellvertretender NATO-Generalsekretär, Henning Wegener, schon 1993 ahnungsvoll schrieb – den Hufschlag der apokalyptischen Reiter der Postmoderne: Massenvernichtungswaffen, Terror, Chaosstaaten und Cyberwar in jeder Kombination.

Die Verteidiger müssen global denken und lokal handeln. Prävention ist notwendig, ebenso Vorwärtsverteidigung, aber auch – da steht alte Political Correctness gegen den neuen Überlebensinstinkt, Wunschdenken gegen Realismus – Präemption. Sieg ist nicht in Sicht, mit Eindämmung wäre schon viel gewonnen. Was mit Arbeit und Urteilskraft allenfalls erreichbar ist, ist ein neues Gleichgewicht staatlicher Sicherheit und bürgerlicher Freiheit.

Wer wird die Erde erben? Die Jury ist, wie die Amerikaner sagen, noch in der Beratung. Aber in einer Welt ohne Weltordnung sind die Kriterien bekannt: Ohne Sicherheit geht es nicht, ohne Freiheit aber auch nicht. Zwischen beiden bedarf es des dynamischen Ausgleichs, Sinn für Proportion, Fingerspitzengefühl, Staatskunst – alles knappe Güter in der Massendemokratie. Die globalen Asymmetrien müssen bewältigt werden: zwischen Vergreisung und Bevölkerungsexplosion, zwischen Reichtum und Armut, zwischen Teilhabe und Ausschließung, zwischen apokalyptischem Terror und Zukunftssicherheit. Verfügung über ausreichend Energie zu auskömmlichen Preisen ist notwendige Bedingung der Industriewirtschaft und ihrer sozialen Trägersysteme, aber nicht ausreichend. Vitalität und Freiheit in Forschung, Entwicklung und Innovation sind unentbehrlich. Dafür aber braucht es weltoffene Eliten, jungen Wagemut, Prämien auf Leistung. Noch haben die Staaten und Gesellschaften Alteuropas eine Chance, wirtschaftlichen Niedergang, Sklerose der Sozialsysteme, Abwanderung der Eliten, Erstarrung der Politik umzukehren. Europas spätes Glück ist auf Termin gestellt.

KARTEN UND GRAFIKEN

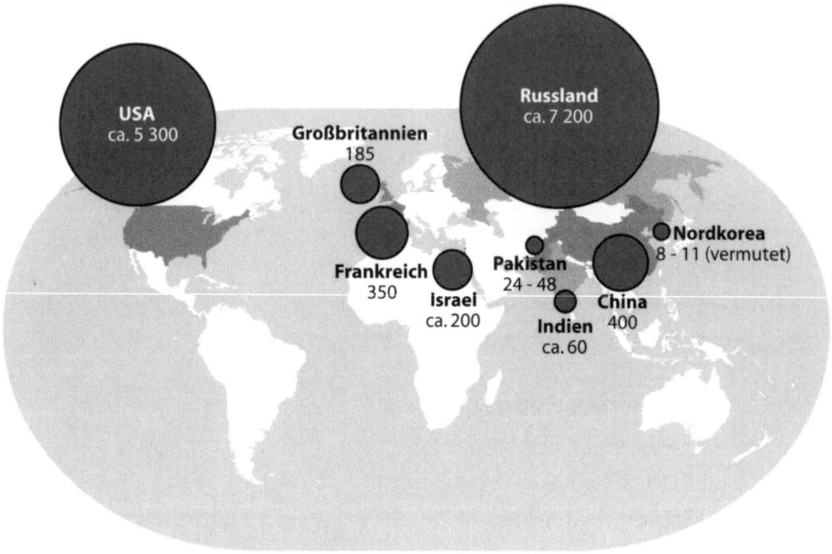

Zahl der nuklearen Waffen 2005

Quelle: Center For Defense Information

Militärausgaben
Milliarden US-Dollar

Ägypten	2,44
Brasilien	9,94
China	81,48
Deutschland	35,06
Indien	19,04
Iran	4,30
Irak	1,34
Israel	9,45
Japan	44,31
Nordkorea	5,00
Russland	6,80*
Saudi-Arabien	18,00
Türkei	12,16
USA	518,10

2006, Quellen: CIA World Fact Book,
* Russisches Verteidigungsministerium

Verbreitung des Islam

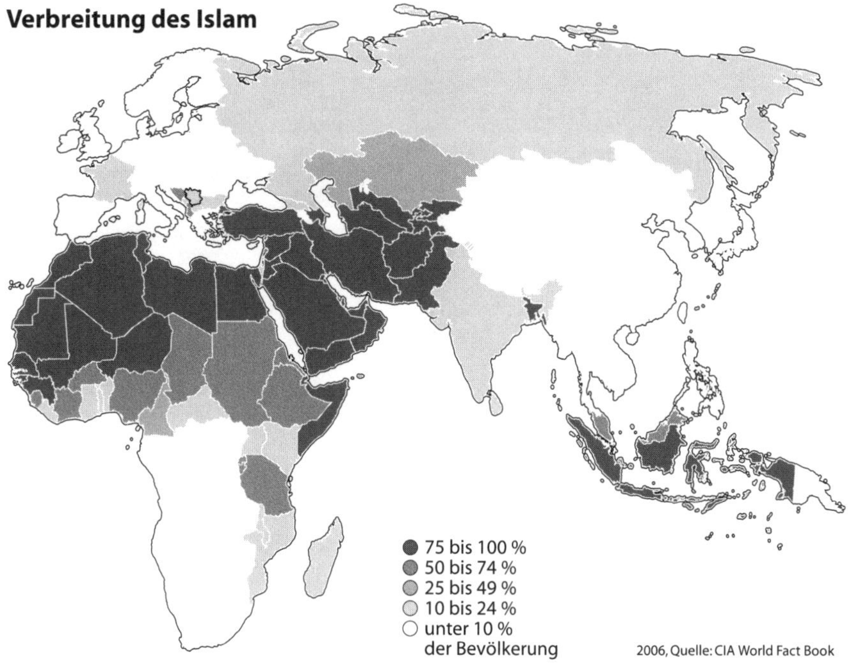

Schiiten im Nahen und Mittleren Osten

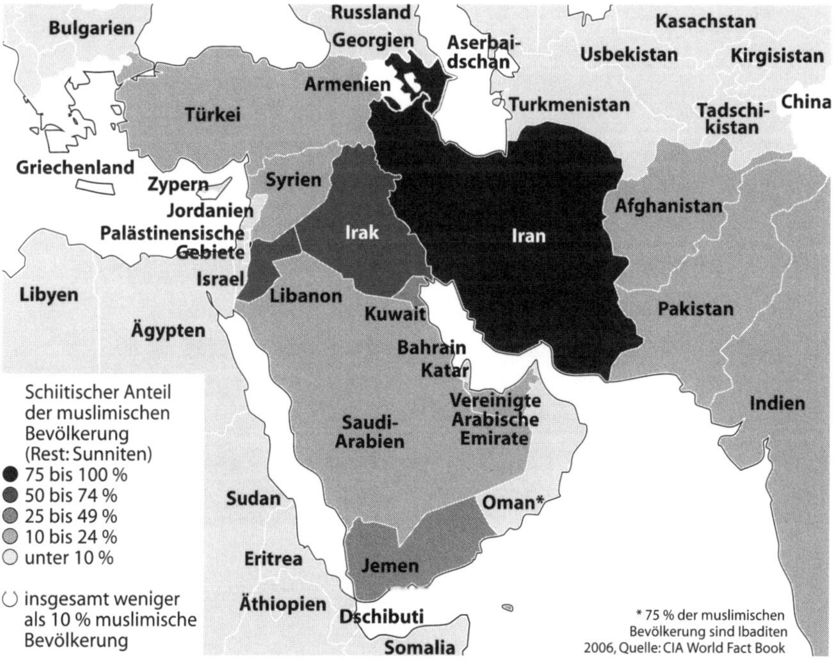

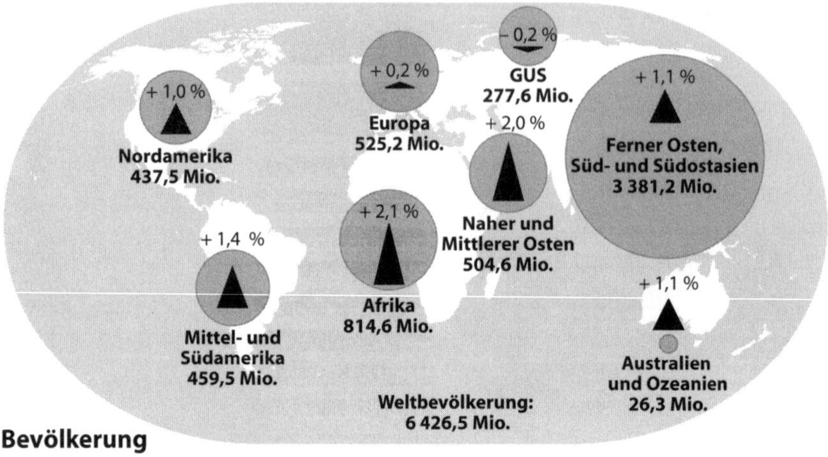

Bevölkerung

● Gesamtbevölkerung 2005
▲ durchschnittliche jährliche Bevölkerungsentwicklung 1995 bis 2004

Quelle: UN

Lebenserwartung

durchschnittlich in Jahren

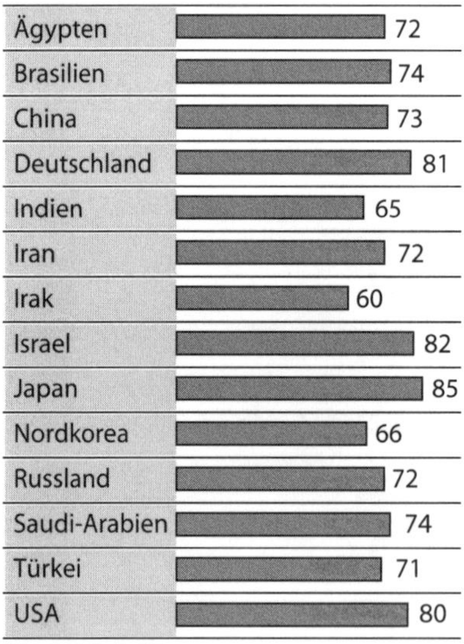

2000–2005, Quelle: UN

Geburtenrate

Geburten pro Frau

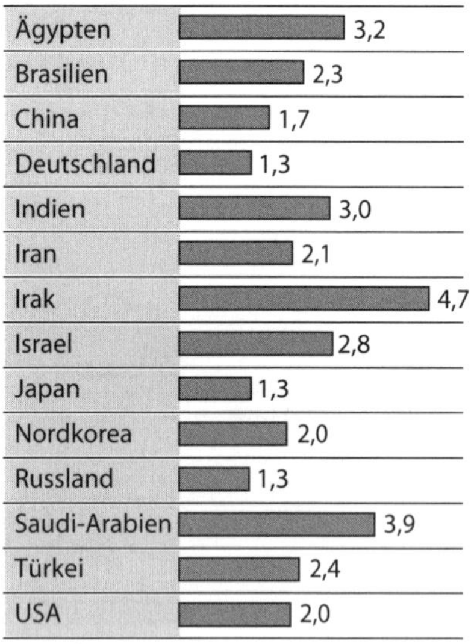

2004, Quelle: UN

Durchschnittsalter
in Jahren

Ägypten	24,0
Brasilien	28,2
China	32,7
Deutschland	42,6
Indien	24,9
Iran	24,8
Irak	19,7
Israel	29,6
Japan	42,9
Nordkorea	32,0
Russland	38,4
Saudi-Arabien	21,4
Türkei	28,1
USA	36,5

2006, Quelle: CIA World Fact Book

Pro-Kopf-Einkommen
US-Dollar jährlich

Ägypten	4 120
Brasilien	8 020
China	5 530
Deutschland	27 950
Indien	3 100
Iran	7 550
Irak	k. A.
Israel	23 510
Japan	30 040
Nordkorea	k. A.
Russland	9 620
Saudi-Arabien	14 010
Türkei	7 680
USA	39 710

2004, Quelle: UN

Internetanschlüsse
auf 100 Einwohner

Ägypten	4,4
Brasilien	8,2*
China	6,3
Deutschland	47,3
Indien	1,8
Iran	7,2
Irak	0,1*
Israel	30,1*
Japan	48,3
Nordkorea	0**
Russland	4,1*
Saudi-Arabien	6,7
Türkei	8,5
USA	55,6

2003, *2002, **kein Zugang für Privatpersonen, Quelle: ITU

Telefonanschlüsse
auf 100 Einwohner

Ägypten	21,2
Brasilien	48,7
China	42,4
Deutschland	144,3
Indien	7,1
Iran	27,1
Irak	2,9*
Israel	141,9
Japan	115,1
Nordkorea	3,9*
Russland	50,2
Saudi-Arabien	47,7
Türkei	66,2
USA	117,0

Summe aus Mobil- und Festnetz 2003, *2002, Quelle: ITU

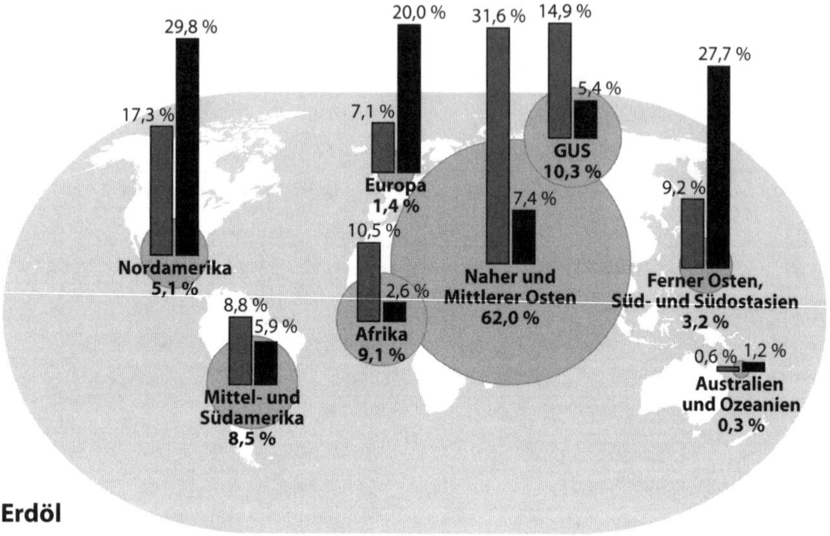

Erdöl

■ Produktion (3,8679 Milliarden Tonnen)
■ Verbrauch (3,7671 Milliarden Tonnen)
● Nachgewiesene Reserven (161,9 Milliarden Tonnen, Reichweite 40,5 Jahre)

2004, Quelle:
BP Weltenergiestatistik

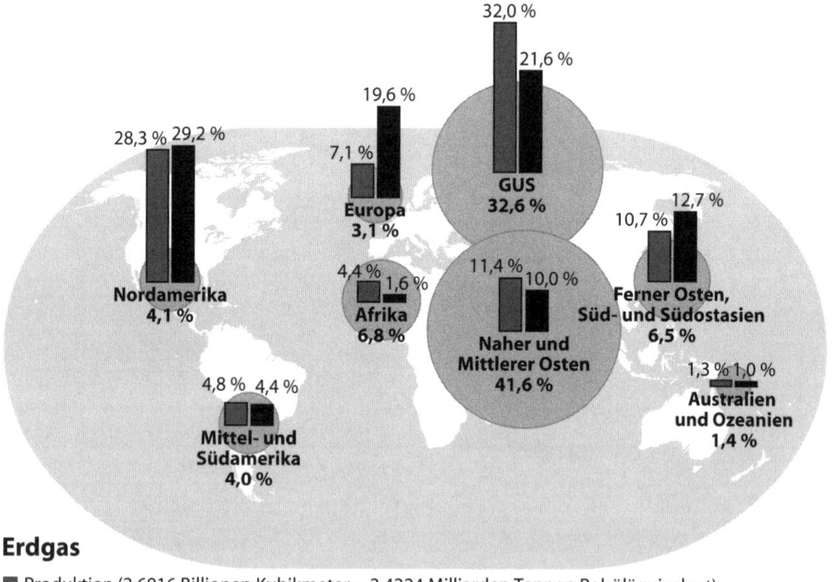

Erdgas

■ Produktion (2,6916 Billionen Kubikmeter = 2,4224 Milliarden Tonnen Rohöläquivalent)
■ Verbrauch (2,6893 Billionen Kubikmeter = 2,4204 Milliarden Tonnen Rohöläquivalent)
● Nachgewiesene Reserven (179,5 Billionen Kubikmeter, Reichweite 66,7 Jahre)

2004, Quelle:
BP Weltenergiestatistik

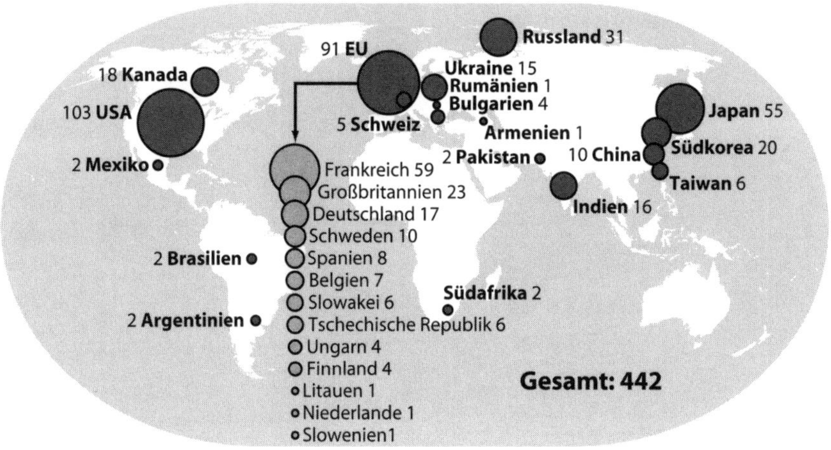

Zahl der Kernreaktoren 2006

Zivile Reaktoren in Betrieb, Quelle: IAEA PRIS

Kohlevorkommen

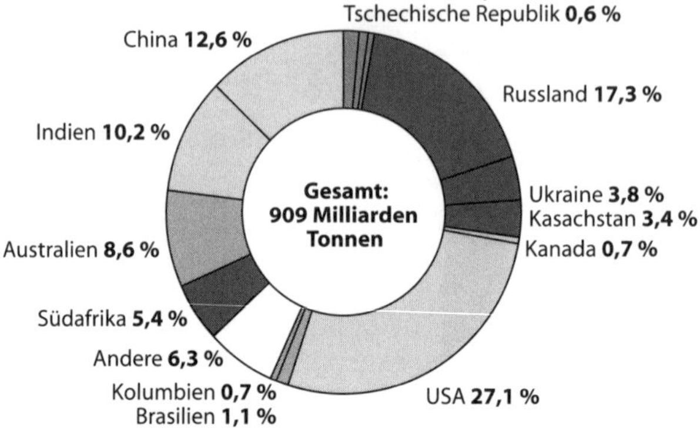

In 2004 bekannte Vorkommen, die mit dem derzeitigen Stand der Technik wirtschaftlich abgebaut werden könnten. Quelle: BP Weltenergiestatistik

Kohleproduktion

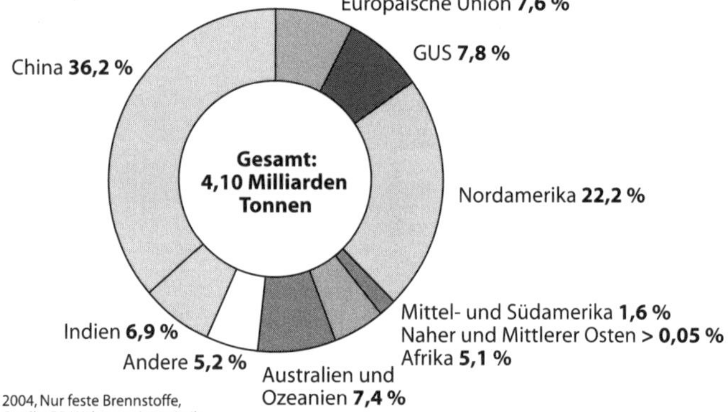

2004, Nur feste Brennstoffe, Quelle: BP Weltenergiestatistik

Kohleverbrauch

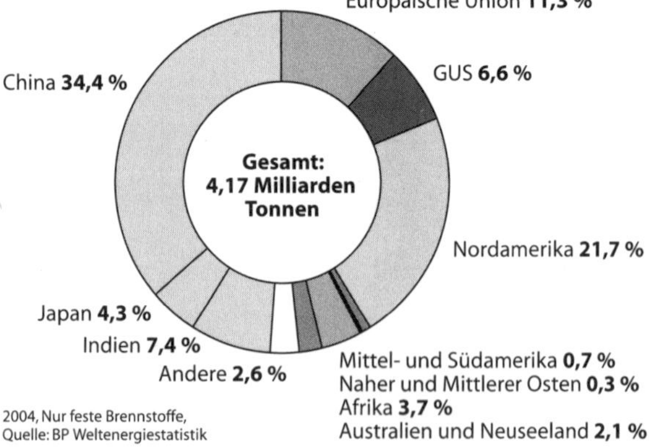

2004, Nur feste Brennstoffe, Quelle: BP Weltenergiestatistik

Eisenerzvorkommen

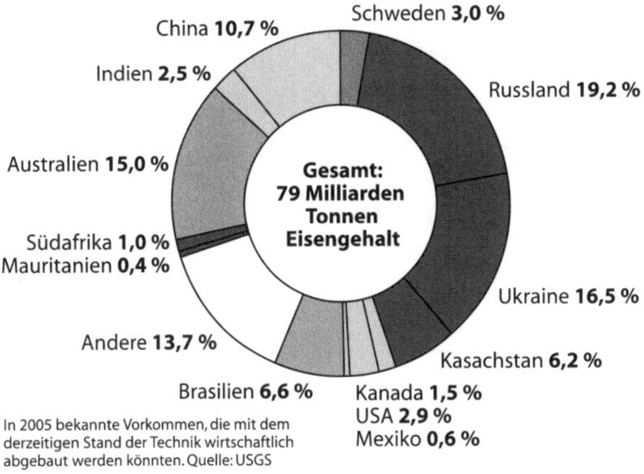

In 2005 bekannte Vorkommen, die mit dem derzeitigen Stand der Technik wirtschaftlich abgebaut werden könnten. Quelle: USGS

Rohstahlproduktion

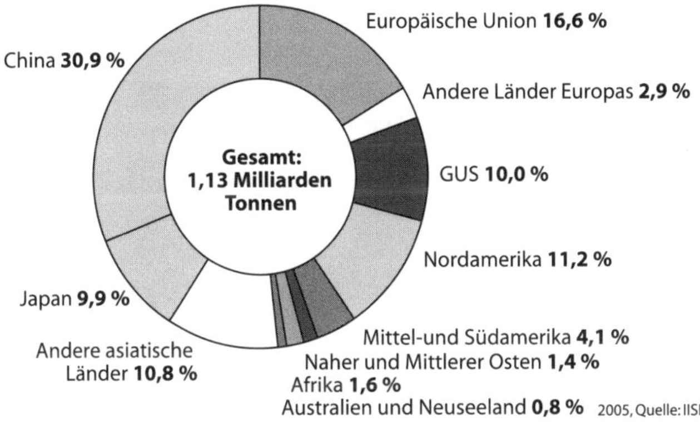

2005, Quelle: IISI

Rohstahlverbrauch

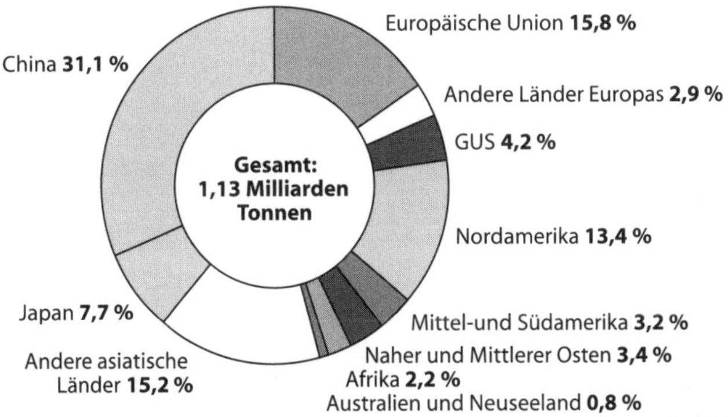

2005, Quelle: IISI

Weltweite CO_2-Emission

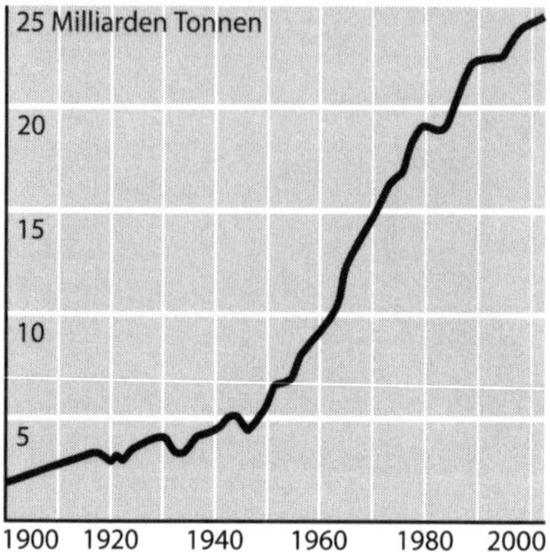

Quelle: UNEP

Temperaturveränderung

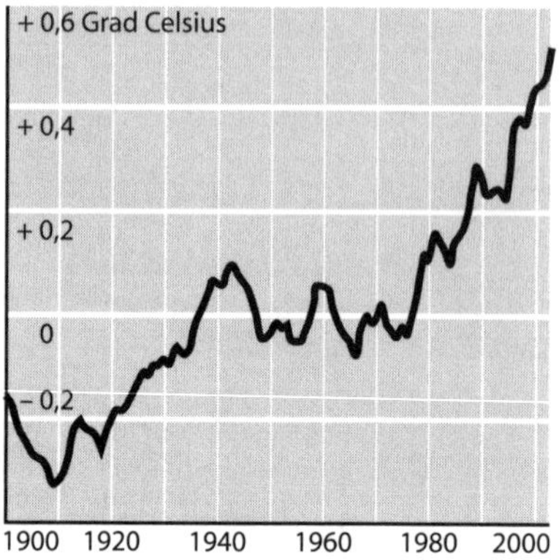

5-Jahres-Mittelwerte der weltweiten Oberflächentemperatur, 0 = Durchschnitt 1950 – 1980, Quelle: NASA

Trinkwasser

Prozent der Bevölkerung ohne Zugang zu sauberem Trinkwasser

Ägypten	2
Brasilien	11
China	23
Deutschland	0
Indien	14
Iran	7
Irak	19
Israel	0
Japan	0
Nordkorea	0
Russland	4
Saudi-Arabien	3*
Türkei	7
USA	0

2002, * nur urbane Gebiete, Quelle: WHO, UNICEF

Die 20 größten Containerhäfen

Millionen abgefertige Container 2003

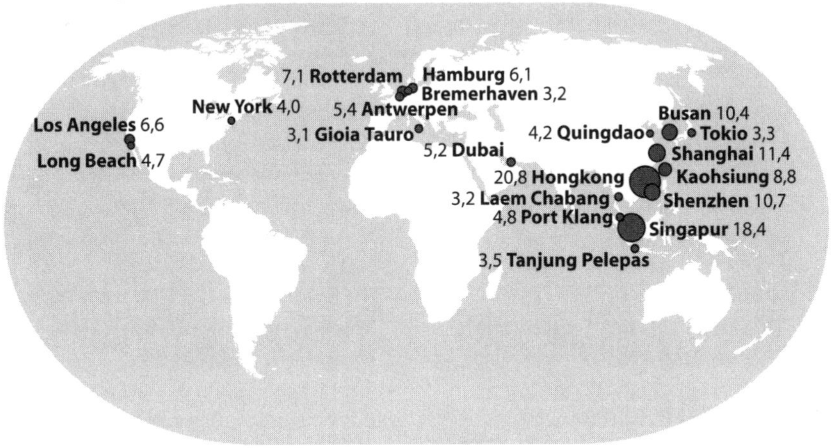

Quelle: UNCTAD Review of Maritime Transport 2004

Exporte

Milliarden US-Dollar

Deutschland	912,3
USA	818,8
China	593,3
Japan	565,8
Frankreich	448,7
Niederlande	358,2
Italien	349,2
Großbritannien	346,9
Kanada	316,5
Belgien	306,5
Hongkong	265,5*
Südkorea	253,8
Mexiko	189,1
Russland	183,5

2005, * „domestic export" und „re-exports", Quelle: WTO

Abkürzungen

ABM / Anti Ballistic Missiles Treaty 1973, USA-SU-Vertrag über Verzicht auf Raketenabwehr
APEC / Asian-Pacific Economic Cooperation / Asiatisch-Pazifische Wirtschaftsgemeinschaft
ASEAN / Association of South-East Asian Nations
AWACS / Airborne Warning and Control System
CENTO / Central Treaty Organization (»Bagdad-Pakt«)
CIA / Central Intelligence Agency
DDR / Deutsche Demokratische Republik
EG / Europäische Gemeinschaft
EU / Europäische Union
EZB / Europäische Zentralbank
FSB / Bundesagentur für Sicherheit der Russ. Föderation (russ. Geheimd.)
IAEA International Atomic Energy Agency / Internationale Atomenergie-Behörde
IEA / International Energy Agency / Internationale Energieagentur
IISS / International Institute for Strategic Studies
INF-Krise Intermediary Nuclear Forces (INF)-Krise
ISI / Inter-Services Intelligence (pakistan. Armeegeheimdienst)
KGB / Komitee für Staatssicherheit (sowjet. Geheimdienst)
KPdSU / Kommunistische Partei der Sowjetunion
KSE / Vertrag über Konventionelle Streitkräfte in Europa
KSZE / Konferenz für Sicherheit und Zusammenarbeit in Europa
MAD / Mutual Assured Destruction
MBFR / Mutual Balanced Force Reductions
MENA / Middle East North Africa
NATO / North Atlantic Treaty Organisation / Nordatlantikpakt-Organisation
NGO / Nongovernmental Organisation / Nichtregierungsorganisation
NKWD / Volkskommissariat für innere Angelegenheiten (sowjetischer Geheimdienst)
NORAD / North American Aerospace Defense Command
NPT / Nuclear Non-Proliferation Treaty Treaty / Nuklearwaffensperrvertrag, Nonproliferationsvertrag
OPEC / Organization of the Petroleum Exporting Countries / Organisation erdölexportierender Länder
PLO / Palestine Liberal Organization / Palästinensische Befreiungsorganisation
QDR / Quadrennial Review
SAIS / School of Advanced International Studies
SALT / Strategic Arms Limitation Talks / Gespräche zur strategischen Rüstungsbegrenzung
SAVAK / Organisation zur Information und zum Schutz des Landes (kaiserlicher iranischer Nachrichtendienst)
SCIS / Center for Strategic and International Studies
SDI / Strategic Defense Initiative
SED / Sozialistische Einheitspartei Deutschlands
SLCM / Sea-Launched Cruise-Missiles
SPD / Sozialdemokratische Partei Deutschlands
UN / United Nations / Vereinte Nationen
USA / United States of America / Vereinigte Staaten von Amerika
VSBM / Vertrauen und Sicherheit bildende Maßnahmen
ZK / Zentralkomitee

Dank

Es ist Dank zu sagen an alle, die dieses Buch in seiner Entstehung mit Rat und Tat, Interesse und Geduld begleiteten.

Zuerst den Verlegern Dr. Sven Murmann und Klaas Jarchow.

Dann Freunden und Kollegen, die sich mit Nachsicht und Neugier Fragen und Thesen anhörten und Antworten boten. Viel von so viel Klugheit ging in die nachfolgenden Seiten ein, und sei es auch im Widerspruch. General a. D. Klaus Naumann ist zu nennen; Ewald von Kleist, langjähriger Chef der Münchener »Wehrkunde«; Horst Teltschik, sein Nachfolger in dieser Aufgabe. Dank schulde ich für Nahost-Expertise Dr. Maximilian Terhalle.

Meinen amerikanischen Freunden möchte ich danken, alle in Washington: Anthony Cordesman (CSIS), David Calleo (SAIS, The Paul Nitze School) und seiner Frau, Botschafterin Avis Bohlen-Calleo, Laurent Murawiec vom Hudson-Institut. Kurt Viermetz, vormals Treasurer von JP Morgan und nunmehr Vorsitzender des Aufsichtsrats Deutsche Börse AG. Ich danke dem ehemaligen US-Botschafter John Kornblum, Freund über mehr als zwei Jahrzehnte, desgleichen Richard Smyser, vormals State Department, heute Georgetown University.

In Moskau verdanke ich Sergej Karaganov viele Einsichten und Erkenntnisse, ebenso wie Georgij Arbatow, Mitglied des Auswärtigen Ausschusses der Duma. In Berlin danke ich dem finnischen Botschafter René Nyberg und dem Botschafter des Königreichs Marokko Rachad Boullal. Viele nutzbringende Gespräche gab es mit Dr. Ulrich Schlie, Chef des Planungsstabes im Bundesministerium der Verteidigung. Meinen Kollegen Professoren Dr. Werner Link, Dr. Hans-Peter Schwarz, Dr. Christian Hacke verdanke ich weiterführende Fragen und Ideen. Über viele Jahre gibt es die enge Verbundenheit mit Joachim C. Fest, ehemals Mitherausgeber der *Frankfurter Allgemeinen Zeitung* und ein verlässlicher Freund.

Jean-Marie Soutou, Ambassadeur de France, und Professor Joseph Rovan, Sorbonne, haben durch unsere Gespräche im Zeichen von »Cassiodore« in früheren Jahren viel von dem geprägt, was dieses Buch ausmacht: Die Überzeugung von Notwendigkeit und fortdauernder Gefährdung Europas, die atlantische Werte- und Interessenorientierung und die Erkenntnis, dass Demokratie und Frieden der Macht bedürfen und des Willens, sie zu verteidigen.

Peter Boenisch, der große Journalist, war ein Freund über 25 Jahre und vertrauter Gesprächspartner, nicht anders als Peter Laemmle, Leiter des Nachtstudios des Bayerischen Rundfunks. Beiden verdanken Verfasser und Buch Freundschaft, Ideen und Ermutigung. Sie beide sind nicht mehr – außer in der Erinnerung ihrer Freunde und im Fortwirken ihrer Ideen und Überzeugungen.

Professor Dr. Elisabeth Noelle-Neumann, Allensbach, hat mir und meinem Manuskript immer wieder im Tessiner Weinberg Refugium gewährt, wofür ich ihr ebenso danke wie Professor Dr. Wassilios Fthenakis, der Ähnliches in Kreta tat, eingeschlossen der Blick auf das Mittelmeer, und den Freunden Annette und Heinrich von Rantzau in Südafrika und Jan van Haeften in Can Boté.

Ebenhausen/Berlin, Sommer 2006
MS

Literatur

Adomeit, Hannes. Imperial Overstretch. Germany in Soviet Policy from Stalin to Gorbachev, Baden-Baden 1998

Adomeit, Hannes. Putins Militärpolitik, Berlin 2003

Aron, Raymond. Die imperiale Republik. Die Vereinigten Staaten von Amerika und die übrige Welt seit 1945, Stuttgart 1975

Baker, James. The Politics of Diplomacy, New York 1995 (dt.: Drei Jahre, die die Welt veränderten. Erinnerungen, Berlin 1996)

Bamford, James. Body of Secrets. Anatomy of the Ultra-Secret National Security Agency. From the Cold War to the Dawn of a New Century, New York 2001

Ben-Ami, Shlomo. Scars of War, Wounds of Peace: The Arab-Israeli Tragedy, London 2006

Bismarck, Otto von. Fürst Bismarcks Briefe an seine Braut und Gattin, Stuttgart 1900

Blackwill, Robert, und F. Stephen Larrabee (Hrsg.). Conventional Arms Control and East-West Security, Durham und London 1989

Blackwill, Robert, und Michael Stürmer. Allies Divided. Transatlantic Policies for the Greater Middle East, Cambridge, Mass. 1997

Bobbitt, Philip. The Shield of Achilles. War, Peace, and the Course of History, New York 2002

Brzezinski, Zbigniew. The Grand Chessboard. American Primacy and its Geostrategic Imperatives, 1997 (dt.: Die einzige Weltmacht. Amerikas Strategie der Vorherrschaft, New York 1997)

Buchsteiner, Jochen. Die Stunde der Asiaten. Wie Europa verdrängt wird, Hamburg 2005

Bush, George, und Brent Scowcroft. A World Transformed, New York 1998

Calleo, David P. The Imperious Economy, Cambridge und London 1982

Calleo, David P. Beyond American Hegemony. The Future of the Western Alliance, 1987

Calleo, David P. The Bankrupting of America. How the Federal Budget is Impoverishing the Nation, New York 1992

Clausewitz, Carl von. Vom Kriege, Berlin 1832

Cooper, Robert. The Post-Modern State and the World Order, London 1996
Cordesman, Anthony, und Nawaf Obaid. National Security in Saudi Arabia. Threats, Responses, and Challenges (CSIS Publications). Washington, D.C. 2005
Creveld, Martin van. Die Zukunft des Krieges, Hamburg 2004
Deutsche Einheit. Sonderedition aus den Akten des Bundeskanzleramts 1989/90, München 1998
Feldman, Shai. Israeli Nuclear Deterrence. A Strategy for the 1980s, New York 1982
Feldman, Shai. Nuclear Weapons and Arms Control in the Middle East (Center for Science and International Affairs), Cambridge, Mass. 1998
Foucher, Michel. Fragments d'Europe, Paris 1993
Friedman, Thomas. The World is Flat. A Brief History of the Globalized World in the 21st Century, London 2005
Fromkin, David. A Peace to End All Peace. Creating the Modern Middle East 1914–1922, London 1989
Frost, Robin M. Nuclear Terrorism after 9/11, Adelphi Paper 378, London 2005
Fukuyama, Francis. Scheitert Amerika? Supermacht am Scheideweg, Berlin 2006
Glucksmann, André. Philosophie der Abschreckung, Stuttgart 1983
Goulard, Sylvie. Le Grand Turc et la Republique de Venise, Paris 2004
Grosser, Alfred. The Western Alliance. European-American Relations since 1945, London 1978
Hacke, Christian. Zur Weltmacht verdammt. Die amerikanische Außenpolitik von J. F. Kennedy bis G.W. Bush, Berlin 2001
Haftendorn, Helga. Sicherheit und Entspannung. Zur Außenpolitik der Bundesrepublik Deutschland 1955–1982, Baden-Baden 1983
Halliday, Fred. The Middle East in International Relations. Power, Politics, and Ideology, Cambridge 2005
Heisbourg, François. Hyperterrorisme: La nouvelle guerre, Paris 2001
Hobbes, Thomas. Leviathan, 1651
Hunter, Shireen. The Future of Islam and the West. Clash of Civilisations or Peaceful Coexistence? (CSIS), Washington D.C. 1998
Hutchings, Robert L. American Diplomacy and the End of the Cold War, Washington D.C. 1997
IISS. The Military Balance (jährliche Publikation)

IISS. Strategic Survey (jährliche Publikation)
Joffe, Josef. The Limited Partnership. Europe. The United States and the Burden of Alliance, Cambridge Mass. 1987
Kemp, Geoffrey, und Jeremy Pressman. Point of no Return. The Deadly Struggle for Middle East peace, (Carnegie Endowment), Washington, D.C. 1997
Kindermann, Gottfried-Karl. Der Aufstieg Ostasiens in der Weltpolitik 1840–2000, Stuttgart 2001
Kissinger, Henry. Does America Need a Foreign Policy? Toward a Diplomacy for the 21st Century, New York 2001
Krämer, Gudrun. Geschichte des Islam, München 2005
Landes, David. Wohlstand und Armut der Nationen, Berlin 1999
Lellouche, Pierre. Legitime Défense. Vers une Europe en securité au XXI siècle, Paris 1996
Lewis, Bernard. What went wrong? The Clash between Islam and Modernity in the Middle East, London 2002
Luttwak, Edward. Strategie. Die Logik von Krieg und Frieden, Lüneburg 2003
Matlock, Jack F. Reagan and Gorbachev. How the Cold War Ended, New York 2004
Matlock, Jack F. Autopsy of an Empire – The American Ambassador's Account of the Collapse of the Soviet Union, New York 1995
Meade, Walter Russell. Special Providence. American Foreign Policy and how it Changed the World, New York 2002
Mearsheimer, John J., und Stephen M. Walt. The Israel Lobby and U.S. Foreign Policy, 2006
Meier-Walser, Reinhard C. (Hrsg.). Russland. Kontinuität, Konflikt und Wandel, München 2002
Mey, Holger. Deutsche Sicherheitspolitik 2030, Frankfurt 2001
Montbrial, Thierry de. Mémoire du temps présent, Paris 1996
Montbrial, Thierry de. Que faire? Les grandes manœuvres du monde, Paris 1990
Münkler, Herfried. Über den Krieg. Stationen der Kriegsgeschichte im Spiegel ihrer theoretischen Reflexion, Göttingen 2002
Murawiec, Laurent. The Mind of Jihad, Hudson Institute, Washington D.C. 2005
Nixon, Richard. Beyond Peace, New York 1994
Nolte, Ernst. Deutschland und der Kalte Krieg, Stuttgart 1985
Pipes, Richard. Property and Freedom, New York 1999

Pond, Elizabeth. Beyond the Wall. Germany's Road to Unification (Brookings), New York 1993

Pope, Hugh. Sons of the Conquerors. The Rise of the Turkic World, London 2005

Rhodes, Richard. The Making of the Atomic Bomb, London 1986

Rice, Condoleezza, und Philip Zelikow. Germany Unified and Europe Transformed. A Study in Statecraft, Cambridge, Mass. 1995 (dt.: Sternstunde der Diplomatie. Die deutsche Einheit und das Ende der Spaltung Europas, Berlin 1997)

Ross, Dennis. The Missing Peace: The Inside Story of the Fight for Middle East Peace, New York 2004

Rühl, Lothar. Das Reich des Guten. Machtpolitik und globale Strategie Amerikas, Stuttgart 2005

Schwarz, Hans-Peter. Das Gesicht des 20. Jahrhunderts, Berlin 1998

Schwarz, Hans-Peter. Republik ohne Kompass. Anmerkungen zur deutschen Außenpolitik, Berlin 2005

Schweitzer, Yoram, und Sari Goldstein Ferber, Al Qaeda and the Internationalization of Suicide Terrorism, Jaffee Center for Strategic Studies Memo 78, Tel Aviv 2005

Seitz, Konrad, China. Eine Weltmacht kehrt zurück, Berlin 2000

Sloan, Stanley et al. The Use of U.S. Power, Georgetown University, Washington, D.C. 2004

Smith, General Sir Rupert. The Utility of Force. The Art of War in the Modern World, London 2005

Stürmer, Michael. Grenzen der Macht. Begegnung der Deutschen mit der Geschichte, Berlin 1992

Stürmer, Michael. Die Kunst des Gleichgewichts. Europa in einer Welt ohne Mitte, Berlin 2001

Szabo, Stephen. Parting Ways. The Crisis in German-American Relations (Brookings), Washington 2004

Teltschik, Horst. 329 Tage. Innenansichten der Einigung, Berlin 1991

Theiler, Olaf. Die NATO im Umbruch. Bündnisreform im Spannungsfeld konkurrierender Nationalinteressen (Schriften der Ak. D. Bundeswehr für Information und Kommunikation), Baden-Baden 2004

Thränert, Oliver. Die Verbreitung von Raketen und Marschflugkörpern, SWP-Studie, Berlin 2005

Trenin, Dmitri. Russland. Die gestrandete Weltmacht. Neue Strategien und die Wende zum Westen, Hamburg 2005

Wagener, Hans-Jürgen, mit Thomas Eger und Heiko Fritz. Europäische Integration. Recht und Ökonomie, Geschichte und Politik, München 2006

Waldmann, Peter. Terrorismus. Provokation der Macht, Hamburg 2005

Weidenfeld, Werner. Außenpolitik für die deutsche Einheit. Die Entscheidungsjahre 1989/90, Stuttgart 1998

Wiegrefe, Klaus. Das Zerwürfnis. Helmut Schmidt, Jimmy Carter und die Krise der deutsch-amerikanischen Beziehungen, Berlin 2005

Wilkinson, Paul. International Terrorism. The Changing Threat and the EU's Response, Chaillot Paper No 84, Paris 2005

Wolffsohn, Michael. Frieden jetzt? Nahost im Umbruch, München 1994

Wolkogonow, Dimitri. Die Sieben Führer. Aufstieg und Untergang des Sowjetreiches, Frankfurt 2001

Woodward, Bob. Plan of Attack, New York 2004

Register